藏土出中国

（增补版）

达兰萨拉启示·流亡西藏访谈

北明 著

加拿大国际出版社

Canada International Press

书名：藏土出中国（增补版）
作者：北明
封面摄影：易崴
出版：加拿大国际出版社 www.intlpressca.com
Email：service@intlpressca.com
2024 年 11 月加拿大第一版
2024 年 11 月第一次印刷
印刷版国际书号 ISBN：978-1-998479-16-0

电子版国际书号 ISBN：978-1-998479-17-7

Title: Exodus of Tibetan from China
Author: Bei Ming
Photograph on Front cover: Yi Wei
Publisher：Canada International Press www.intlpressca.com
Email: service@intlpressca.com
First Edition in Canada, Nov. 2024
First Printing, Nov. 2024
Printed Edition ISBN：978-1-998479-16-0
E-Book ISBN：978-1-998479-17-7

献给

全体藏民的精神载体和心灵家园

流亡西藏

作者简介

作者肖像

北明

　　生于北京，下放山西，后举家迁往农村地里刨食为生。当过军队文工团员、工厂磨工、机关机要员、声乐系学生，戏剧评论员、报纸记者、刊物编辑和文学美学助理研究员。著有艺术人类学专著《史前意识的回声》、纪实文学 《告别阳光》。东欧崩溃之后出离沦陷之地，漂流自由之邦。为养家糊口稻粱谋，中辍文化人类学博士学位研读，主持美国"自由亚洲"（Radio Free Asia）《华盛顿手记》专题，以现代汉语描述英文世界，西方观念解读东方故事，后推出原创栏目《北明非常识》，通古融今，撷纳典型，直取本相，接榫时代。为存亡继绝，求证生命意义而研读写字，涉猎中国近代诸般重大历史事件及热战、冷战、非战时代中美相关事物。有关庚子国难系列、韩战系列、柏林墙系列、抗战中的美国系列、解读美国系列、美国对华行为外交系列百万文字著述均属被禁之列，或束之高阁沦为石经， 或网上漂流不知去向。不意被称为"旅美作家"，忝为"独立学人"。

序

孙乃修

一

罗曼罗兰凝望着夕阳暮色，顿觉心中灵光一闪，约翰克利斯朵夫的性格面影忽然从心灵中一跃而出，恍若一轮红日跳出大海，他惊喜地立刻诉之笔端，像贝多芬忽来灵感立刻将一串旋律倾泻笔下。

当北明面临西藏苦难独自沉思时，她心中一定有过这样的灵光激射，一定产生过荆棘般燃烧的道义激情，催放出一串灿烂的思想花朵。这本新著《藏土出中国》，带着思想的芬芳，在我们面前敞开，不正是那颗美好心灵开放的一丛鲜花么？

像乘着阿拉伯故事中那条神毯，我们伴着北明一夜间横跨太平洋飞临印度，又跟着他们一行，乔叟笔下快活香客似地谈谈笑笑，朝达兰萨拉圣城一路悠悠而去。

从拥挤杂乱、乞丐成群、充满世俗色彩的印度首都新德里到喜马拉雅山上心思纯净、人人上进、充满灵的光环的达兰萨拉，我们跟着北明灵动而含蓄的笔锋，不无感慨地进入比较文化学和比较人类学的思考。这是她此行的一个重要文化发现和强烈感触。她告诉我们，藏人非常善良，藏人非常虔诚，藏人没有乞丐。她止住笔锋，只给我们讲一个个故事和见闻。她羁勒得好。艺术需要含蓄，没有羁勒就没有艺术。

她那些故事和人物深含的文化意蕴是明显的：西藏民族的人生是真诚、纯净的，没有仇恨、没有世俗气、没有虚伪、没有欺世盗名，从领袖到平民，从老人到孩子，都有儿童一样的真纯心灵；他们有高度的自尊和人格意识，不肯伸手索求，没有乞求他人哀怜的习性，他们没有贪鄙、自私、金钱欲望，他们是人间最富灵的气息的民族，这对高度物质化或被物质异化了的民族是一个强烈针砭。这一人类文化学思考，在书中时而闪动，像奏鸣曲中的一个浓缩而有待扩展的母题Motif）。

居住在喜马拉雅山上、与冰山雪莲、苍天雄鹰一同生活的西藏人民，是离上天和自然最近的民族。他们和下界那些没有思想信念、没有神圣之物、没有灵魂家园、没有道义观念、只知权欲物欲、整日行尸走肉、胡吃海塞的俗辈们异趣异调。来到达兰萨拉的人们，越向山上走，离物就越远，离灵就越近。

二

让我们跟着北明的活泼笔锋，听着诗人杨志军的西藏之歌，睁开一双大眼，怀着虔敬心情，一路观赏奇异文化景象，与那个生活在灵界的民族做心灵对话，从崇高的人类精神层面去领悟和热爱这个民族。

古人唱道："沧浪之水清兮，可以浊我缨；沧浪之水浊兮，可以浊我足。"我们本来纯洁的心灵后来蒙

尘太多，我们本来明澈的眼睛后来变得浑浊，在登山去
达兰萨拉前，我们需要先荡涤心灵的灰尘，淨化我们的
眼睛，洗洁我们的尘缨。山上的兄弟姐妹们有着比我们
纯洁得多的心灵，我们不可把尘俗带上去。这是进山的
第一个心灵律条。

　　在作者走上灵山、一路沉思的叙述织体里，汉族
诗人杨志军的诗西藏之歌和藏族平民单巴次仁一家的苦
难命运，像奏鸣曲的第一主题和第二主题，相互映发，
时时复现，构成情思的回旋和文化的变奏。杨志军的
诗，有如行吟诗人的歌，一个汉族文化流浪者在寻找精
神家园，诗思苍凉，素朴真情，隐喻汉族人对藏族文化
价值的认同；单巴一家雪中逃难、家破人亡，隐喻西藏
民族自由生活和心灵家园的毁灭。汉族诗人风尘仆仆走
向西藏，寻找人间的真和爱，而西藏平民全家却不得不
挥泪翻越雪山逃离家园，寻找安身立命的一块心灵乐
土。这种反向追寻，显示双重悲剧，产生强烈的文化反
讽和深刻的思想寓意。

　　北明的文化观照和反思，在三个层面呈立体式展
开：一、汉藏知识分子的心灵层面；二、东西方文化层
面；三、西藏文化和印度文化层面。

　　从艺术美学角度看，这本书有如一首交响音诗。
音乐织体和诗的吟唱交织一体，几个有意味的主题和动
机时隐时露，在手指下飞快掠过，有如燕尾剪波，轮流
复现而跌荡起伏；悲怆的流亡曲、宁静的山中沉思、热
情的凤凰涅梵之歌（本文涅梵一词即英文之 Nirvana，
源自梵文），交融成意味深长的文化反思和别具一格的
心灵历程。

三

　　达兰萨拉是流亡西藏人的新家园，像在灾难和毁灭中保存生命物种的诺亚方舟，它成为西藏民族新生命的摇篮。它的出现，显示流亡西藏民族拒绝黑暗、超越苦难；它的成长，标志这个民族的坚强和新生。

　　流亡是一种不幸，没有信念尤为不幸。没有信念的流亡民族，是不幸中最大的不幸，例如漂泊欧洲的吉普赛人。然而，对于一个有信念的民族，流亡不过是抗争命运、维护尊严、重建民族、走向世界的一个契机。

　　这是一个获得心灵自由、获得新生的民族，一个走向文化重建、社会进步的民族。达兰萨拉是西藏民族文化生命的象征，它充满蓬勃的生命力，洋溢着自由的气息，它的社会生活内容在悄悄变化，它的政教合一式社会管理模式也在走向民主和现代化。五十年来流亡西藏民族在达兰萨拉的奋斗和发展，已经成为一个政治民主和文化自由的样板，为未来洪水滔滔之际救世于危难、整合西藏民族而提供一个崭新的社会范式。

　　一个山外的达兰萨拉，一个对岸的台湾诸岛，脱枝而去者皆获新生。

　　北明对达兰萨拉社会——从宗教领袖、议会首长、政府官员到普通民众和学校儿童——做的细致观察和采访，第一次向读者展示这个处于文明发展中的新型社会风貌。她的富于沉思性质的第一乐章《达兰萨拉启示》，柔板似地把我们轻灵引入新鲜的历史情怀。

四

　　一个民族不可没有自己的精神领袖和伟大人物，不可没有胸襟开阔、气质恢宏的知识分子。古代之孔子、佛陀、耶稣皆是，二十世纪之孙中山、爱因斯坦、罗素、甘地、萨哈罗夫亦是。伟人的存在，是一个民族的精神核心和心灵支柱。他们以道义和人格凝聚民族心灵、指引民族前进，绝不靠令牌和暴力。

　　西藏民族不幸中的大幸在于有人格崇高、心灵伟大的精神领袖——达赖喇嘛——做民族的核心，为这个民族遥指未来。就此而言，西藏民族比汉族幸运。有精神界领袖，他们流亡而心灵不散；汉族却有太多唯权唯利唯物唯骗的饕餮势利之徒混充领袖，握重权者无心肝，居高位者无德行，抗争者形同散沙，战斗者缺乏精神领袖。

　　达赖喇嘛是世界级伟人。他的人格、道义、悲悯情怀超越宗教而成为中国和世界共同拥有的精神和文化财富。

　　北明在达兰萨拉对达赖喇嘛的访问，真实记录他对解决西藏问题持的明确立场和理性观点，慨然回顾一系列重大历史往事，生动勾勒出这位大智大勇者的智慧风貌，一扫俗界庸人对他的诬蔑和歪曲。在甘地陵园倘佯沉思中，北明灵思风发，若有神助，激情从心底喷薄而出，以汪洋恣肆之笔，纵横于二十世纪政治文明历程，高扬理性和平抗争这一现代文明价值，对达赖喇嘛的智慧和人格作出高度评价。

五

　　十五年前我在哈佛大学下帷读书，西藏蒙古史籍是其中一部分。那是我生命中阳光灿烂、灵光四射时期，灵感风发泉涌、不择地而出。《转世灵童制度断想》一文就是那时缤纷思绪中的一朵心花。达赖喇嘛回忆童年时在布达拉宫每日黄昏听着外面哨音、望着牧羊人夕阳暮归时那种忧郁眼神、孤独心情和心灵渴望，至今缭绕在我心间。次年，达赖喇嘛六十华诞，飞来哈佛。我有幸与他相见，亲密握手，共进午餐。那日天朗气清、阳光明媚。

　　这是天降大任的命世之才，历经千年不遇之苦难、半个世纪罡风苦雨之磨砺，历史似乎注定要锻造这位英雄伟人，在佛灭民伤、地陷天倾之际呼唤他挺身救世，毅然引领民族冲破罗网、抛弃黑暗、出走家园、重建民族、走向未来的辉煌。

　　与班禅喇嘛备受凌辱的暗淡命运形成鲜明对照，五十年前达赖喇嘛决然出走，乃英雄之决断。这是信念的尊严、人格的尊严、民族的尊严之必然。他带领人民跨越风雪迷茫的雪山峻岭，走上民族流亡与重建之路。这是西藏历史上最悲怆、最伟大的英雄史诗。

　　现在，他微笑着站在我面前，伸出热情的双手，眼镜后面是一双含笑而富于睿智的眼睛，鲜红的袈裟从坚实的臂膀轻灵地飘垂。

　　他的微笑来自心底的佛性，他的平易来自心灵的美德，他的率性自然，来自天生的性灵，他的一举手一投足显示一种大才无碍的精神气象。那种襟怀坦荡的人格风度、高雅纯真的精神态度、谈笑风生的高朗气象，待人接物的大家气度，构成不可抵御的性格魅力和强大的文化征服力，使窃据世俗权位之庸夫俗子自惭形秽而心怀畏惧，他们仰面唾天而自污其面。

这个来自青海农家的三岁灵童在藏传佛教文化钟灵毓秀之气的奇妙哺育下，成长为民族危难之际的英雄伟人，令世界人民爱戴的精神领袖，这不是一个文化奇迹么？他无须俗界威权，无须博士本子，无须吹捧颂扬，然而他的精神和人格代表着民族的勇气、人类的智慧和人的尊严。

高山雪原上的西藏民族有福了，因为他们有百折不摧的信念，他们有气质非凡、得大自在的英雄伟人。怅然回首山下尘凡俗世，除了贫瘠和矫情，阴谋和谎言，野蛮和残忍，物欲和自私，腐败和不德，贪鄙和无耻，狱卒和军警，皮鞭和子弹，诬蔑和诽谤，宣传和鼓噪，尔虞我诈互相坑害，虚假口号和鳄鱼眼泪，在这文化贫困年代，在这精神不毛之地，我们自己究竟有什么？

六

一个知识分子应当心灵寥廓、思维彻底。摆脱狭隘民族观念或种族观念，不仅对于一个知识分子绝对必要，而且对于所有文明人都是必要的。这是"人生而平等"这一人权绝对律令的基本要求。可惜，俄国著名作家普希金、陀思妥耶夫斯基、托尔斯泰和索尔仁尼琴等，皆未能免除俄罗斯民族、斯拉夫种族的狭隘观念或民族自傲心而上升到人类情怀、人权思想、人的解放这一心灵境界，未能从民族主义走向民主主义。

1831 年，俄国军队攻陷华沙，残酷镇压波兰人民反抗俄国专制、要求民族独立的运动。西欧媒体、特别是法国报刊立即愤慨谴责沙皇政权对波兰起义的野蛮镇压。对此，普希金写了两首政治诗，反击那些批评者。在《致那些诽谤俄国的人们》一诗中，他写道："这是斯拉夫人之间的战争，这是家庭内部的争吵，这是命运的决定，这不关你们的事，你们无须置喙。"他对波兰人民的民族独立要求，没有显示出现代自由主义思想，他对波兰人民的苦难遭遇，亦缺乏基本的人道感情，他的狭隘民族情绪被沙皇俄国的军事胜利所鼓舞并且为沙俄帝国暴行辩护，而他自己在沙皇专制下不仅没有自由，而且受尽屈辱。

普希金的国内自由派密友（包括维亚津姆斯基）、波兰著名诗人密茨凯维奇以及欧洲学者皆严厉批评普希金这种狭隘民族主义和种族主义观念及其对俄国欺凌其他民族的野蛮行为做的辩护，丹麦文学批评家勃兰兑斯(Georg Brandes)则一针见血地痛斥普希金这种所谓"爱国主义"实乃"兽性的爱国主义"。

托尔斯泰早年参加过塞瓦斯托波尔战争，晚年为俄国在日俄战争中战败、将中国的旅顺港交给日本而感到"爱国者"式的愤怒，亦相当滑稽，显示其思维的分裂和心灵的狭隘。

自一九五九年以来西藏人民作为一个被异族暴政威压的民族，遭受血迹斑斑的暴力虐待和迫害，七千余座寺院被推倒，民族领袖遭到长期囚禁，无数僧人横遭飞机轰炸和炮击，西藏民族的生命、人格和尊严从未受过如此摧残和凌辱。一个民族受辱，是全体国民的耻辱。这部痛苦的心灵史是汉族人无法想象的，尽管汉族人同样遭受凌辱和皮鞭。二零零七年西藏人在逃亡途中被中国边防军残忍枪杀的镜头，二零零八年三月西藏人民的和平抗议被血腥镇压事件，皆使文明世界为之震惊。凡此种种，令人想到西班牙教士拉斯卡萨斯(Las Casas)在《印地毁灭简述》(A Short Account of the Destruction of the Indies)中揭露的西班牙殖民者在征服中美洲和南美洲原住民时期那部血腥史，诸如绑架、欺骗、酷刑、屠杀、文化剿灭和种族灭绝。

《一个藏人的童年》记述诸多事实："解放军"进入他的家乡，寺庙里的僧人排着长队，捧着哈达欢迎他们，没几天，军队就开始强行拆毁寺庙，作者跟父亲逃难，一路看到很多人被杀，其中包括妇女和儿童，作者的父亲也被打死（见《藏土出中国》第 191—192 页，以上事实系李江琳女士据《童年》一书提供），令我立刻想到拉斯卡萨斯《简述》多处谈到美洲原住民托着礼物和食品盛情迎接西班牙殖民军，丝毫没有冒犯他们，三千余人竟被这些军人统统杀死，几天后二十一位当地首领开欢迎会迎接西班牙殖民军，也当即被逮捕，第二天把他们活活烧死（见英国企鹅图书 1992 年英文本第 29 页），这类记载颇多（参见第 48、57、68、97 页）。暴力征服者的罪恶是相似的。欺凌其他民族的人，自己决不会有自由；少数民族的自由和全体国民的自由是同一项事业；民族的自由，归根到底，就是个人的自由。

　　西藏民族不需要眼泪和怜悯，需要的是尊重、理解和支持。尊重和理解，是精神高贵的表征；民族沙文主义式骄傲心态不过是心性卑贱和奴气之变态而已。

　　北明才性中的灵气，使她的心智具有穿透力；她个性中的正直，使她的作品具有征服力；她心灵中的激情，使她的文字富于感染力。她的笔下渗透着对西藏民族及其文化的一种精神上的理解，渗透着对它的重建和新生的无比欣喜和对它的灵的文化的虔敬之心。她的达兰萨拉之行，是以人类道义立场和历史公正态度执行一位知识分子的良知和道义责任。她用笔和心灵把事实和真相、历史和现实告诉世界人民。

　　这是一支以西藏涅梵和民族新生为主题的《引子与回旋随想曲》，一首西藏新生奏鸣曲。它的新生将为中国大地提供一个样板。流亡使它走向新生，新生使它走向超越。跟随这支引子和前奏曲，宏大的历史乐章喷薄欲出。

七

　　这本书把一夜梦思衔到那片灵气氤氲的神山，我要升起在太阳之前。

　　晨色熹微、霞光万道之际，是心灵与古典精魂独往来之天地。晨曦中，像有一注灌顶的醍醐，天地物我之间神秘的灵知之泉，自苍穹翩然而降，我翻开这本当代之作，恰恰读到《达兰萨拉启示》的压卷之文——《遗失的桂冠》。

　　我被它震撼。宁静的理性，深邃的哲思，清纯的心灵，圣洁的感悟，对天地人生理趣的思考，对人类精神价值的高扬，透过简洁的语言，闪射出玲珑剔透的思想光辉和理性激情。作者精敏地一笔揭示甘地的精神价值及其对人类社会诸多罪恶的深刻洞察和批判："无原则的政治，不劳而获的财富，无良知的享乐，无品行的知识，无道德的商业，无人性的科学，无献祭的敬拜"。甘地之为圣雄，诚哉宜矣。为棒喝一个堕落民族，须将这七句真言镌刻于国门、镌刻在每个人心扉。

　　正是坚定站在这一道义原则上，二十岁的达赖喇嘛来到甘地墓前。他继承圣雄的精神遗产，断然拒绝与黑暗合作，坚守人格立场和民族尊严，坚守人类精神价值，高扬理性、和平、非暴力原则，开始对恶的抗争。我相信，这是精神上的伟大日出，当心灵获得这样的启悟。

　　这是一篇散文杰作。读毕此文，投之于案，顿生"何物老妪生此宁馨"之叹。窗外一树金色秋光在晨风中飒飒摇曳，我要立刻倾听贝多芬——《C 小调悲怆奏鸣曲》《升 C 小调月光奏鸣曲》《F 小调热情奏鸣曲》。我要让心灵的沉痛、理性的宁静和灵魂的激情同时轰鸣。只有贝多芬才能够使这颗被重重叩响的心灵钢琴得到痛快的倾吐。

八

　　对话是一种文学体裁，是思想展开的一种方式。柏拉图以对话方式，把哲学家对万物的思考和见解循循善诱、层层剥笋似地表达出来。《藏土出中国》的第二乐章《流亡西藏访谈》亦是对话体作品。无论在选题的见识上，还是在提问的设计上，或是在话题的把握上，都显示作者才智的犀利、俊爽和敏锐。就流传最广、惑人最深的所谓"西藏问题"、"'大西藏'问题"、"西藏独立""种族隔离""西藏受益中央政府高额补贴"和西藏经济现状以及西藏历史归属等等问题，作者提请汉藏学者、专家、作家们对这些问题做了实事求是的解答和澄清。主持者思路清晰，紧扣话题，要求受访者提供统计学数字和具体事例，使访谈建立在客观、公正、准确的基础上。客观、公正、准确是学者和记者的职业要求。北明在访谈中把这一点表现得冷峻犀利、近乎无情，使访谈干净、利落、坚实、雄辩，显示清晰的思维逻辑和出色的专业素养。

在我看来，世间许多问题本来简单，只是自私欲望和黑暗心灵把问题制造得似乎很复杂。比如中国问题，不过"民主"二字就解决了；西藏问题，"自治"二字也解决了。不让中国民主、不让西藏自治，偏偏制造出许多自寻烦恼、自欺欺人的谎言和麻烦，整天刀光剑影、如坐火山口，自己无异身陷囹圄的囚徒。

人之立身于世，坚持人格独立、学会正确思维乃第一要事；用欧坎的剃刀（Ockham's Razor）将一切假问题统统砍去，思维马上利落，精神豁然开朗。西藏和中国问题之解决需要伟人，正如东欧和苏联问题之解决需要戈尔巴乔夫。我们是站在山颠、眼界开朗的历史乐观主义者。我们的豪气和信念是任何人也夺不去的。

　　五十年来，这是第一本由汉族知识分子亲历达兰萨拉、直面流亡西藏政府精神领袖和最高级官员、与之亲切倾谈而留下的真实记录和心影，也是第一次对流亡西藏民族的新生态做的真实而富于精神深度的揭示。这是一次真诚的心灵对话和文化勾通，是对一个坚强民族的悲剧历程做的客观、冷静的探索，是对一部伟大史诗做的才华横溢的描述。深沉的理性、灵动的文笔、完整的知识结构、精细的敏察力和独特的感悟力，使这部著作生出多重交响。道义的正大、精神的高贵、哲思和诗情的交织、不同主题线索多声部地回旋，构成美学上的高度整一和强烈的心灵撞击。

　　当第一缕春风吹到高原新城达兰萨拉，那温馨里含着北明和她的朋友们这样的无数知识分子对它的美好祝愿和祈祷。

2010 年 11 月 12 日于秋光斑斓的多伦多

孙乃修：学者、传记作家、文学评论家

目　录

达兰萨拉启示

出行走神

我是一个寻找灵魂的汉人，
我循着古道蹄音，来到神山之王的岗仁布钦，
遇到了一个一辈子凿刻嘛尼石的藏民。

我是一个寻找家园的汉人，
我喊着阿里阿里，来到冰雪照耀的白石岭，
遇到了一个一辈子转绕冰山的藏民。

我是一个寻找幸福的汉人，
我走过可可西里，来到古格废墟的孔雀庭，
遇到了一个一辈子守护酥油灯的藏民。

我是一个寻找源头的汉人，
我冒着十二月冷风，沿着格拉丹冬一路西行，
遇到了一个一辈子给牛羊挤奶的藏民。

我是一个寻找爱情的汉人，
我假装为了修行，来到太阳的故乡拉萨城，
遇到了一个一辈子就爱跑马汉的藏民。

—— <去西藏的汉人>，摘自杨志军《敲响人头鼓》

起程奔印度新德里，目标达兰萨拉。友人提示扛上摄像机，太沉了；说那就带上小的，最后一刻，家用小摄像机也舍弃了。过去、现在和将来，我都不准备做西藏问题专家，此行无需拖泥带水。

带上一本不相干的书，埃利·维索（Elie Wiesel）的《神的使者》，准备旅途中走神。不过后来一查数据，吓了一跳：自由世界太小了，随便拿起一本他们出版的当代书籍，可能就会撞到西藏台阶上——《神的使者》一书作者维索，不仅是达赖喇嘛的朋友，还是西藏自由的坚定支持者。2008 年 3 月 20 号那个 26 位诺贝尔奖得主签发的声援西藏的声明，维索不仅是其签署人之一，更是这份联合声明的协调主导人。这 26 位诺奖得主囊括了诺贝尔和平、文学、医学、化学、物理学、经济学全部奖项。声明针对当时的西藏局势，呼吁中国当局停止镇压西藏游行示威的民众，与西藏精神领袖达赖喇嘛展开对话。埃利·维索是纳粹犹太人集中营的幸存者，他的集中营生活回忆录《夜》，畅销世界，但是鲜有人知的是，出于同样的历史感悟和被奴役者代言人的身份，他与达赖喇嘛私交甚笃。他们二人，一个在战后十多年的集体失语中，把六百万"上帝的选民"在集中营里的非人遭遇公之于世，把盟军最初走进集中营的惊惧，变成了世界对纳粹罪恶的永远记忆；一个在解放军枪炮声中，把六百万佛教众信的地狱之苦，变成了西藏重生的炼狱和希望。东西方两个笃信神祇的民族、两个不相干的世界，两种彼此遥远的呻吟，由于二人的特别关系，顿时连为一体。

走神都不容易。

——让人分神的是印度：行前事先得知的消息是，印度肮脏不堪，圣河恒河乃是人们遗屎之处，随地大小便不分长幼；欺诈成性，乞丐穷追不舍，游人对追逐讨要者必须视而不见方能自保安全；炎热无比，高温摄氏 43-45 度。令人乍舌的信息已经导致友人齐越（化名，大陆知名学者、导演）"迎接挑战"的出行心情，另一位友人，易崴（化名，大陆知名编辑、出版人），则隔三岔五将各处搜索来的印度信息从信箱发来，并不断叮嘱必带物品，那清单看上去好像我们要去一个原始部落探险：遮阳帽、遮阳伞、筷子、勺子、水杯、手电、防

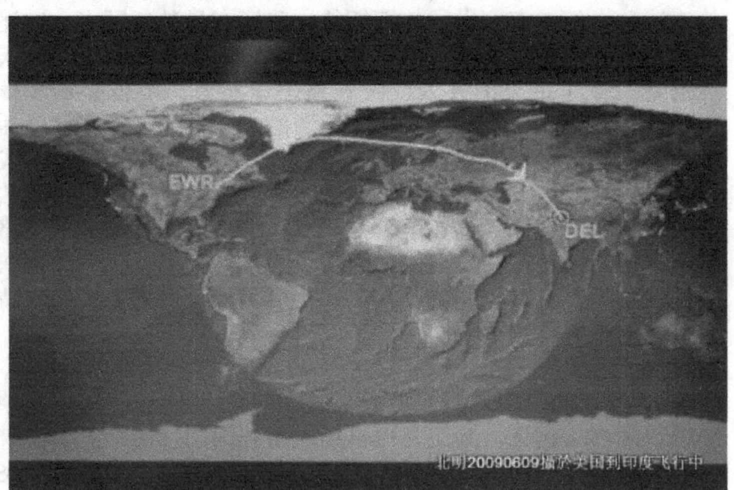

从美国东海岸到印度新德里航线，需要越过大西洋和欧亚大陆，绕行半个地球。

蚊剂、止泻药、抗生素、清凉油、墨镜、牙膏、香皂、雨伞、凉鞋、晾衣绳、消毒纸巾……。"多带美元，零钱尤宜……"。

接获这样的信号，你还期待怎样的逍遥？临到出门前两天，我发现我抓着一本叫做《不顾诸神·现代印度的奇怪崛起》的书恶补。这书是一个娶了印度妻子的英国学者兼报人写的，描写印度诸种深刻矛盾中的现状，怪趣横生。边读边想，读读可也，可是心情已经被不顾诸神的印度人提前弄坏了：去年我签证未准，据分析原因是我填写自己的职业是记者作家。虽然属实，竟被拖延到团队启程而未果。印度人不欢迎读书识字的华人去观光？海外华人作家学者身份敏感？中印关系因为西藏而微妙复杂？……

无论如何，此一经历令人丧失兴致，这次再度签证，被迫填写另一个身份，"家庭主妇"，相当于无业游民。经西藏办事处往复交涉，准签了。不过再度折腾期间，印度使馆的奇怪作风再度令人沮丧。并非我矫情，一平与我同此经历，同样心情，不过他再次填上的是"家庭妇男"，比我还没脾气。对印度的这第一次接触令人相当失望，加上手中活计一大堆，都急中燃眉，我们实无意趣到那遥远异地，玩味这个古老国度遭遇现代文明时产生的咖喱怪味。麻烦的是，这次计划已经变成了一张不能退款的机票，我和一平商量：不去，辜负藏人一番盛情和组织者李江琳的热切期待。我还有另外的顾虑：前述齐越和易崴，是我受李江琳之托邀请的大陆文化界知识界学人，也是我多年不见的友人，我突然中途撤退，沮丧必定转嫁他们。此外还有一位，是我代为邀请的大陆知识人，行前最后一刻眼巴巴地说："那神奥印度定会让我等惊奇不已，可是我陷入自设困境……"，他正被一个巨大的艺术品分解，无法脱身，要求我把他"放包里带上，每天给口水就行，又不走路又不说话，就赖在你身上借你眼睛，晚上给你当枕头"。此次出行，我不仅要关照两位友人，还得带另外一双去不成的眼睛，只能三头六臂地走一回了。

　　行前两小时才得空收拾行装。计划是傍晚前从华盛顿里根国际机场起飞，到纽瓦克机场，与美国同行的学者李江琳、史学家朱学渊和诗人兼编辑一平会合；傍晚后一行四人起飞赴新德里，在德里与太平洋那端启程抵达的两位大陆学人汇合。一行六人组成一个中美华人学者作家小组，奔赴达兰萨拉。说是去印度，其实是去西藏，被禁的西藏，流亡的西藏，是去一个"不顾诸神"的国度，访问一个背负信仰流亡的民族。

　　晌晴勃日，林被深植。奔机场而行的华盛顿郊区地铁偶然弹出地面，撞入阳光下耀眼的绿色。端坐于地铁车厢座位上，听凭行进中的车轮"哐当哐当"敲响现刻时钟。我努力撒手满把的日常纷繁杂乱，极力收心面对已经进入日程的旅行。

三千五百年的黎明

好吧！我将这块大地
放在这里或放在那里。
是否我饮多了苏摩酒浆[1]？

我的一只翅膀在天上，
在大地上我曳过另一只翅膀。
是否我多饮了苏摩酒浆？

—— 摘自《梨俱吠陀颂诗·致因陀罗[2]》

---

[1] 苏摩酒，梵文"Soma"，一种取自"苏摩"蔓草之茎制成的饮料。古印度常以此酒祭神，故为"圣饮"。

[2] 因陀罗，梵文"Indra"，古印度神话中备受憧憬的神，嗜饮苏摩酒，也是雅利安时代受人喜爱的国神。

　　时差混乱。抵达印度新德里机场时是美国东部时间的上午11点半左右。

　　闲逛的野狗随处可见，像城市治安警察。白色的牛仔在公路边吃草，如同印度的天使。

　　目力所及，几个墙壁上的电插座，都是活动的。

　　出机场，40度热浪扑面而至。尘土飞扬中，蚊子出现了，还有苍蝇。无产者们，成排睡在露天平板车上。

　　有西藏新德里难民接待中心的负责人接机。举着牌子，郑重其事。握手寒暄后上车，是小面包车，次日即出访归来的达赖喇嘛，也将在此处乘此车，不过他返回达兰萨拉他的驻地之前，会去拜访印度政府。

　　我们驱车一小时抵达西藏难民村客栈萨克亚(Sakya)，设施简陋，又看见了裸露的灯泡，不过是节能的那种。

　　印度时间凌晨2点，再去机场接大陆抵达的易崴、齐越。二人已在大厅乖乖等候半小时了，齐越仍然无可救药地年轻着，易崴则无可挑剔地谦虚着。一一问候，出站上车。凌晨的机场依然拥挤。车辆再度挤出机场，驶上新德里市区公路。尘土把灯光弄得昏暗不堪，正如书中所言，这印度首府公路上，机动车辆和牛车、三轮车、拖拉机以及行人甚至牲畜并行而安然无恙。

　　空气湿热，旅馆房间里，窗户上的破旧空调机时而从沉寂中轰然起动，时而从轰鸣中归于沉寂。睡觉成了一种努力不懈的战斗。终究打不过湿热也打不过空调，不多久，发现时已凌晨了。索性拉开窗帘，推开窗户。

　　——这是印度宗教哲学发酵的地方吗？

　　眼前的景色太强烈了：恒河破旧，从东方破晓处蜿蜒而来。土地苍老，沿岸裸陈着自己湿疹的皮肤：远近贫民居住的屋架内外，横七竖八堆着装满垃圾的塑料袋。晨雾弥漫四野，在黎明的霞光中给这苍老的土地和破旧的河流穿上了一道绚烂的丽莎。两只乌鸦在近处电线杆子上挣啄喧嚷，几只野狗躺在垃圾堆上惬意地享受德里的早晨。

　　美丽与丑陋相互携手关照。这绿色旷野上，横陈的是东方亘古时空里的矜持和安详。

　　最夺目的是太阳！完全无视君临之所在，依然升起它永恒的壮丽和辉煌。

清晨德里景色：恒河与它的民贫窟日夜相守，太阳依旧升起永恒的辉煌。
北明 2009 年 6 月 9 日摄于新德里 Sakya 宾馆

　　"这光来了，在所有的光中最美丽。她光芒四射，显露出了门口。她搅动了了这个世界，向我们展示丰饶，……黎明唤醒了每个生命。……所有人都有不同的使命，所有生命都被黎明唤醒。"

　　《梨俱吠陀》颂诗中的这首叫做"黎明"："……从亘古永恒时候起，黎明女神已经照耀，到今天还在抛洒光芒，满载富丽。她将会照耀未来的日子，她永远照着自己的力量行走，亘古不变。"[1]

　　这首诗写于公元前一千五百年，就诞生在这样的土地上。除了那些塑料垃圾袋、贫民窟的铁架子以及一根旅馆楼下的电线杆，这片土地上只有人、牲畜和绿色禾苗，与三千多年前没什么两样。这里不合适居住，却是读那些印度古老颂歌、领悟他们灵魂追问的最合适的地方。

　　西藏流亡社会和政府所在地，达兰萨拉之行，在这远古的黎明中拉开帷幕。

---

[1] 杨彩霞译本。

隔代孪生兄弟的故事

都是灵性的石头神在的冰大阪，
都是寂寞的远古染着霞丹，
……，我的故乡西藏的山。

都是满坡的俄博猎猎着金幡，
都是高高的阶梯可以登天，
……，我的故乡西藏的山。

都是天葬的高台神鹰等待着桑烟，
都是求婚的福地情人掉进了温泉，
……，我的故乡西藏的山。

都是奔涌的姿势浪尖上漂着寺院，
都是直立的化身头顶高洁的雪莲，
……，我的故乡西藏的山。

都是高峻孕育了一万年的探险，
都是微笑静默成地球的荆冠，
……，我的故乡西藏的山。

都是冰雪都是冷旷都是常青峰峦，
都是因果都是轮回都是脱离苦难，
……，我的故乡西藏的山。

—— 〈西藏的山〉，摘自杨志军《敲响人头鼓》

在德里短暂逗留期间，我们把西藏难民小区的医院、寺庙看了一遍。这些难民曾经与我们比邻而住或高居雪原之上，因为不甘汉人的强暴来到了山的这一边。可是即便印度是他们信仰的宗源之地，他们也不准备融入这个国家。每一个抵达的藏人都会循迹循声去往当地的收容站，接受同胞的帮助，再加入更大的同胞群体。新德里的难民小区是出逃印度的第一站。

难民村由街道和居舍、店铺和寺庙构成，远不如恒河的黎明那么惊心动魄。这日走出下榻旅店，大脑却仍在恒河的黎明中逍遥。当一位女藏医笑睐睐地分为我们分别测量血压时，我的心血管开始把思绪从恒河召回。

印象深刻的是藏人的医疗所，确切地说是牙医所，更确切地说是一位藏人牙医。

此人精瘦，黢黑，矮小，名叫诺布(Norbu)，34 岁。他的诊所不大，十平米见方，一张破旧的行医电动躺椅居中，几乎占满诊所整个空间。我们进去，诊所就严重超员，人无法转动。瘦小黢黑的诺布本可以大大开拓他的空间，把诊所开在印度富贵小区，他的一个印度同行朋友就是这样：诊所宽敞明亮，设备助手俱全，月薪 70 万卢比，日子悠然快哉。但是那样一来，前往问诊的就不是诺布的同胞而是印度人了。就因此，他留在了难民村，现在的月薪只有 4500 卢比，低于他的同行朋友 15 倍之多。藏人的牙齿和印度人的牙齿在价值上如此悬殊！不过诺布对此另有解读：这差异的程度与藏人牙齿的重要程度成正比。所以，藏人越没钱看牙，说明他们越需要牙医，他就越必须留在这里给他们看牙。他选择的原则不是自己的收入水平，是自己的劳务支出对象。他决意要为藏人的牙齿服务。

告诉我们这一选择的时候，诺布特别自豪。他又指着诊所架子上器皿和药物说："台湾医生捐了不少。除了这些药物和手术工具，他们也捐献人力"。

空间拥挤，我们只能站在那张手术躺椅的四周，就像围着他供奉的一个卧式大图腾。他用他坚硬的手掌拍拍那破旧的"图腾"告诉我们：别看这东西！若要买新的，需要很多很多的钱，但是被他修复一新，只花了很少很少的钱。说的都是卢比。

　　他的脑袋看上去质地坚硬，说话时，像不屈不挠的钻头那样随节奏转动，不说话时，他也转动钻头，接纳我们从"图腾"四周提出的问题。

　　"当然有藏民来这里看牙。"他回答说。

　　"也有印度人到这里看牙。"他又回答说。

　　"看牙的有时候还有外国来的。"他补充说。

　　他眼睛发光，精神抖擞，汉语讲得相当好，说话速度像赛跑。

　　在他诊所墙上，有一幅招贴画是英文的。第一句是"高兴起来。"第二句是："定期看你的牙医。"前一句字体大，悬于招贴画的上方，后一句字体小，落于招贴画的下方。不过他自己比他的招贴画更有说服效果。看见他你就会知道，充实和幸福这人类世代追求的东西究竟来自人的大脑还是心脏，或是别的什么地方，比如诊所还是……钱包。

　　走出诺布的诊所，我发现自己隐隐生出一种错觉，觉得他就是单巴次仁。

　　单巴次仁曾经想学医，努力三年未获资助，放弃了。

　　单巴次仁当年是逃出西藏的一个男孩。

新德里西藏难民区的牙医诺布（Norbu）在他的诊所里为我们介绍诊情况。　易崴摄于 2009 年 6 月 9 日新德里

　　中国人民解放军拯救西藏"农奴"那年，农奴们的起义反抗被镇压，单巴的父亲确白吨多以及全村健壮男人被解放军反复囚禁。再度获释，回到村子，他痛睹妻子在斗争会上忍受折磨，随后接到通知：十岁的独子单巴次仁必须前往中国内地接受汉人教育。

　　单巴父母无法信任那些侵占他们家园、枪杀他们同胞、囚禁反抗者，拆毁寺院、强迫他们信奉共产主义的"解放者"。那时"社会主义改造运动"已经大面积开始，西藏传统社会结构和生活方式正在瓦解，单巴一家面临灭顶之灾，他们决定翻越雪山逃离故乡。

1959 年 10 月，单巴的父亲带领全家五口悄然上路。单巴十岁，除了父母、还有两个妹妹。一家人须避开大路，翻越两万五千英尺的高山，夜行昼宿。寒风凛冽、雪厚齐腰，雪窝陷人，空气稀薄，那是真正的死亡之旅。

首日破晓，在一万八千英尺高度的雪地上栖息时，他们发现那条忠实的家犬已不知去向。

次日破晓，小妹妹开始呕吐。

第三日，他们仍然在雪线挣扎。夜晚翻山，小妹妹趴在母亲背上，白天休息，她睡在母亲身边，始终默契配合，不吃不喝，不醒不闹。

第四日，全家因摆脱了在雪线可能的追捕而酣睡一觉，下午醒来再翻过一道坡，把留有他们足迹的雪山甩在身后，来到了不丹的丘陵前，胜利在望了。

这时候，单巴的母亲听见了背上小女儿艰难的呼吸声。这是逃亡至今她发出的最大的声音，孩子仍然沉睡不醒。接下来，这孩子在母亲剧烈摇晃中停止了呼吸。

她度过了翻山最艰难的时刻，却没能挺到胜利。

全家守着尸体恸哭失声。声音即刻被苍茫雪野无情吞噬。他们就地掘坑，用白雪掩埋了她小小的尸体。继续前行，一步一回头。

胜利只是逃亡者的希望，死亡之旅在雪线以下延续。四个小时后，他们进入完全陌生的地理环境，茫然失去了目标。他们选择看到的第一条道路走下去，来到一个村庄，然后仍然不知该去向何方。最后获悉不丹政府已经不再允许藏人停留，他们必须继续前往印度。

一望无际的高原雪域变成了蔽日密林，致命的猛兽枭禽毒蛇出没，粘附人体吸血的水蛭防不胜防，陌生而漫长的旅程似乎刚拉开序幕，携带的干粮却吃完了，他们却必须拖着完全累赘的冬季藏袍。餐风露宿，乞讨为生的旅程中，单巴承担为全家乞讨的任务，因为他总是能够幸运地讨到食物。但是每当独自去乞讨，那条走失在雪野的狗的命运，比密林的阴影更加浓重地压在他头上，他随时担心自己丢失得无影无踪，无声无臭。后来，他们渐渐与逃亡藏民汇合，终于抵达印度南部的米萨玛藏族难民营。

　　这是一个临时栖息之地。世代习惯的青稞、酥油和肉食变成了咖哩土豆和大米，高原变成平原，寒冷干燥的气候变成了炎热潮湿的热带雨林。另一方面，两千五百年来生活在封闭中的藏人，没有任何免疫力抵抗外来人种的病毒。各种流行病迅速传播，翻越雪山又穿过森林的藏人必须面对这第三轮的命运筛选。

　　不断有老人和孩子死亡。

　　五百米之遥就是他们自己的火葬场。为了防止病毒传染，死者统统火葬。烟雾终日不断，难民营如同死亡营，哭声不绝，连缀着日月阴晴。终于有一天，单巴的另一个妹妹染上了阿米巴痢疾。她先是不玩不动，最后不吃不喝，病情急剧恶化，不几日，一家人眼睁睁看着她离开了人世。

　　那一天，难民营上空飘绕的烟雾中，加入了单巴一家第二个死者化成的烟灰。

　　翻过雪山是逃亡第一步，丢下了一个小妹妹在冰天荒雪；栖居难民营是逃亡的第二步，死去了第二个妹妹，却连尸骨都不能存留。世上对父母的打击最大莫过于失去孩子。悲痛中再遭重创的单巴的母亲喃喃自语，翻来覆去只有一句话："我们从中国人手里跑出来，结果只是将尸体掩埋在异国他乡"！

　　这喃喃自语，是藏人出藏的泣血路标。

　　两天之后，单巴一家必须再度离开，他们被安排到印度北方筑路。这是他们流亡的第三步。他们必须跟上队伍，越走越远。这一安置方式本身使他们意识到：不久后回到故乡的希望渺茫。这个打击如雷暴中的霹雳，准准穿透单巴父母的心魂。

　　火车行驶三天，月台上再被丢弃三天，五缺二的三口之家，和一百六十名难民一起在藏历新年中，抵达流亡目的地。

　　达赖喇嘛曾在《流亡中的自在》这本自传体回忆录中回忆他当时获悉的消息说：1960 年 2 月 1 日，当第一批抵达的定居者"看到这块土地的时候，很多难民情不自禁痛哭失声。他们前面是一条艰难的路。印度政府为他们提供了帐篷等简单工具，除此之外，他们唯一能依靠的是他们自己的决心。"单巴一家三口正是第一批抵达者，他们无法逃脱致命的迁徙带来的厄运。美国作家约翰·F·艾夫唐在《雪域境外流亡记》中写道："流亡者来到印度之后不到四个月的时间，就清楚地看到，这一过渡性阶段不仅比逃跑威胁更大，而且给人们带来了伤害，几乎没有一家能够幸免"。首先是对印度病毒藏人的肌体毫无防疫能力，这导致病毒长驱直入。印度所有筑路营情况大同小异：藏人不可能不与当地人打交道，哪怕一周一次收工后买食物，也必须接触当地人。"无论当地居民患什么样的传染病——尤其是肺结核，总是可以传染给西藏人。由于他们缺乏适当的抗体，大多数人常常因此丧命"。可能因为没有医疗，或者因为不诊，许多情况下，藏人看上去无疾而终。高海拔地域的住民迁徙到低海拔平原，意味着物种的气候、饮食、生态、生物包括生活方式的彻底改变，对于一个封闭在高原雪山上两千五百年的民族尤其如此。印度工头很会使用藏人做廉价劳动力，他们每人每天必须拼命劳动十小时，只挣十个美分（一个卢比）。如果把营养不良和无分男女老幼的体力劳作算上，则情况更加凄惨。严重的死亡率使人们开始怀疑，藏人是否合适群居。

自从离开第二个女儿死去的难民营，单巴的母亲就没有恢复正常生活。1950 年开始的灾难导致 1959 年的逃亡，1959 年的逃亡导致两个女儿死亡，他们的归程看上去遥遥无期，连达赖喇嘛都逃出来了。她心神恍惚，啜泣不止，在三天三夜的火车旅程和三天三夜的站台露营中，她总是拉住单巴的手不许他离开。此后接连两个星期出卖苦力，她终于病倒了。单巴和父亲为糊口而去工地挣那十美分的十个小时时间里，她独自躺在破旧不堪的帐篷中、草铺上，盖着全家唯一的毯子。她知道这次轮到她了，她放弃了生存的意志。附近印度村庄诊所的医务人员无法确诊她的病症。

她为即将到来的死亡感到幸福。她有理由感到幸福：两天前，单巴的父亲背着她来到达兰萨拉的草坪上，她见到了刚刚定居下来的达赖喇嘛，接受了尊者摸顶祝福。单巴的母亲是这个家庭最后一位女性，她留下了遗言：见到尊者死而无憾。此外，她要单巴好好照顾他的爸爸，并说，总有一天，单巴会回到西藏的。第二天单巴干活归来，他的母亲已弃世而去。

单巴只有父亲了。单巴不到十一岁。

母亲去世两周后，单巴的父亲确白吨多开始呕吐。这个少言寡语的汉子曾经与中国入侵的军队对抗而被囚，看不下妻子被批而挨打、忍不得儿子被送走而汉化，他带领全家出走，翻雪山穿密林，亲眼看着两个女儿死去并为之送葬，他一直撑到现在，再也支持不下去了。他的病情急剧恶化，接着被送往一小时车程之外的一家医院。

那一天，单巴刚好年满十一岁。酷暑白昼，他在工地上劳动，阴冷夜晚，只有父母曾经同在的帐篷与他相伴，这是妈妈去世的地方，是父亲生病抬走的地方。漫漫长夜，空中缓缓沉落着白天工地引爆的灰渣尘埃。一连数日，恐惧和孤独同时攫住了这个十一岁的孩子。他独自蜷缩在妈妈离去前躺过的草垫子上挨到天明，再到工地，挨到天黑……。

单巴后来在西藏难民幼托园里长大。幼托园之后，他成为达赖喇嘛授意创办的第一所藏人现代化学校的第一批受益者，然后再到一所教会学校继业，最后在颇富盛名的基督教学院接受高等教育。他始终学习成绩优异。苦难和挫折把单巴变成了具有强烈民族意识的西藏人，他明确了未来的生活目标：由己及人，为西藏人谋福利。目睹亲人一个一个不治而亡，他最大的梦想是成为医生，治病救人。当时流亡藏人日益增加，医生却寥寥无几。但是他向援助组织申请了三年，一无所获。他被迫放弃了这个理想……。

单巴次仁及其一家的经历，在美国作家约翰·艾夫唐的《雪域境外流亡记》中有全面记述。单巴的故事和书中的其他描述，使西藏境内 100 万被镇压者、10 万逃亡者及其悲惨的逃亡经历——因生存环境骤变，在瘟疫般的流行病中密集死亡，有些难民定居点几周之内死亡五分之一的事实，从冰冷而抽象的数字，变成血肉温热的具体生命。

看到牙医诺布第一眼的时候，我被他钻头一样的硬度所撞击，被他谋道不谋食、苦乐自为的古典精神所感动。走出他那诊所的瞬间，我突然意识到，诺布正在实践单巴当年的理想。单巴当年若有幸获得资助去医学院读医学，如今一定会像诺布一样在藏人集中的地方开一所医院或诊所，欣然服务于他逃亡的同胞。

诺布也许不知道谁是单巴，不过他们的孪生精神，如同高原青稞和雪山圣水酿制的传统青稞酒，让我第一次尝到了甘甜清苦而绵润深厚的西藏味道。

终生的哈达

在我的老家，到处都是喇嘛，
他们终生都是为了敬献哈达。

不用说你就是仙女的飘带，飞扬出人间的吉祥；
不用说你就是珠峰的圣雪，飘落成梦的衣裳。
——拉萨，拉萨，你就是世界的哈达。

不用说你就是母羊的鲜奶，是飘上天的雅鲁藏布江；
不用说你就是情人的相思，是那无语的歌唱。
——袈裟，袈裟，你就是天堂的哈达。

不用说你就是夏天的清风，送来冰塔女神的凉爽；
不用说你就是冬天的温暖，漫过冻土的高冈。
——庄稼，庄稼，你就是望果节的哈达。

不用说你就是捧起的诚信，把月亮的芳香挂在脖子上；
不用说你就是阳光的熔造，柔软成祝福的金幛。
——骏马，骏马，你就是奔驰的哈达。

在我的老家，生活着我的阿爸阿妈，
他们终生都是为了敬献哈达。

——〈哈达颂〉，摘自杨志军《敲响人头鼓》

　　德里西藏难民小区的管理人员、福利协会副主席叫洛辛格桑(Lobsing Gyaltsen)。五十多岁，头发乌黑，脸上却布满了皱纹，如饱受水土流失之患的黄土高原，沟壑纵横。这些沟壑纠葛着他的眼睛，眼神苍凉而忧郁，连笑容都悲苦凄凉。

　　在小区简陋的办公室里，他回答了我们的问题，简要如下：

　　1，他是 59 年抗议中共压迫，逃离西藏到印度的；

　　2，他赞成达赖喇嘛争取自治的中间道路；

　　3，虽然达赖喇嘛与中国官方的谈判屡屡受挫，他认为，如果中国知识界都如我等一样，关心西藏的现状，西藏问题可以解决；

　　4，对正在谈判中的中国政府缺乏诚意这一点，他说：我们只要坚持下去，中国政府就会理解达赖喇嘛的追求。

　　"您回答这些问题，代表您自己还是西藏流亡政府官方？"我问。

　　"我代表自己。"他说。

　　"如果作为一名流亡政府的官员，您将怎么回答呢？"

　　"我的回答会跟刚才的回答没有区别。"

　　"您是否可以区别中国民众与中国政府之间的不同？"

　　"我可以区

洛辛格桑脸上沟壑纵横，眼神苍凉忧郁。北明摄于新德里西藏难民小区管理办公室

别”，他脱口而出，没有犹豫。

洛辛格桑最后为我们一一献上了哈达。献哈达的时候，他持续地、谦卑地微笑着。我们轮番大叫“别动”，用自己的相机分别拍下好几张合影。屋子里气氛欢悦起来，那时候，他严肃的神情退去，显得特别轻松。可是我发现，当笑容出现在他的面庞时，他的神情仍旧被苦涩滞重纠缠着。

没有人告诉我，为什么藏人的传统建筑和服饰一概色彩鲜艳而风格热烈，为什么他们对异族表达敬意的哈达却选择不着一彩的白色。我们此行还将接受很多哈达，包括达赖喇嘛回赠的哈达和十七世噶玛巴回赠的哈达，全是白色的。洛辛格桑的悲苦神情，使这条白色的哈达格外沉重。1959 年他在西藏的枪炮声中逃离了老家，丢下了世界的哈达拉萨，丢下了天堂的哈达袈裟，丢下了望果节的哈达庄稼，丢下了奔驰的哈达骏马，丢下光明的哈达强巴……可是他还和在老家时一样，“终生都是为了敬献哈达”。

当时我们都没有料到，藏人在屈辱中坚持的谈判，再有几个月，就会在短暂的回光返照之后破裂而中止。达赖喇嘛由此再度被妖魔化为分裂主义分子。

躬身接受洛辛格桑戴在我颈上的哈达时，我把他的隐忍一同纳入了心中。那是一段我不知道的故事，不知道是不是和单巴的故事一样布满冰雪严寒，接着演成一生的沉郁。

哪一把尺子丈量西藏？

是自然的宣言，当我看到遍地荒芜，
　　　　我就说那不是西藏的山。

是崛起的好汉，当我听到弱者呼救，
　　　　我就回望西藏的山。

是永远的晴好，当我遇到风雨煎熬，
　　　　我就躲进西藏的山。

是世俗的地貌，是精神的花岗岩，
我的西藏的山，雪域高原的信仰之山。

——〈西藏的山〉，摘自杨志军《敲响人头鼓》

　　达兰萨拉（Dharmsāla）位于印度北方喜玛偕尔邦（Himachal Pardesh）的西北山区，背靠冰雪终年覆盖的喜玛拉雅山脉，海拔1250米至1982米，地貌是山谷与河川，点缀以田园、屋舍。此地距印度首府新德里约十二小时的车程。十九世纪中叶开始，作为英国殖民地，达兰萨拉曾是英军将领的避暑胜地和印度某行政管理中心，后被弃为不毛之地。1960年，印度总理尼赫鲁将此地交予达赖喇嘛，允诺他在此建立流亡政府。此后，达兰萨拉成为西藏的政治、文化中心，以"小拉萨"闻名于世，并以其浓厚的西藏风貌，渐成印度重要的佛教朝圣地和旅游胜地。

　　晚10点从德里乘火车前往西藏流亡政府所在地达兰萨拉。

　　车站人山人海，秩序混乱，设施和客车型号陈旧，恍若身置30年前的中国。最令人蹙眉的仍然是触目可及的第三世界景观：乞丐成群，蚊蝇昌盛，有些地方一巴掌劈过去可以碰到数只。地面阴沟像人体暴露的血管，四处垃圾散发着腐败的气息。贫穷不要紧，但肮脏是那件挂在乞丐身上的破衣烂衫，它无所不在，先声夺人，总是使我忘记一个亘古以来的事实：印度是一个关注灵魂胜于关注身体的国度，在他们不堪一击的现实表象背后，有《奥义书》的天问、《薄伽梵歌》的博爱、瑜伽的神秘。世界上除了犹太人，没有哪个民族如此钟情于上帝和灵魂。我对印度社会的现状难以认同，毕竟当代印度宪法规定他们是一个世俗国家。甘地描述过社会的七种罪恶，其中之一是"没有奉献的崇拜"。弗兰克在描述俄国东正教弊端时指出：教徒们狂热追求天堂的幸福，以至于把地面放弃给魔鬼去统治。

　　凌晨，从苏式陈旧列车硬卧车厢里醒来，我们坐在仅有的两个下铺床位上亲密无间，却发生了一场严重的争论。争论者是朱学渊先生和李江琳女士，二人的分歧在于如何看待流亡藏民以及藏族现状。朱先生是史学者，对中国民族源流有相当深入的研究。他抵达后即席访谈十数藏族难民、官员和"盲流"，非常失望。他的失望是真诚的。还在美国登机之前，获悉我从信箱里传去的关于印度脏乱差的消息，他不以为然，响应说：不论怎样，民主体制下的社会和人民，比极权体制下的老百姓有礼貌。他指的是纽瓦克机场的印度人不怎么高声喧哗，旅途中井井有序，完全与文明社会融为一体，跟大陆外出旅行者大相径庭。但是，新德里一天的见闻，也许主要是井市视觉的冲击，已经使他非常失望。

江琳具有宗教知识结构和东方宗教情怀，她是这次达兰萨拉之行的组织者和领队，近年她对西藏流亡社会的实地考察和深入调查，使她在海外藏学研究中崭露头角。在我等一行中，唯有她是西藏问题的真正专家。她对朱先生的失望感到沮丧，对朱先生说："你要上山，才能下结论！"

达兰萨拉是一座海拔近两千米的山，在藏人中和其他民族朝圣者中，去达兰萨拉俗称"上山"。

二人争执不休。从旁观听，我感到茫然。他们衡量同一个社会，用的是不同的尺度、不同的范畴。朱先生在思想上是五四精神继承者，民主和科学是他丈量一切人类文明实体的标尺。江琳强调的是藏传佛教的宗教性与精神取向。

你纵然可以用世俗化标准衡量一个宗教民族和佛国，但肯定难得其门而入，或者入门不见山水。同时我确信一定程度的科技、物质文明是人类精神自由的前提。很难想象刀耕火种的人类能够理性地洞悉宇宙的奥秘和自身的局限。但是"五四"的无神论哲学基础和科学迷信同样难以适应现代文明人类的需求。人类历史证明那个叫做"共产"的主义，作为一种理论虽然产生于工业化社会，做为一种实践，则不仅滋生于贫困，而且易于在无神论国度大行其道。

此外，对于藏民族而言，是否应该用汉人习惯的尺度去衡量？人类是否能够、而且必须在同一种文明中齐步前进？

新德里火车站候车乘客一景。
北明摄于 2009 年 6 月 11 日

西方人至今也没能把以色列和希腊两大文明源头和流脉折腾得很平衡。达赖喇嘛曾经注意到：西方大城市的生活非常舒适，但是很多人只会跟自己的猫和狗表露真情。在设施齐全的西方豪宅中，他注意到洗手间里摆放着镇静药和安眠药。我知道另一个更加荒唐而严肃的故事：一位精明强干的独身女人，任某公司部门主管，周一到周五白天拼命工作，晚上回家睡觉。周六到周日仍旧孤独一人，专门住进五星级宾馆，并不出门，也不人与，不过看看电视，吃吃饭，睡睡觉。名曰放松休息。

如果生命的意义在于追寻快乐，"仅仅物质繁荣不能带来持久的快乐"（达赖喇嘛语）。可是，坐上奔驰的火车以为山在跑，认为印度就是地球的末端，而且对遍及人类的病毒没有免疫能力，这样的民族在现代化社会连平安都不能保证！1950 年，年轻的达赖喇嘛丹增嘉措痛苦地发现"中国大军压境，而我们被抛弃了"，他检讨说，"1912 年，当我们获得完全独立的时候，我们心满意足地退回到孤立中。……我们的独立虽然对我们自己是显而易见的事实，对于外部世界来说，确是需要合法证明的。"[1]一个民族的封闭和邻里间的隔膜，虽然原因不尽相同，但在本质上相差多少？

另一方面的问题也并不新鲜：人类的古老文明如印第安文明、印度文明、伊斯兰文明都拥有强烈的宗教追求，但是他们社会物质文明的落后，令现代文明无法接受。人类是否能够在物质与精神中寻求一条中间道路而不偏废？藏族文化是否有能力面对现代文明的挑战？

不过，在情感上，我同情江琳的立场。大陆汉民族精神荒芜、道德匮乏，病入膏肓，历史却证明，藏人是为了精神追求和宗教信仰而流亡的。他们与我们之间的不同，是天渊之别。

在巴坦高特(Padhankot)站下火车，上小面包车，顺印度公路接近达兰萨拉。登车前，戴着接车藏人献的哈达，被印度乞丐追撵了一次，再跟一位脸挂长髯、身着黄袍的"泰戈尔子孙"合影一张。中途下车，吃了一顿印度餐，进了一次印度厕所，买了很多印度矿泉水，拍了一些印度闲图，看见路过的敞篷卡车上，一群一群无忧无虑的印度青年不知忙着到什么地方去……这是印度，不是西藏。

一路无话。

---

[1] 达赖喇嘛《我的土地，我的人民》电子版第五章，丁一夫译。

穿藏装的女部长

"师傅，你如何将觉悟表现于行动之中？
你如何在日常生活中修行？"
"当我吃饭的时候，我就吃饭；
当我睡觉的时候，我就睡觉。"

—— 一则禅宗公案，引自《西藏生死书》

　　真正的达兰萨拉行始于这日下午。下午依次会见的是西藏流亡政府信息与国际关系部两位总管——信息部的 Thubten Samphel 和国际关系部的 Sonam N. Dagpo、外交部部长格桑·塔可拉 (Kesang Y. Takla)、首席部长总理桑东仁波切 (Samdhong Rinpoche)。

　　我等一行六人就西藏流亡政府现状及历史听取了两位秘书的介绍。

　　朱学渊在表达了自己的政治立场和善良愿望之后，针对 2008 年 3·14 暴力事件的起因和境内藏人对奥运会的抗议发表建议和意见。他说，藏人的抗议客观上伤害了中国人民的感情，不是一个很智慧的做法。他得到的答复是：流亡政府注意到了境内藏民抗议行为的负面作用，并为此感到不安。但是他们鞭长莫及。因为流亡政府作为一个奉行言论自由原则的民主政体，不能够限制任何人自由表达的权力，另一方面，流亡政府的声音也没有正式的渠道传抵国内藏人。

　　两位秘书人到中年，言语温和，言及中国政府暴力镇压藏人抗议活动时说："不知道什么原因，中国政府挑动两族人民的敌对情绪"。——他们没有做任何价值判断。在德里的藏人小区与福利协会主席洛辛格桑面谈之后，这是我第二次从藏人温和的表达方式里领略藏人的朴实。而这种感受，与我多年来在美国流亡藏人中所获得的印象是一致的。

　　外交部长格桑·塔可拉居然是一位女性。看上去 60 多岁，个子不高，穿着藏服，眼睛流露着温和的光。她笑眯眯地迎着我们这些不速之客。我们人高马大一行人，不算西藏翻译，与她六比一，不大的客厅即刻被我们拥满。我无端地担心，我们形成的空间局促，也会挤压住她的从容。

　　结果并非如此。

　　我插空表达了一个意思：达赖喇嘛在四十年前所写的《我的土地，我的人民》一书中，使用"中国人"这个笼统概念描述实施侵略行径的中国政府。中国政府确是目前中国的政府，政府官宦确是中国人，但并不具备代表人民的意志的资格，中国人从来没有投票选举这个政府。所以，在外交辞令、外交政策方面，如果西藏流亡政府不注意区分中国政府和中国民众，将会使中国一般民众情感上受到伤害。我说，高兴地看到现在达赖喇嘛已经开始严格区分这一对不同的概念了。女部长格桑塔可拉解释说：过去，当西藏遭受入侵的时候，我们看见的就是中国人。而且当时也有历史局限。现在，尤其是最近，流亡政府和达赖喇嘛已经开始注意到这个问题了。尊者对中国政府越来越失望，但是他对中国人不会失望。在达赖喇嘛的领导下，流亡政府已经开始与民间华人接触，每到一地，无论多忙，他都会安排时间会见各地的华人。

朱先生再度对外交部长提出建议：流亡政府应当说服自己的人民，不要做不明智的事情，比如不要在奥运会期间抗议中国举办奥运等。女部长的回答跟两位秘书的回答基本相似：他们信奉言论自由，故政府不得干涉民间抗议活动。另外，中国政府封锁严密，流亡政府目前也没有任何渠道，对内陆藏人施加影响。不过，她说，他们会努力对印度及世界各地藏民发挥积极的影响。

女部长很有些不卑不亢。回答不同意见和价值观产生的问题，毫不犹豫。这是一方面。我更感兴趣的是另一方面——他们对这一问题的直观反应和回答使我意识到，我们对西藏流亡政府的民主运作原则尚不甚了解。虽然生活在美国的民主社会，但是我们习惯性地以中国极权政治的权力结构和运作模式，解读以民主原则建立起来的西藏流亡政府。

为什么会这样？首先也是直接原因，是对流亡的西藏群体及社会缺乏感知和了解；其次也是基本的原因，是冲出极权牢笼的躯体并不能够直接带来思想方式的彻底解放。耶和华让走出埃及的以色列奴隶在荒野流浪了四十年，直到他们全部死光，他们的后代才能进入应许之地。八九之后，为寻求自由和民主而走出汉地的中

西藏流亡政府外交部长格桑·塔可拉在她的办公室与我们交谈。朱学渊摄于 2010 年 6 月 11 日

国知识人在海外生活二十年了。还要过多少年，流亡者才能不仅接受民主、倡导自由，而且习惯于以民主自由价值为基础的思维方式以及行为方式？一九八九年的死难者们用自由梦想和追求制造的中国挂历，还有另一个二十年的空白页等着翻过去吗？

一朝为奴，终生不赦，耶和华太神了！

易崴发言说，大陆知识分子对西藏问题信息不足。多年前他从海外电台了解到达赖喇嘛的自治政策时，他非常吃惊。他自认信息丰富尚且如此，一般民众可想而知。互联网时代有益于信息传播，流亡政府应当设法让更多的人了解真相。这非常重要。他也表达了对达赖喇嘛及其自治政策遭中国政府拒绝并被妖魔化等一系列问题的震惊。言谈之间，传达着另一消息：只要有可能，大陆知识人对西藏问题非常关注。外交部长回答说，中国信息控制严密，汉人之间的沟通都不自由，流亡政府突破封锁更难。但是她又说："我们主要以正常方式与海外华人交流。"

袈裟中的慈威

我站在日月山眺望你，
望见了一道不逝的彩虹；
我站在青海湖眺望你，
望见了一盏不灭的金灯；
我长长地走去慢慢地靠近，
盼望度过所有的寂寞，
所有的春夏秋冬。

—— 〈布达拉宫〉，摘自杨志军《敲响人头鼓》

　　流亡政府总理会客室。

　　看来所有流亡政府的办公室设施和摆设都既非藏传风格亦非中国特色，而是一应西式风格：办公桌、座椅、书柜、会客沙发、茶几等。流亡政府首席部长的办公室亦然，只是空间大些。

　　当这样的空间里进来几位穿西装的西藏普通官员时，我沉睡的感觉开始苏醒，我得提醒自己，这是西藏政府所在地的西藏官员；当这样的空间里出现穿西藏民族服装的外交部长，而她是这个空间的主人时，我必须睁大眼睛，慢慢适应眼前的景观：她讲藏文，举止文雅，亲切诚恳，率直而谦卑。

　　当这样的空间里走进来一位穿绛红色袈裟的的主人，我被带进一种陌生的境地，来不及思考，只能被动地条件反射。

　　桑东仁波切，藏传佛教高僧兼西藏流亡政府总理。袈裟相当臃肿，裹住他瘦小的躯体，但是无碍于他肢体语言的敏捷。他快步走进门来，含笑与我们一一握手，然后落座，说这里条件不好，请大家原谅。

　　几句寒暄之后，他的神态，尤其是眼睛已先声夺人——他目光敏锐，有如利器，似乎可任意切割所摄取的景致。年岁导致他下眼睑突出，这却丝毫不能顿挫他目光的力度。他鼻梁笔直，鼻子坚挺，但丝毫不能夺走那目光的葳蕤。这样一双压倒一切的眼睛，使他显得精神矍铄，神态自若，笃定平静中露出威严的贵族气。

　　凭直觉：这是一位重量级人物。

　　江琳强调这位总理是一位梵文学家。会客室书架上的书，大部分是英文书籍，少部分是中文书籍，其中包括中国官方出版的西藏问题书籍，显示这位梵文学家可能在某一领域学贯

流亡政府首席部长桑东仁波切是一位高僧、学者和政治家，西藏真正实力派人物。　北明 2009 年 6 月 11 日摄于流亡政府总理府会客厅

中西。

而我们有能力直接领略的，只有他的政治智慧。

在此前一次回答有关西藏主权和自治问题时，他曾经言及世界一体化趋势，明确指出目前欧洲世界已经进入追求各民族国家一体化的时代。我记得，这番谈吐让我当时深感惊讶。民族主义，国家主权，是上个世纪殖民主义时期人类面临的主要问题。而今，殖民主义土崩瓦解，国家独立已经实现，民族自决让位于国家联盟，个体人权问题已经超越国家主权，成为人类关心的头等大事。而西藏，面对中国中央政府的极权主义和汉族殖民主义，仍然必须首先争取民族生存权，挽救文化与宗教于灭顶之灾。西藏问题在全球化时代确实是一个滞后的问题，在人类行进的列车中，成了一节脱节的车厢。幸而有达赖喇嘛，以其遍及全球的影响力和信服力，拖着这节车厢不断前行。

西藏问题的存在及其尴尬性，是世界上最后一个极权政府制造的。虽然如此，我从未设想西藏领导人对此会有如此明确的意识和认同。桑东仁波切对此直言不讳，谈来从容不迫，这显示他不仅对西藏问题和流亡政府的要求在世界政治版图和全球化时代的历史位置及特殊性有充分的知觉，而且他绝不会盲目从众，放弃西藏的独特性。事实上，没有单个民族的独立存在，就不可能有世界人类文化的丰富光谱和多元存在。1959年第一批逃抵印度的普通藏人绝大多数首次看见森林、火车，1960 年在印度的藏人流亡学校上课的学生们也是首次看见地球仪，首次获悉世界上除了西藏、中国和印度还有其他国家。不过 50 年过去，达兰萨拉流亡政府官员的大脑已经完成了西方人类从工业革命到信息化时代 300 年之久的现代化转型。藏人藏在自己的袈裟里笃信佛陀，安于中世纪生活，对现代世界既不感兴趣也一无所知，这样的观点在桑东仁波切的会客室却遇到严重阻力而无法延伸。我看到的这位总理，是一位具有世界眼光和全球胸怀的民主政治家，他的袈裟里拥有一个当代人类政治地球仪。他随时转动这个地球仪，用来观照西藏民族始于上个世纪下半叶的厄运，在国际政治格局中把握西藏前途命运。他对人类世界历史进程的了解、他的人文知识结构、他的现代政治理念和精神道德修养，中国当代高层官员只能望其项背，中国流亡的民主人士同样望尘莫及。

桑东仁波切 20 岁逃亡。单巴次仁逃亡时 10 岁。他们是在同一年翻过雪山逃离中国的。他们是同一代人。我坐在他侧对面的沙发上，静静地揣测：如果面前的桑东仁波切脱掉袈裟，他看上去会像单巴次仁吗？

单巴次仁那染上沈疴的父亲确白吨多被抬到医院，却没有死去，一周之后，他奇迹般地回到了形单影只、伤心欲绝的单巴身边。没多久，传来孩子要被送往别处去托养的消息。几个月前在雪山那一边，这五口之家是因为听到类似的消息而最终踏上逃亡路的，几个月之后身在印度，再次听到这样的消息，五口之家只剩下父亲和单巴了。

这次，拒绝前往的是单巴，不是单巴的父亲。单巴已经不能再经受任何分离了，他生命中至关重要的东西一直在不断地遗失，家园、妹妹、另一个妹妹，然后是妈妈，就像自己的肢体一部分一部分地死去。但是，残缺不全的单巴不得不服从父亲的决定，父亲告诉单巴：这次是去达兰萨拉，那是他背着单巴母亲去过的地方，达赖喇嘛定居的地方，那里建立了一个托养所，任务就是照顾在筑路劳役中失去双亲的孤儿。

这一次的被迫别离是单巴生命中最后一次离别，也是他生命的转折。单巴没有辜负父亲的期待。他此后中学、高中、大学一路保持优异成绩。

学医不成的单巴后来回到流亡小区，参与政府工作，同时直接参与争取西藏独立自由的运动：他加入了民间组织"西藏青年大会"（简称"青年会"），这个组织以主张"西藏独立"著称，在当时的藏人政治生活中起主导作用。它的四位创办者都是西藏流亡青年，都出身上层，而且大都毕业于英国在印度创办管理的一流学校。在他们周围聚集着一批西藏青年知识分子和理想主义者。他们身上带有全世界被压迫的青年知识分子和理想主义者的特征：贫穷、热情、浪漫而富于牺牲精神。"激昂的思想要求出路"，正如十八、十九世纪彼得堡、莫斯科大学校园里的"斯坦克维奇小组"、"孙古罗夫小组"、"拉舍夫斯基小组"培养了别林斯基、巴枯宁、赫尔岑、陀思妥耶夫斯基等一批俄国思想家、文学家，二十世纪八十年代北大、四川西南师范学院、湖南师大的读书小组或文学社产生了胡平、王康、梁恒等一批中国民间思想家一样，在达兰萨拉七十年代简陋的房子里造就了西藏流亡知识精英。这些受过西方教育的西藏贵族青年聚集在一起，喝最廉价的青稞酒，在煤油炉子上煮茶，几个人用一个杯子，拿牙刷当勺子，他们彻夜长谈，激烈争论，讨论西藏的出路。

　　这些西藏知识青年惊醒了西藏，西藏开始思考了。两千五百年历史俱往矣，拥有现代自由意识的西藏，是七十年代初从达兰萨拉诞生的。

　　达兰萨拉西藏青年会的诞生，也是达赖喇嘛民主自由意识的体现，他理解青年们的激烈情绪，不限制不压制他们的讨论，并且支持他们的自由活动。如果没有达赖喇嘛的宽容与理解，这个组织（以及其他许多流亡西藏的民族间组织）不可能存在下去。"中国人怎么那么容易就进入了我们的国家？军队为什么没有浴血苦战？昌都失陷究竟是怎么回事？"……这些西藏青年首次开会，当着达赖喇嘛的面，就对西藏噶厦政府成员发出这样的质问。

　　单巴在那个自由的氛围里结识了一批西藏理想青年。与他们的交往和接触，拓展了他的视野和胸襟，关注和思考西藏命运前途成为他生活的重要内容。他成了他们当中的一员，在青年们的政治参与活动引发流亡政府政治危机的数年之后，青年会再度改选，单巴在改选中成为 31 名中央执行委员会候选人之一。基于在青年会分会的广泛影响和良好声誉，1978年，他被选为青年会中央执行委员会顾问。那时起，他成为流亡社会中最具政治权威的人物之一。

　　由于必须依靠年纪轻、文化高、英语能力强的藏民，西藏流亡政府中青年会成员的比例，从七十年代的接近半数上升到八十年代的百分之七十五。桑东仁波切早年也是流亡藏民的民间组织青年会的成员，主张恢复西藏独立的历史地位。单巴不仅与当时的桑东仁波切同持西藏独立的主张，而且在内地武装革命无功而败的情况下，甚至主张更激进的恐怖主义的手段。但是三年后，他出任达赖喇嘛私人办公室外事处首席秘书，跟随自己的精神领袖出访亚欧两洲，苏美两国等地，眼界大开，西藏复兴的观念也随之改变了。

　　达赖喇嘛奔走世界，进行和平努力的成果，不在于击退西藏本土的中国军队，夺回西藏的独立地位，却在于使西藏死而后生、凤凰涅槃，在于西藏社会、文化、宗教、传统的异地重建，在于封闭的西藏走向世界，赢得国际社会的广泛认同和支持。在众多流亡藏人试图演绎西藏变天帐的时候，达赖喇嘛以和平手段，为自己的民族开辟出一片新的天地。这一事实，使达赖喇嘛的首席外事秘书，32 岁的单巴次仁终于认识到："他的幸存以及西藏整个民族的幸存，都是达赖喇嘛为复兴建设而和平努力的结果"，"西藏不寻常的希望并不在于失败的游击队，而在于传统社会的力量，这一传统社会已经重新建立并正在走向世界"。

　　单巴不是宗教领袖，不是梵文学家，但是在西藏现实问题上，他与流亡政府首席部长桑东仁波切是同一条心路上的旅人。现如今，桑东仁波切是达赖喇嘛关于西藏"自治主张"、"中间道路"目的、意义、细则、来由的权威阐释者。比桑东仁波切小十岁的单巴次仁呢？我猜想桑东仁波切应当是单巴次仁共事多年的老同事或老朋友。我想象，在不事佛、不读经、不工作的时候，他们相遇在达兰萨拉的老树下或丹增嘉措的宅院里，也许会相视一笑，双手合十，彼此熟悉得知道今天对方喝了几碗奶茶。

　　此刻在总理会客厅看见桑东仁波切，等于部分地看见了单巴次仁。

本书作者北明在桑东仁波切总理府听仁波切回答问题。
李江琳摄于 2009 年 6 月 11 日

　　江琳的问题是，桑东仁波切政务、佛事一身二任，是否相互冲突？回答是，连任第二届了，至今没有遇到有冲突的事务。未来两年，如果遇到冲突，他会考虑在僧侣和总理之间做出选择。

　　我突发奇想，如果中国有这样一位有学识、有信仰、有现代政治意识的总理，该是何等幸事！轮到我发言，我简报自己对他的直觉，然后问：如果您是一位中国总理，对目前中国现状您会有什么样的不同于中国当局的治理方案？他沉吟片刻，回答说："这个问题不容易回答，但我还是试着回答你。我信奉自由、平等与和平，如果我是中国总理，我至少要给中国人民自由。"

　　中国问题千头万绪，积重难返，从周恩来到朱镕基、温家宝，历届总理为治理中国满脑门子官司，下场灰暗。我实在没想到他这么简单扼要就把一个复杂的问题摆平了。纲举目张，如果我是中国，我会考虑向西藏流亡政府借官、借经验，第一官是桑东仁波切，第一条经验是宪政与自由。

易崴发问：西藏自治可能导致西藏严重汉化，汉化必然导致对西藏的一些负面影响，如严重的贪污腐败等。您如何看这个问题？桑东仁波切对此问题深思熟虑，他不假思索地回答说：汉化不仅必然引进汉人的毛病，也将引进汉人的优势，相信二者之间会有一个平衡。他举例说：我们有些第三代人留学欧洲，不会说藏语，不懂藏文，但是他们与我们之间的沟通没有问题。比较麻烦的是汉化之后产生的那种不藏不汉、非中非西、不伦不类的人。接着他说，"藏人汉化之后，不会说藏语，不懂西藏文化，变成了一个汉人，这无妨"。

为何无妨？

他答复的最后一言博得我等由衷赞叹，他说："只要他是一个好汉人"。

我相信他的意思并非同意藏人完全彻底汉化为汉人，我相信此话建立在对藏传文化将源远流长拥有绝对自信的基础上，我相信此话表达的是对从孔子到孙中山一脉的传统中国文化的最大敬意和对中国民族的最大善意，我相信此话再度显示他作为政治家的宽广胸怀和信仰者的容忍气度。我为西藏有这样的政治家感到宽慰。我想，如果不是语言障碍，我会成为这位耄耋老者的忘年交，我能从他身上学到谦卑和宽容，智慧和慈威。

职业编辑一平气质上是一位文化思想型的诗人。中国传统文化在六十年间毁灭性的厄运及其在中国社会导致的精神灾难，在他土厚水深的仁爱心灵田野上留下了深长的、无法愈合的疤痕。他对流亡西藏文化现状的思考和感怀，就像一片沙漠对另一片沙漠绿洲的守望，特别深切诚挚。

他告诉桑东仁波切说：西藏问题本来是一个政治问题，如果不是遭遇中共政权而是国民党的政权，不会发生一九五九年平叛西藏那样的事情，达赖喇嘛也不会流亡。但是中国当局一直宣传说，他们一九五九年实行的是民主改革，说西藏过去是奴隶制，说五九年的改革是对西藏农奴的一次解放。这种宣传对许多中国老百姓来说是有效的。因此，流亡政府应该把这整个事件的真相告诉更多的中国人。一平说：非常肯定，无论西藏过去是一个什么样的制度，这样的做法都是对一种文明的毁灭性破坏，这种做法实际上是反文明的。了解这个真相，可以帮助汉人改变对西藏问题的看法。此外，一平说：在汉藏两族的关系上，我们面临一个危险，"这个危险也是中国政府刻意在做的，就是通过鼓动汉族的民族主义情绪，使西藏这个政治问题变成汉藏两族之间的民族问题，使他们之间形成仇恨，这是一件非常、非常危险的事情。"一平说，我们作为中国知识分子，有责任阻止这样的事情发生，保持两个民族之间的交往，避免这个政治问题变成民族问题，努力化解两个民族之间的仇恨。我应该告诉总理，中国有良知的知识分子，绝大部分都是同情藏族的。

一平语调徐缓平实，一如他的人，安详儒雅而宽厚。他没有提任何问题，但是我确信，这是自西藏 1950 年遭到来自汉族政权的精神奴役与压迫以来，藏人从汉人所听到的最深切的同情的话语和最诚挚的声援，这也是西藏流亡半个世纪以来，汉藏两族所实现的一次重要的、温馨如兄弟般的心灵沟通。一平告诉西藏流亡政府总理：他非常钦佩达赖喇嘛。他带着如此少数的藏人，走出中共对于西藏文明的破坏，在流亡生活中保存了西藏的文明，并且使之发扬光大，传播到世界各地，这是非常了不起的奇迹。达赖喇嘛为人类保护文明做出了一个榜样。一平说：做为一个汉人知识分子，我对藏人深感钦佩并为之骄傲。纵然汉族有十三亿的人口，我们说自己有五千年的文明，但是在保存自己文明这一点上，做为一个汉人，面对西藏我感到非常羞愧。我们甚至不能比那些翻山越岭寻找文明的西藏的孩子。这些孩子冒着生死的危险，许多人在路途上甚至残废了，来到达兰萨拉，追求西藏的文明。这对于整个人类都是一种非常宝贵的质量。一平说，在现代世界物质主义的冲击下，许多文明已经毁灭，能够保存下来的文明已经很少，保护西藏完整的、古老的文明，不仅是西藏人的责任，也是汉人的责任，也是整个人类的责任。

我与一平的交往不多也不少，但在中国当代的精神末法时期，我对他的了解和信赖不觉间成为我对人的道德高度保持信心的平台。一平告白说，他说这些话，不是出于一种思想、一个理念，而是因为他作为一个在中国文化大革命中长大的知识分子，痛心于中国自身文明的毁灭性的破坏，对于文明的敬重已经成为他内心里的一种感受。他告诉流亡政府总理桑东仁波切：不管中国政府怎么样说，怎么样污蔑达赖喇嘛，希望总理能够知道，中国有良知的知识分子非常尊重西藏文明，尊重你们所做的一切。

作为同样的流亡他乡的汉人，作为在坐的各位流亡者中的一员，他最后说：

"真正的祖国不仅在于你生活的这片土地，更在于你的宗教，你的语言、你的信仰，你的文化。我真心地祝愿西藏人即使在流亡期间，也能够像犹太人一样，在一千年的流亡当中，在两千年的流亡当中，仍然顽强地坚持下来。"

经过这次会谈，我们对西藏的现状和未来有了几点明确的认知：

一，提及未来的财政收入时，桑东仁波切顺便提到一个重要的事实。这一事实大陆汉人无从知晓，引起我等惊异，一向关注经济形势的齐越尤其感到吃惊。根据中国官方资料，中国政府对西藏矿藏资源的开发所得，远远大于中央政府对西藏地区的投资和援助。此外，矿藏的开发，仅金矿，在西藏境内，在卫藏、康区、青海等地就有一百多个。桑东仁波切介绍说："有关数据显示，其中的一个金矿，每天开采量就达 20 公斤。"他回答说，消息来源是中国官方数据，时间在 1999 年到 2000 年中间。

二，内地藏区实现高度自治之后，这种自治不会涉入军事、外交管理，流亡政府也不会回去与当地政府争夺资源和利益。这个流亡政府将彻底解散。"内地的西藏人才是自己真正的主人，他们应当自己管理自己"。

三，面对现代文明的挑战，西藏流亡政府对发源于封闭地理环境中的西藏传统文化的传承、变革具有信心。事实上，流亡政府自建立之初就已从教育着手，开始积极迎接现代化的挑战了。而且流亡西藏五十年的存在已经证明，西藏文化不仅可以在开放社会保存完好，而且可以传播到世界各地，为人类文明作出贡献。不过，桑东仁波切表示：现代文明中的军事现代化是藏文化唯一不能兼容的东西。

浓浓的奶茶上过两道了，告别的时候到了。我相信，主要是因为一平温和平静而诚挚的表述，使桑东仁波切在结束这次访问时说了下列的话，我相信这些话出自他的肺腑。他说："你们每一位讲的每一句话都深深地鼓舞我，我感到非常的欣慰。你们所发表的观点和你们的思维方式，事实上真正代表了中国人的思维，是中国文明的体现。"他又说，"藏汉民族几千年来一直和睦相处，做为邻居，将来不可能由于一些政治问题而分离，成为仇敌，我们还是要一起存在下去。达赖喇嘛提出的汉藏民间的交流这种观点是非常、非常伟大。各位能够亲自到达兰萨拉，我感到非常荣幸也非常的感谢"。最后他说：这样的交流，说几天几夜都没有关系。我现在因为其他工作日

西藏流亡政府总理府二楼平台远眺。
北明摄于 2009 年 6 月 11 日。

程马上要离开，当然我希望，如果可能的话，你们离开达兰萨拉之前，再次与大家进行交流。

合影，致谢，告辞。

总理府和外交部是一座普通的小楼。二楼平台远离闹区，近瞰转经塔，远眺青峰白云，意接喜玛拉雅山脉。出总会府门楼，接近傍晚时分，山脉层迭，青岚苍莽，夕照无限。同仁们不约而同举起了相机。

心有微澜，随蓝色山脉韵律起伏有致、渐至无极。回望桑东仁波切的"好汉人"之诺等言说，感觉有一首西藏奏鸣曲从脚下缓缓响起。在传世至今的作曲家名单上，找不到这首西藏字符的曲目和作曲家的名字。这曲目和名字不在任何音乐史中，它来自雪域高原，是喜马拉雅山无言的造化。天地有大美而不言，只偕心灵永世长存，自古如是。

（补记：流亡政府首席部长总理全名桑东仁波切·罗桑丹增。"仁波切"，藏语音译，是藏传佛教的尊称之一，藏文是"珍宝"、"如宝贵人"之意。修行者满足下列三种情形之一者被尊为仁波切：被认证的转世高僧、学问高深的世人楷模、成就很高的修行者。桑东仁切满足了上述全部三项条件。他 5 岁被认定为是四世桑东仁波切转世之身，7 岁受戒，20 岁随达赖喇嘛流亡印度，七十年代初完成宗教学业并以其深厚藏学功底，先后任印度瓦拉纳斯西藏文化学院院长和高级顾问近三十年。在转世高僧的特殊身份之外，他的梵文学养和藏传文化与宗教学识在相关学界首屈一指，堪为国际藏学巨擘；此外，在现实社会层面，在西藏民主政治的建立和实践过程中，他具有西藏民主先驱者的地位：他是第一部《西藏流亡宪章》的重要起草人之一。在以民主规则建立的西藏流亡政府中，他 2001 年当选首任民选部长、总理并连任至今，此前，他是西藏议会立法议员和议会议长。他确是一身兼高僧、学者和政治家的西藏真正实力派人物。）

藏经楼、佛祖居

我听说西藏选择了黄色
因为黄色是太阳的颜色
我知道西藏选择了太阳
也就是选择了不落

—— 摘自杨志军《敲响人头鼓》

今日参观此地的西藏图书馆的档案馆、藏经馆、藏医和占星术学会。

图书馆小楼大厅的内里正在加固。很原始的办法：木头桩子下端插在沙袋里，借沙袋之固，戳在地板上，木桩上端则顶住天花板上一些铁管子或大梁。工人们正在梁上做加固工作，吭哧吭哧很费力。

推门而入，绕行木桩，步入色彩鲜艳的西藏风格的楼厅，我尚未意识到已然走进了一个物化的精神世界，直到走过黝黑的甬道，穿过狭窄的屋门，进入柜架压顶的空间，人被架上层层摞迭的经卷所包围，嗅觉被亘古书香所浸润，我看见了那个难以置信的地方。

藏经馆占地面积约 1500 平方英尺。四壁和中间一排排的书架从地面直顶天花板，架上全部是梵文、藏文佛经。大都线装，包以金黄色、绛红色、紫红色的柔软厚实的棉布，并贴着编码标签。这些经卷质地沉厚，有些极为古老，纸张黢黑脆弱，磨损严重，几乎无法翻掀。管理员翻身上架，将一部岩石状的经卷费力地搬挪下来，陈列在案台，小心翼翼地打开外层金黄色的布面包装，告诉我们：这东西有上千年久远了。那是一部梵文《金刚般若波罗蜜经》，黑色质地脆弱，边角严重磨损，状如废墟里的出土文物，散发着神秘古老的气息。

一行人唏嘘不已。

这些经书全部是逃亡的藏人翻过这个星球上最高的雪山随身携带到此的。对这个事实的领悟，需要一些想象力：人要夺路逃跑，要翻越雪山，冒着被击毙的危险，但是不肯放弃这些经书。他们背着这些古老的文字逃难，就像背着自己的祖宗家产。他们背过来的不只一卷、两卷或一百卷、两百卷，是成千上万卷！

这些写满陌生文字的经卷，在我的解读中可以浓缩为两个汉字：信仰。

这是中国人丢失干净的两个字。

这个被人类不断穷尽的世俗世界，已经没有可以创造奇迹的依凭，除了信仰。

达兰萨拉藏经楼内一侧。　易崴摄于 2009 年 6 月 12 日

　　再去另一个陈列室，再一次叹为观止。橱窗里陈列的全部是佛陀和菩萨雕像，大部分由金属浇铸而成。还有唐卡，各色各形、大小不等、新旧不一。这些沉重的铁像铜像和制作精美的唐卡，也是逃亡到此的藏人以生命做抵押背出来的。

　　经卷楼和佛祖居是流亡藏人拒绝精神荒漠化的见证。站在这陈列之地，能感到这个遭受凌辱和奴役的弱小民族精神生命的强劲坚韧。

　　同样为人奴，同样为了追寻自由，出埃及的以色列人公

达兰萨拉藏经楼里，管理员为我们小心打开古老的梵文
经书。　　　　　　　　易崴摄于 2009 年 6 月 12 日

然逃亡，号称 60 万之众，而且他们有摩西引领，有耶和华一路看护；出中国的西藏人只能秘密出走，以家庭为单位各自为营，势单力薄，而且无人引领，无神力看护。

出埃及的以色列人遭埃及追兵赶杀，过红海、灭追兵，得神助而畅行无阻，毫发无伤；出中国的西藏人翻越世界最高的山脉、陷落于前所未闻的黑色森林，所有险阻困苦只能用自己的双脚一步一步丈量，一路走，一路家破人亡。

出埃及的以色列人有流奶流蜜的迦南福地在前方召唤，鼓舞斗志；出中国的西藏人走出雪域，前程渺茫，辗转他国，身不由己，一再失去目标。

出埃及的以色列人只为了一时缺水，吃不到肉，不断背叛上帝，并不断要求回到埃及继续为奴；出中国的西藏人历经严寒、酷暑、高地、平原、缺氧、射杀、冻死、饥饿、屈辱、乞讨，一路流亡到印度，再经苦役、疾病、瘟疫而家破人亡，纵使深痛巨创，悲哀凄凉，他们从未背叛自己的信仰。

出埃及的以色列人因为行程艰苦，一路走，一路怨声载道，以至于竟要用石头砸死他们的领路人摩西；出中国的那条逃亡路，藏人年年月月不绝如缕，听得见他们散布在雪野、密林、公路、荒山、帐篷里与火葬场的啜泣哭号，听不见他们的仇怨和悔恨。

以色列人一次性出埃及，走了三个半月；藏人年年出中国，流亡历史绵延半个世纪，至今仍在继续。

最后，在不毛之地上重建家园、保存传统文化遗产的是西藏人。而他们这个异地家园，是人类历史上众多流亡者家园中第一个没有武力卫护、唯以信仰凝聚的家园。

考古学和无数学者的研究证明了公元前一千五百年以色列人出埃及的历史真实性。西藏人公元后一千九百五十九年开始的出中国，作为藏人的自我救赎之举，是正在发生、不需考证的现代史诗。

步出藏经楼和佛祖居，我知道，从这一天开始，在我心中的蓝天里，将有一面旗帜永远为西藏而飘扬。

消解的坐标

把肉体洗成清香的松柏，
把信仰洗成无暇的美玉，
把灵魂洗成天上的花朵，
把语言洗成动人的歌曲。
……
当人与自然再也没有分界，
我看到了藏土与别处的区别。

—— 〈洗浴〉，摘自杨志军《敲响人头鼓》

　　陀思托耶夫斯基描写过西伯利亚边远地区小城镇的风貌：人们生活俭朴，秩序井然，没有自由主义思想，传统泥古不变并被奉为神圣。每个村庄必有教堂，教堂必有两座，一座落于活人居住的城里，另一座立在死人居住的墓地。如果有哪个汉语作家愿意描写上个世纪前半叶的西藏，他/她能为人类贡献一部奇书：风格类似西伯利亚偏僻城镇，人们的生活方式比西伯利亚的更封闭也更深邃，更接近太阳也更安详。中国在那个岁月是被巨蟒缠困的拉奥孔，惊恐万状、奋力挣扎而自顾不暇，再说，哪届政府和军阀也没法子像沙皇政府那样，能把偏远西藏作为流放地，让自己的如椽巨笔曹雪芹、龚自珍、纪晓岚或哪怕胡适、鲁迅们去接受惩罚——西藏那时是独立的异国邻邦，你要么如当年唐太宗李世民那样出嫁室女，攀亲求好，等待藏国"渐慕华风"，要么如后来中共所为，枪炮相见，武力入侵，占领兼并吞没，而后快何如哉并臭名昭著于国际社会。

　　这样的西藏现已经不存在了。经过 60 年的汉化，严格地说，现如今的西藏只剩下海拔、高原以及残存的自然风景可为游客乐道和向往。

　　我心仪是另一个西藏，出中国 50 年之久的流亡西藏。这个西藏保留了远古的宗教生活方式，同时接纳了西方现代文明。无数大陆和西方人前往达兰萨拉，首为朝圣，也为观光，但是关于这个西藏在凤凰涅槃之后所发生的巨大变化，它接纳西方现代思想与制度文明的特征和成就，至今尚未引起人们的兴趣。——欧美人习以为常，中国人没有接收这类信息的器官。

　　我是少数例外之一。多次撞到现代西藏的大门口，只有这一次，迟钝的我推开了这扇门。是日下午的计划是到西藏流亡议会所在地，议长平巴次仁(Penpa Tsering)将为我们介绍西藏议会建立过程——一个听上去颇为枯燥的话题。

　　一行人抵达流亡议会的客厅不久，来了议长的司机或清洁工：四十多岁，五大三粗。黑脸、寸头、小眼睛。上身被一件绿色短衫紧绷绷裹住，脚丫子却在宽大的人造革凉鞋里自在逍遥。此君进得门来，并不报告我们说议长先生即刻驾到，也不倒水端茶清理卫生，却快步上前与我等一一握手表示欢迎。
俨然一应主人做派。

　　此刻写下这些文字，回忆斯人举止，才意识到，我对流
亡西藏民主制度的真实感受，始于与此君握手并听他开口的那
一刻：他就是西藏流亡议会的议长平巴次仁先生。

　　自我介绍中，我们获悉他是第一代印度出生的藏人政治
家。家境贫寒，兄妹9个，举家种地。他本人受过高等教育，
专业是经济。身在异乡流亡为客，自然关心政治。他为我们介
绍流亡议会的创立和历史，神态自若，简繁有序，条理清晰，
藏语中间杂流利的英语，略显沙哑的嗓音相当性感，微笑却没
能遮挡他从容自信的作风。几分钟之内，他把一个清洁工在表
述方式、思维能力、见识学养方面丢的分悉数扳回，令我等刮
目相看。

　　为了记述准确，我把手中《西藏流亡政府外交与新闻
部》编印的"西藏流亡政府简介"中的"流亡政府概况"一节
抄录如下。在到访达兰萨拉前，在见到平巴次仁前，在走进流
亡西藏的议会厅前，我曾经读过这段文字，但是忽略了它。现
在我意识到，对一个认同自由平等价值却对真实西藏全然无知
的人而言，这段文字有十足的颠覆性，即便对于数量微弱的流
亡汉人群体，这段文字也意味深长：

议长平巴次仁（Penpa Tsering）先生坐在议会厅为我们
解答问题。左起依次：李江琳、朱学渊、平巴次仁、桑
杰嘉（翻译）。　　　　　　易崴摄于 2009 年 6 月 12 日

"位于印度北方达兰萨拉的西藏流亡政府，是历史上第五世达赖喇嘛所建立的噶丹颇章政权，也即'噶厦'政府的延续。

"1949 年中国人民解放军十万大军入侵西藏东区省份安多和康区，次年占领了西藏东部重镇昌都。随后，在 1951 年 5 月 23 日，西藏政府被迫接受签订了所谓的《和平解放西藏十七条协议》。从此整个西藏陷入中国政府极权高压的统治之下。并于 1959 年 3 月，镇压了拉萨抗暴运动，同年，达赖喇嘛和约八万多名西藏人被迫流亡到尼泊尔、印度和不丹等国家寻求避难…时至今日，仍陆续不断地有西藏难民为寻求庇护而逃离西藏。目前流亡在外的西藏人数已超过十四万，其中包括在印度就有近十万人。

"1959 年 4 月 29 日，达赖喇嘛在印度北部的避暑地穆苏瑞(Mussoorie)建立了西藏流亡政府。1960 年 5 月，西藏流亡政府迁居达兰萨拉。如今达兰萨拉仍然是达赖喇嘛和西藏流亡政府的所在地。

"位于印度北方达兰萨拉的西藏流亡政府是历史上西藏噶丹颇章政权的延续，是代表六百万西藏人民的合法政府。非暴力、正义、真正的民主制度是西藏流亡政府神圣的原则与承诺，这也使越来越多的各国议会和人民将西藏流亡政府确认为代表西藏人民的唯一合法政府。

"从一开始，西藏流亡政府的双重任务就是建立西藏难民定居点以维护西藏民族的特性，以及恢复西藏的自由与幸福。需要重建的工作包括：一，提高流亡藏人的教育素质；二，建立牢固的民主体制；三，为西藏难民在异乡他国的自力更生而铺路，并使他们不必依赖外部援助而能够有尊严、自信地生存下去。

"西藏流亡政府对现代民主制度的实践，主要是为西藏重获自由后的未来进行准备。其实践的一部分包括设立议会，这个最初被称为西藏人民代表委员会的西藏人民议会于 1960 年 9 月 2 日正式成立，并逐渐成长而已经成为一个成熟的立法机构。

"1991 年，达赖喇嘛进一步扩大民主化，西藏议会议员的人数增加到 46 人，议会不仅被赋予选举噶厦(政府内阁)成员的权利，而且内阁要接受议会的质询。同样，1992 年依据印度有关法律代表公义的最高法院也宣告成立。

"新授权的议会制定和颁布了《流亡藏人宪章》。

　　"2001 年，在达赖喇嘛指导下，议会修改了宪章，从而使流亡藏人直接选举产生了西藏流亡政府的首席噶伦（最高行政首长），然后再由首席噶伦向议会提出其他内阁成员的候选人名单，经议会通过后正式任命之。第一个由人民直接选举产生的首席噶伦桑东仁波切（原文"且"）•罗桑丹增教授，于 2001 年 9 月 5 日正式宣誓任职。在 2006 年 8 月，他第二次被选为首席噶伦。

　　"目前的西藏流亡政府是一个名副其实的民主政府，它已具备了自由、民主政府的所有属性和功能，尽管流亡政府并不是被设计来取代西藏政权的…达赖喇嘛在未来政治指导中指出，当西藏重获自由之时，西藏主要责任将会由西藏境内的藏人来承担，而不是目前的西藏流亡政府的工作人员。达赖喇嘛还指出，在过渡政府时期，将会通过选举或由达赖喇嘛直接任命的方式产生过渡政府总统，届时达赖喇嘛将其所有的政治权力移交给过渡政府总统，过渡政府要在两年内举行普选，并由选举产生的政府所取代。"

　　从木匠的儿子耶稣被钉上十字架开始，人类几乎所有暴行和罪恶都堂而皇之地打出公义的旗帜，这真是令人惊诧骇然。不过，鉴于法国大革命的惨痛教训，法国知识分子托克维尔(Alexis de Tocqueville)和雷弗尔(Jean Francois Revel)总结过美国创立自由国家的经验；鉴于俄国大革命的惨痛教训，俄罗斯知识分子布尔加科夫、弗兰克、别尔嘉耶夫、伊万诺夫们总结过苏联的教训。相形之下，在极权主义和大汉族主义奴役下的西藏，引进了人类最文明的管理机制，创造了辛亥以来中国仁人志士梦寐以求的民主实体，用独立思想和自由精神书写了半个世纪的历史，获得人类联合政府联合国的表彰和诺贝尔和平奖委员会的赞叹，遥遥领先于官宦中国、民间中国或流亡中国。奴役者继续奴役，同情者开始同情，诋毁者轮番诋毁，居傲者继续指点。达兰萨拉，藏人的迦南之地，谦恭迎送五洲宾客，泰然自处国际风云，居高而俯首，从未想炫耀自己的成功。

　　听完平巴次仁议长关于议会历史的介绍，出客室、穿天井，来到议会会议室。一如所有藏人居家、公所、机构，甚至餐馆、书店一样，达赖喇嘛的画像挂在议会厅正面正中，只是这里这幅图片中的丹增嘉措非常年轻，应当是这位西藏精神领袖流亡之初的留影。

　　议长平巴次仁先生介绍说：达赖喇嘛虽然已经不再担任政治领袖，但是这位尊者认为，一个政治家拥有信仰非常重要。有了信仰，当他思考政治问题、处理政治问题的时候，就会有约束，就不能欺骗民众，而必须首先考虑到诚信。这将有利于好的政治、民主政治。

　　平巴次仁介绍的下列信息，一则一景，使人印象深刻：

　　这位议会议长的薪水每月 300 美金，这是西藏流亡政府官员薪水的几乎最高标准。此外没有任何其他补贴或奖金。这一点不同于大陆任何机构官员，却与民主国家政府官员相同。

　　流亡政府首席部长、总理的薪水标准比议长低，比他少 200 卢布，相当于 4 美金。

　　议长的工资并非最高，最高的是司法机构的大法官。大法官比议长薪水多 100 卢比，相当于 2 美金——这是一个象征。这个象征意味深长：执法者具有至高无上的权威性。

　　流亡政府几乎没有贪污现象。平巴次仁回答说：每年政府的开支只有 400 万美金，贪污条件不够——他没有强调人的道德修养，却告诉我们"贪污的条件不够"。他举例证实说：几年前，有个公务员贪污款额是 2000 卢比，相当于 40 美金。这个公务员被开除了。这是流亡政府中唯一一例贪污事件。

　　从欧洲旧大陆到美国新大陆，数百近千年来，所有立法者在限制腐败问题上都强调现实层面的、有效的制约手段，并不寄望于人的自我道德约束。平巴次仁的言论显示一种现实主义思维方式，隐约衔接英国 1215 年《大宪章》的理性精神，凝聚了 1787 年美国费城独立大厅里制宪会议的热量。

　　他顺着贪污例子的陈述，接了一句话，顺理成章，却不是横幅上口号，而是日常现实的写照。他说："我们主要靠理念工作。大家都知道工资很低。"

　　法制与现实环境很重要，理想和价值观念同等重要。制止腐败要靠对权力的制约机制。开创民主制度则需要理想主义精神支撑。唯此，在异国他乡一无所有的艰难困苦中，他们让自己一步到位，立于不败之地。前天总理桑东仁波切·罗桑丹增教授与我等一行会面时回答说：在西藏获得真正自治之后，流亡政府将自行解散而不会返回内陆西藏继续执政。他们的存在，只是为了积累政治经验，管理流亡西藏。我不怀疑政客们和机会主义者们或者权力野心家们会认为这只是一种宣称和谎言，我更不怀疑这是流亡政府准备付诸实践的计划。诚信和公众利益是一切文明政治的前提，民主从来只诞生在国家民族利益优先的政治家手上。更何况，流亡政府的成员是拥有道德操守的信仰者，而不是个人权力第一的凡夫俗子。

这个领导 14 万流亡藏人的政府，麻雀虽小，五脏俱全，具备了一个民主政府的所有属性和功能。半个世纪以来，他们最大的功绩是在达赖喇嘛领导下，保存了境内几乎被灭绝的西藏文化和藏传佛教；延续了西藏的历史和语言、习俗；打开了西藏接纳现代民主政治文明和科学技术的大门，并将佛教这博大精深的东方信仰，传播到了世界各地。

这个仰望神圣、庄严宇宙的民族，并没有为了追求天堂，把地面放弃给魔鬼。

60 年来中国不断薄古厚今，破坏文化传统，毁灭宗教信仰。现如今，到过台湾的人知道，正宗的中国传统文化、语言、文字、甚至风俗人情在台湾；而到过达兰萨拉的人知道，正宗的佛教、佛学，甚至弘法传教，在流亡西藏。

议会通过的决议必须遵守。1987 年流亡政府提出放弃独立目标，以中间道路寻求自治的主张获议会决议通过，成为藏人的意志，即便激进的"西藏青年大会"（青年会）成员，也必须服从这项决议。平巴次仁说，他的前任议长曾是青年会主席，也就是流亡藏人激进群体的首脑。议会的议长由议会选举产生。平巴次仁说，这位当年的青年会主席虽然对自己辞去此职后，竟当选为议长颇感惊讶，不过，这既不说明他放弃了西藏独立的立场，也不意味着他可以带领议会坚持此一独立主张。作为议长，他必须服从议会作出的以中间道路寻求自治的决定。

流亡的西藏人仍然保有一个民主党，"很小，不大管用"。关于政党政治及其与西藏流亡政府的关系，平巴次仁深思熟虑，他说：在流亡环境里，政党多了，不利于团结。而且，他说，在目前情况下，流亡藏人实行政党政治的条件不成熟，或者说环境不存在、不现实。

确实如此。七十年代，西藏流亡运动处于蓬勃发展时期，除成立了青年会，还成立了"西藏人民自由运动"及其"协调委员会"。这些政治组织曾经脱离西藏传统的噶厦政府领导，借助拉萨起义十八周年纪念日和流亡藏民反抗压迫、要求独立的渴望，在中国驻印度大使馆前，掀起了一次轰动世界的绝食抗议行动。这次行动在国际社会备受关注，报道的规模和程度仅次于达赖喇嘛十八年前的出走。这却是一次卷入印度政治、并最终受制于印度对华外交政策的抗议运动。时逢印度大选，这次抗议运动先得到印度反对党"人民党"的支持，后来却证明为其所用。它短暂的成功和最终的失败，完全取决于人民党在印度大选中对选票的需要，也是中国强权外交的间接结果。它的失败，在流亡西藏引发了民主党派和噶厦政府之间的剧烈冲突，终于导致西藏人民自由运动协调委员会的解散，并引发了连锁反应：青年会四位创始人辞职。西藏流亡运动为此遭到严重挫折。

　　西藏的流亡社会结构相当完整，人口也相对集中，十多万选民和选举并非一个虚幻的存在。即便如此，西藏政治家们不得不汲取教训：只有民主理念，而缺乏选民参与的党派政治是无法成立的。非要实行，争斗与分裂是难以避免的。

　　道德与精神修养，是精英政治的必要前提。选民意志、民主程序和法律制约，则是党派政治成功的前提。二者缺一不可，在社会文明进程的不同阶段，起不同作用。前者主导制宪、立法、建国，后者主导管理、维护、发展。

　　美国"人民主权原则"（托克维尔语）的实现，所采用的并非"大民主"（Mob Rule）方式，而是贯彻精英民主理念和制定宪法、实施规章制度的方式。与此相似，多年后，流亡藏人民主管理机制的建立以及民主制度的最终成型，也并非党派政治——在野党派竞争的功劳，更不是大民主的结果。不过西藏是个宗教民族，它在美国模式之外，另辟蹊径，同样避免的无政府主义的混乱。

　　这条独特的道路就是，依靠达赖喇嘛本人的凝聚力、持守他坚定不移的民主理念，实践他所亲手推动的民主改革。这其实与美国建国初期，一代国父们关起门来，避开媒体，绞尽脑汁制宪以立国的过程，有异曲同工之妙或大同小异之处。期间最关键的共同点在于，制宪者或领衔人是准备自我牺牲的民主自由信仰者，而不是准备上台执政的权利野心家。自由理念人人都愿意表达，民主实践则不是表达者人人都能奉行的。这扇门一打开，所有人必须面对撒旦的试探。这试探是毁灭性的，不是圣贤辈出的时代如美利坚建国时期，不是理想庄严的人群如流亡藏人，不是信仰维系的社会如美国清教徒社会、达兰萨拉佛教徒社会、东欧波兰捷克东德等国家的天主教基督教社会以及俄国东正教社会，这试探只能让人成批倒下。

　　达赖喇嘛的凝聚力持久不衰，是一种精神现象，源自他的特殊身份，也源自他的伟大人格。达赖喇嘛的民主理念坚定不移，是一种思维方式，也依赖他的宗教文化背景和他的民主政治知识。达赖喇嘛的民主改革持续不断，成功地完成了对西藏历史上第五世达赖喇嘛所建立的噶厦政府的改造，最终实现了西藏从封闭等级社会向开放民主社会的转型。

上个世纪六十年代和七十年代，西藏雪域在枪炮声中出现汉语，其中使用频率最高的词汇是"民主"。中国中央政府在西藏实行的"民主改革"，彻底瓦解了西藏年代久远的社会结构及传统文化，从而把封闭中独立的西藏强制在汉人的中央集权的统治之下。

恰是从那时起，确切地说是从 1960 年，达赖喇嘛流亡印度半年左右的时候，这位藏传佛教领袖就着手推进西藏的民主。他同时做了三件事：第一，促成了难民的第一次选举，此后这类选举就没有中断过；第二，通过印度律师的帮助，借鉴英国文明社会的管理经验，着手起草西藏历史上第一部民主宪法，这部宪法除了强调政府行政机构的民主程序，还从普渡众生的宗教使命出发，接受了社会主义的公平理想；第三，为适应流亡生活而改组传统的噶厦政府。

众生平等，普世之爱的宗教信仰是达赖喇嘛民主意识的根基，正如华盛顿、杰弗逊、富兰克林、麦迪逊、汉明顿等大部分美国立国先贤的基督教信仰和坚定的民主信念，使他们成为权利野心的抗衡对手。西藏的第一部民主宪法制定了限制极权主义萌芽的机制：其中一些条款，为以达赖喇嘛的名义，通过立法机构和最高法院限制执行机构的权利，打开了绿灯。

最后，达赖喇嘛将限制自己权力的机制，写进了宪法。这部宪法草案第 36 条第 5 款规定，"根据国家最高利益"，国民议会经与最高法院协商后，可以三分之二的多数弹劾达赖喇嘛，把他从最高权力位置上赶下去。这位心在佛堂、身在异乡的圣者、政治家说："这是我的主意。如果我们要享有真正的民主制度，就必须要有能够改变达赖喇嘛权力的条款。"但是反对的呼声高涨，一百五十多名代表聚首达兰萨拉，以不批准宪法为要挟，要求删除这一条款。

这却是西藏的幸运，如同拥有一批真正信奉民主的开国精英是美国的幸运一样。藏人生死与之的领袖，是一位笃信民主、蔑视集权、崇奉人类福祉的信仰者，而不是崇拜权力、扮演上帝的唯物主义者。达赖喇嘛说："由于这是新的东西，难以理解。我不得不使他们相信，这一点不仅对全体藏人的今天，而且对他们的将来都是绝对必要的。这个问题是六十年代初期最重要的问题之一。"

　　藏人的命运高于自己的存在。这是达赖喇嘛作为一个伟大政治家的理念。

　　宪法大纲在 1961 年秋季颁布，宪法则于 1963 年 3 月 10 日那个特殊的日子颁布。仍然是"草案"，因为它有待 600 万藏人举手通过。

　　流亡藏人的自由因宪法的制定而得到保护。平巴次仁介绍说，在藏人流亡社会，关于治国方针、外交政策等问题的讨论非常热烈，气氛相当民主，这些问题包括中间道路问题、藏人在抗议中焚烧中国国旗行为等。

流亡印度的达赖喇嘛和他的狗。

　　言及"自治"，平巴次仁说：关于近年与中国高层的接触，国际舆论早就认为中国中央政府是在拖延时间，现在八次接触都没有结果，果然证明如此。他说，这导致藏人内部沉寂一时的独立呼声和反抗情绪再度升温。

　　平巴议长说：中共中央政府的经济资助不会取悦于藏民，藏民要求的是宗教自由。这一表述，也出现在达赖喇嘛的传记中、桑东仁波切的会谈中、桑杰嘉的阐述中，甚至我们的司机的行为方式中……。为了追求信仰，这个民族可以被杀，不会屈服，也不会整体被收买。

　　有多少藏人对谈判抱有希望？议长对中间道路相当失望。他寄望中国制度的改变。他说：中国民主了，西藏才有前途。

　　他太清醒了。

　　我们的访问如组装程序，环环相扣，没有间隙。告别平巴次仁先生，步出流亡政府的议会大厅，走进西藏"人权与民主中心"办公室。

　　大脑饱和，我发现我坐在那个中心，心有旁骛，脑子开始调整坐标，企图确认平巴次仁给我的不协调的印象。如果他坐在小汽车里一言不发，如何能够区别他与自己的司机之间的不同？如果他走进来不跟我们握手，而是端茶倒水，我们如何能够认出他的真实身份？除非穿上西装打上领带蹬上皮鞋，彻底西化？那他还是平巴次仁吗？

　　达兰萨拉号称"小拉萨"，然而在它的经幡里和藏袍之下，与拉萨还有多少相似之处？

　　两个小时之后从中心出来，在斜斜窄窄的达兰萨拉坡道上等车回旅馆，我们又撞见了平巴次仁。

　　他下班了。

　　这次真相大白：他既不开车也不坐车，根本没有一个司机存在。他骑一辆电动摩托，形象比在郊外狂骑自行车的前任美国总统乔治·布什高级一点点：布什那日不听随行人员劝阻，率性出门骑车，在田间小路沟坎上狂奔猛颠，结果狠狠摔了一跤。没摔出大毛病，次日公务照常。好事的记者把他鼻青脸肿的照片赫然登在报纸上，令人睹之喷饭。议长平巴次仁优雅一些。见到我们，他放慢速度，然后双腿叉地，停下来跟我们打招呼，他不说汉语——他个人已经远离了苦难的历史。瘦小的绿色衬衣仍旧亲热地裹着上身，脚丫子仍然在凉鞋里自在逍遥。

消解旧西藏坐目标流亡西藏议会议长平巴次仁，骑着摩托车下班回家。北明摄于 2009 年 6 月 12 日

　　那辆黑色的摩托在他脚踏手拧中一阵较劲，顺弯道快速远去。望着他披落日余辉的背影，我意识到，这个不修边幅、有点潇洒的家伙把我无法调整的坐标给消解了：他是个地道的现代西藏新生代。描述他的存在的语言，有待在现代汉语中生成。

青春的特权

> 我从来不把安逸和享乐看作是生活目的
> 本身——这种伦理基础，我叫它猪栏的理想
> 。照亮我的道路，并且不断地给我新的勇气
> 去愉快地正视生活的理想是善、美和真。

> —— 爱因斯坦 〈我信仰什么〉
> 引自艾丽斯·卡拉普赖斯编，仲维光，还学文译《爱因斯坦语录》

流亡村地处拜尔（Bir）和朝恩楚拉（Chauntra），两小时车程的山路。

朱学渊先生年纪最长，极为勤奋，除了寻访真实西藏，

达兰萨拉西藏难民村。
北明摄于 2009 年 6 月 13 日

他也调查人种，无论餐馆、旅馆、路边、商店、街头巷尾，他随时拽人提问，记录如仪，一派学者风范。但是阖上本子放走访谈人，他就是我们当中最顽皮的一个。他无视卫生条件，嚷着要找好吃的并且时而独自加餐，在街边小摊大饱口福；他还公然宣称他不老，原因是每见年轻漂亮女孩他依然赏心悦目，而且顿生爱怜之意。老朱心直口快，胸无芥蒂，喜欢开怀大笑，与人易争易辩也易解。他还心脑开放，像所有智者一样，善于接受不同观点。

今日不似往日，气温已近摄氏 40 度。车内空间小，一路颠簸不已，长者老朱一路坚持坐在后排座。两三小时车抵难民村时，他撑不住了，下车寡言木面，摇晃至树下，把自己放倒在水泥石阶直喘气。这时我才意识到，此行他应是重点保护对象，可他使我们大家都把他错当年轻人了。

宅心仁厚的一平也坚持后排就坐，一路上不知从什么时候起，忍受晕车之苦。中途小憩，面有土色，到了地方一下车，终于忍无可忍地呕吐了。

难民儿童之家院落一景。
易崴摄于 2009 年 6 月 12 日

一行人休息片刻，走过一个巨大操场，走进藏人流亡村舍。

流亡小区对幼儿的管理办法很奇特，可以说是一种独创。简单说来就是，以家庭生活取代幼儿园服务。这种家庭式幼儿园，从居住环境到人际关系，完全摈弃

托儿所寄居性质，而给孩子们营造了一个温馨的家庭：居所是农家真正的独门独院，住房里完全居家格局：门厅、卧室、厨房、厕所、院落。院子里有水桶，柴火、鸡狗……。每家收容十到几十数量不等孩子。每家有父母，也是流亡的藏人，起居作息完全家长式管理，俨然一对夫妇超量生育，勉力维持的一个大家庭。不同的是，孩子数量多，卧室也就大，类似八十年代大学生宿舍，上下铺。兄弟姐妹相互照顾，大小孩子分别同床而卧，小有所依，减轻妈妈的负担。我们走进了一个这样的流亡之家，孩子们都上学去了，空旷的屋子只有一位中年藏人母亲在厨房里忙活。她微笑着招待我们茶点，略带羞涩的眼神透着柔和的光。她自己的两个孩子也在这里，当然与其他流亡的儿童同出入，同吃住。

流亡学校是农田间一座很大的拥有露天走廊的连体楼房。烈日下显得非常安详。走廊过道有学生席地而坐，背靠的墙上是龙树菩萨在树下修行的彩绘，对面的墙上则是一张很大的西藏彩绘地图。老师指着地图，正用藏语讲授那块土地的历史。学生们几乎无人走神扭头看摄影的镜头。图书馆中，也有十数七八岁的小学生席地而坐，翻阅架上图书，我们的进入没能引人注意。

吸引我注意的是校园围墙和楼厅走廊上的箴言。逐条阅读，可以看出流亡藏人的教育宗旨是人道主义和奉献精神，进取精神和开放心态。此外，这些信条的选择显示了洞悉人性的智能，这种智慧显然不是源自古老朴拙的西藏文化，而是源自中国知人论世的传统或者基督教原罪说。我相信世界上最好的教育思想，也不过止如此：

先人后己
(Others Before Self)；

如果你不能帮助他人，不要伤害他们
(Don't Harm if You Can't Help Others)；

真正的教育在于发掘内在于你的最好的部分
(Real Education Consists in Drawing The Best in You)；

教育应当教会我们正确地使用空闲时间
(Education Should Teach US the Right Use of Leisure)；

教育是为适应环境所做的调整
(Education is Adjustment to Environment)；

教育是生活的准备
(Education is to prepare for Life);

教育是一种建筑的品格
(Education is a Character Building);

每个人都是自己命运的设计师
(Every man is the Architect of His Own Fortune);

每个人都愿意赢，但很少人愿意为赢而做准备
(Every One Has a Will to Win But Few Have The Will to Prepare to Win);

所有的成功都取决于事先的准备
(In All Things Success Depends Upon Previous Preparation);

成功建立在雄心勃勃的想象和脚踏实地的工作上
(Success is Based on Imagination Ambition and the Will to Work);

改变事物观念的能力是成功的秘密
(The Ability to Change Ideas to Things is the Secret of Success);

成功有赖于以尽可能好的方式利用我们的时间
(Success Lies in Utilizing our time in the Best Possible Way);

成功的学习与良好的条理关系重大
(Successful Studying is a Matter of Good Organization);

学习是一个珍宝，拥有者携带方便
(Learning is Treasure Which Accompanies its Owner Every Where);

道路是为那些知道自己要去哪里的人准备的
(The World Makes the Way for the Man Who Knows Where He is Going);

我们生于哭怨，死于绝望
(We Are Born Crying Live Complaining and Die Disappointed);

没有激情，伟大事业不会成功
(Nothing Great is ever Achieved Without Enthusiasm);

乐观主义者视每一个困难都是一次机会
(The Optimist Sees an Opportunity in Every Difficulty)；

悲观主义者看每一次机会都是一个困难
(The Pessimist Sees A Difficulty in Every Opportunity)；

金钱来复去，道德来复生
(Money Comes and Goes But Morality Comes and Grows)；

世上无完人，我们从错误中学习成长
(We Learn Though Mistakes as no Man is Perfect in This World)；

满足你所拥有的，无人占尽高枝
(Be Content With Your Lot, One Can Not Be First in Every Thing)；

来学习，去服务
(Come to Learn Go to Serve)；

下面这一条写在校园的墙上：
说"我不行……"之前说"我试试"！然后全力尝试！
(Before you say "I can't…"Say I'll Try! Then Give it Your Best!)

流亡的西藏儿童在达兰萨拉藏人学校的西藏地图前，学习历史。　　　　　　　　　　易崴摄于 2009 年 6 月 13 日

　　流亡学校的初级教育显然摆脱了意识形态的控制，面对西方充分开放，孩子享受精神、道德乃至知识上的"有氧"教育。孩子们在这里有望成为热爱本族文化并具有开放心灵、懂得和平与宽恕的现代藏人。

　　每年逃亡的藏人中，19 岁以下的学生占半数，其中大部分 3 岁到 8、9 岁之间。达赖喇嘛当年从尼赫鲁那里得到的第一个建议就是创建教育机构和教育体制，培养后代从而保证西藏文化、宗教的延续。此后，藏人按照联合国标准在印度、尼泊尔、不丹建立起了教育思想和体系完备的 80 所学校，为 3 万流亡藏人的后代和远离父母逃亡的儿童难民提供国际化水平的教育。

　　他们尊崇自立、宽容、和平、智慧、助人的教育思想。2004 年 9 月西藏流亡议会一致通过采用的基本教育政策是：使孩子们"深刻意识到个人对他人的幸福所具有的责任"。从《西藏流亡政府简介》"教育部"一章可以见出，流亡藏人的教育体系和教育方案，同时着重西藏传统精神文化价值和现代科技需要，二者并行，不悖不废。另一个与之相应的事实是，这里的升学率胜过了印度本土教育的升学率。——背水一战，

流亡村学校图书馆内，八、九岁的孩子们正在翻看英文读物。　　　　　　　北明摄于 2009 年 6 月 13 日达兰萨拉

先得要津，面对内陆藏区严重汉化、世俗化、虚无化情势，流亡西藏的知识界、教育界知道自己责任重大，他们必须从教育着手，完善藏传文化，并使之适应现代化需要。

语言的应用是一个有意义的标志。上个世纪 20 年代被逐出俄国的俄罗斯知识分子，在远离本土的西方异地建立东正教神学院，开办文化沙龙、出版大量俄语杂志和书籍，打破苏联本土的意识形态禁锢，超越文化沙漠，衔接并继续创造纯正的俄罗斯文学艺术、思想文化、道德精神资源，重要的原因在于他们大都操持一种到数种欧洲语言，与西方社会可以毫无障碍地接轨，从而使自己的思想与精神生活真正着陆于流亡之地。流亡西藏有同样特征。在西藏流亡小区校园的建筑中，走廊上、墙壁上的所有箴言均以英文书写，图书馆里，来自西藏的小学生翻阅的是英文读物，回答我的问题使用英语，另一学校君达拉（Chaundra，后详），大群的中学生与我等交流，使用的也是英语。藏语当然是他们的母语，英语则是他们的第一外语。身穿红色袈裟的亚利安人在达兰萨拉的街巷行走，是那里的一种奇妙景观。他们走进西藏文化和宗教依靠英语，而不是藏语或汉语。

流亡西藏不仅以人道主义教育思想保留了自己传统精神的火种，而且演变为一部打开的经典，成长为一个接纳世界文明的开放民族。突出的成果和实例是流亡政府的议会议长平巴次仁。他的本民族传统文化素养我没有机会了解，但是作为流亡藏人出生在印度的后代，他来自达兰萨拉的教育思想及其所属学校，来自那个原生的绿色种植园。在那里，他没有接受过洗脑农药、驯化激素的培植，他不是廉价的、极权主义意识形态的畸形硕果，他也不是蚕食、瓦解极权主义意识形态的果虫，他的开放型思维方式，民主价值观念和现代政治理念，是在人类优秀文明的阳光雨露中生长起来的，他是一个正常的、

2009 年作者在达兰萨拉君达拉藏民中学与女学生们合影
齐越摄于 2009 年 6 月 15 日

健康的、普通的人，也是一个有独立人格的政治家，当今任何一级中国官宦，无论作为从政者还是作为个人，都难以与之相比，由于客观上缺少人文环境，中国流亡的政治反对派要望其项背，也非指日可待之事。

下午阳光灿烂。

来到另一所学校，君达拉（Chaundra），西藏儿童村分校。径自走进一个大门，门里是一个大厅，孩子们正在收拾座椅，清理地面。全是女生。一见陌生人问话，纷纷放下手中活计，围拢过来。一问之下，大都出生在流亡藏人聚居地的尼泊尔、不丹等地，少部分直接来自西藏。有几个孩子能说汉语，显然从内地逃出来不久。一个 15 岁的女学生告诉我，她将来要当律师，回到西藏为藏人服务。另一个则说，她要做医生，医生可以帮助穷人，维护健康……。

这个孩子三次站在镜头前，无法把要对父母说的话说完。北明摄于 2009 年 6 月 13 日达兰萨拉

欢乐是青春的特权，她们是那种含氧量极高生命，随处可以笑到集体人仰马翻，阳光雨露甘泉一样，轻易改写周围的荒芜。发现前来的不止我一人，她们从厚重的门帘里旋转出门，燕子一般唧唧喳喳飞舞回旋着，聚散在我们周围回答我们的问题。弄得当午时分，厅楼门前一派春意。

显然没有课代表领队，没有老师指导，也没有准备。他们的世界不需装饰。

齐越扛着摄像机，对准她们，说：如果你们中有谁想跟自己在西藏的父母说话，可以就站在镜头前说。我们也许有机会让你们的父母从镜头里看到你们、听见你们。

这回可是真的啦！孩子们惊喜十分，继而腼腆起来，相互推推搡搡，谁都不敢往镜头前面站。

　　终于，有一个孩子笑着走到镜头前，兀自站定，收敛了笑容。她吸了口气，说，"我想我的爸爸妈妈"，话音没落，已经泪盈眼眶。她极力克制抽动的嘴唇，无法控制哭泣，断然掉头转身，离开镜头，挤出了人群。过了一会，她似乎平静了下来，再度走回来站在镜头前，仍然只说出这一句话，就再度中断，再度哭着离开镜头。如是三次，她仍然无法把自己要说的话说完。

　　扛着摄像机的齐越已经泪流满面。

　　没想到午后灿烂的阳光下，少女们含苞欲放的生命春日里，那痛楚的伤口竟然如此不堪碰触。藏人父母为了孩子的正常教育，为了后代生存在自己民族的语言、历史、文化和宗教中，不惜抵押家族与亲情，不惜骨肉分离，天各一方！

　　学习是孩子天经地义的权利，信仰是藏人赖以为继的生存方式，为什么他们只能背井离乡，劫后余生，才能按照自己的信念生活？

　　那日傍晚打道回府，与众人谈笑风生之余，有一种悲情悄然沉落。在山路行车的颠簸中，闭目自观，发现沉落到心的悲情，竟溅起一种负罪感弥漫胸间，彷佛车尾追随行进的尘埃。

康巴汉子噶玛丹达

一座座宫殿堆上了天，
那是人孤拔而起的信念；
一尊尊佛像来到人间，
还有唐卡经卷石墙和老砖，
那是心中的高原藏土的天；
我以头叩砖，
愿抛弃所有的财产所有的夙愿。

——〈布达拉宫〉，摘自杨志军《敲响人头鼓》

　　噶玛丹达是我们的司机。噶玛丹达喜欢穿得一身洁白。噶玛丹达年轻英俊，体型健美，脸膛彪悍。噶玛丹达是个标准的"康巴汉子"。

　　康巴汉子是藏人中的一族，生活在藏东的三区（卫藏、康区和安多地区）。他们大都身材魁伟、体魄健壮、堂貌英俊。此外他们中有些头发自然曲卷，鼻梁挺直，目光深邃，个个都像米开朗基罗手下那些希腊美男子。

　　康巴汉子比"高贵的单纯、静穆的伟大"的希腊审美理念更胜一筹：他们肤色微黑，那是我们这个星球人类屋脊的标志。他们动作敏捷、意志坚强，而且富于性感，浑身上下透着汉族男人久违的阳刚之气。1950 年中国解放军进藏后，所谓"民主改革"开始，抵抗最激烈的是康巴汉子；

　　1959 年达赖喇嘛丹增嘉措出走，掩护他一路免于围追堵截的是康巴汉子，后来在尼泊尔成立游击队，坚持抵抗极权统治 14 年之久的中流砥柱，也是康巴汉子。

　　自从上了山，李江琳一有闲情就对我们宣布，她要嫁给一个康巴汉子，并要在此地常驻久留。弄得我们一见到英俊藏民就使劲盯住琢磨此人是否来自康巴。

　　我偶尔也注意我们的司机噶玛丹达。几天来，车行一路，我们从海阔天空吵到海角天涯，这位康巴的汉子一言不发。虽然从不加入讨论，每到一地，只要有佛殿，他就进去恭拜，每次恭拜，必叩长头。虽然他是司机，我们是乘客，我恍惚觉得，我等一行在车上哇啦哇啦论西藏、说中国，乃是为了衬托这位康巴汉子对现世嗔妄的彻底疏离，或是为了陪他到各个庙宇去朝拜。

　　他是一支饱舐经文的墨笔，悄然改写着我每天乘车出访的感受。

　　这一天，康巴汉子载着我们看完了西藏村，去看钟刹寺，仍是一身素

流亡印度达兰萨拉的康巴汉子。他们的父辈曾是藏区最坚决的武力抗暴者。北明 2009 年 6 月 13 日摄于达兰萨拉

缟，一言不发。

钟刹寺大约是达兰萨拉最大的寺院，坐落于山峦之间的高地之上，地势平坦，空间开阔，远处峰峦环抱，云蒸霞蔚，近处建筑宏伟，阳光灿烂。不过，若与拉萨的布达拉宫相比，它不仅尺寸小了很多，气氛也没有那么神秘。钟刹寺是远嫁他乡、揭开盖头的新娘，布达拉宫是固守本土、永不露面的祭司。

布达拉宫始建于 1300 年。中央部分 13 层高，建筑了 13 年，是根据五世达赖喇嘛的指示扩建的。建到第 2 层时，五世达赖喇嘛圆寂了。这位活佛生前明白，这座未建成的宏伟建筑将成为西藏世世代代的精神圣地。这太重要了！十九世纪初建造的弗吉尼亚大学建筑，是当时北美土地上最大建筑群。主持创建者和建筑设计人杰弗逊，刚刚卸任美国总统不久，他整日在建筑工地奔走视察，指挥施工。直到身染沈疴，不能移步，就坐在家里，用望远镜透过窗户，继续观察建造的进度和每一个细节。——无论东方在世活佛还是西方自由精英冥冥中都意识到，人类的精神或理想一旦物化为一种普遍认可的形式，就能在世俗世界借所依托，成为永恒。圆寂前，五世达赖喇嘛的心情只能比五百年后的杰弗逊更焦虑，为了这巨大工程不致在他死后断工，他圆寂前要求"司伦"将他的死讯保密。

难坏了他的司伦！

几经心血筹划，这位司伦壮着胆子，制造了一个与布达拉宫的伟大级别相等的东西：弥天大谎。他找到了一名相貌酷似圆寂者的喇嘛，在五世达赖喇嘛圆寂后冒名顶替。

这个替身如此乱真，布达拉宫的扩建工程顺利持续，直到布达拉宫中央部分的最高 13 层竣工，没有人觉察出任何破绽。

竣工之后，五世达赖喇早已圆寂的真相大白于天下。

混乱与恐慌可想而知。寺庙固然是藏人信仰的载体，达赖喇嘛却是他们信仰的灵魂。没有寺院，这个民族将没有立足之地，而没有达赖喇嘛，这个民族失去的是精神支柱！没有精神支柱，立足之地何用之有？这并不算人们发现自己受骗竟然长达 12 年！

要紧三关的是赶快填补达赖喇嘛缺失多年的空白。

这就必须确定五世达赖喇嘛圆寂的准确时间。因为这关系到他的转世灵童的确定。

　　五世达赖喇嘛大限之前比谁都明白他要做的是什么。在这场西藏前途的赌博中，他要让西藏的信仰立于不败之地。对推迟公布他圆寂消息的后果，他做了极富想象力的预测，并根据预测做了善后安排。

　　这安排显示了令人喟叹的智慧，这智慧缔造了布达拉宫的神秘特征：

　　在吩咐司伦将他的死讯保密之后，他做了另外一件至关重要的事情：着人将自己祈求转世的祈祷文，刻在了一块石头上，再将这刻有祈祷文的祈愿石建造进了正在施工中的布达拉宫墙壁中，那正是这座伟大宫殿的第二层墙壁。完成这一切之后，他如期圆寂。

　　这样，关于他圆寂的时间，没有任何证据比布达拉宫十一层砖石建筑之下那块祈愿石的存在更有信服力。这个证据，后世既无人可以假造，也无人能够毁灭，除非事先知道祈愿石的存在和确切位置，并拆掉十一层布达拉宫。于是，祈愿石的存在和五世达赖喇嘛的圆寂一样，作为一个巨大的秘密，在布达拉宫十一层高度以下，被压了十一年。十一年之后，"一位藏王修建的打坐静室"，成为宏伟辉煌、举世闻名的雪山圣殿，向人类散发着伟大而神秘气息。

　　五十年来，年年有藏人为了自由被迫远离这圣殿，他们背走了古老的经卷、沉重的佛像、多彩多姿的唐卡，与此同时，他们把带不走的雪山圣殿装在了心里。最初逃亡的幸存者们，历经了旷世劫变之后，一息尚存，在荒芜之地所建造的第一座建筑是寺院。

这座寺院规模比钟刹寺小很多，是位于达兰萨拉山上的乃琼寺。我们的司机噶玛丹达每到一殿，不论寺院大小，必敬拜佛祖。北明摄于 2009 年 6 月 13 日达兰萨拉

　　今日访问的钟刹寺，就是两百多座境外藏传佛教寺院之一，是布达拉宫在达兰萨拉的延续。

　　赤足登阶、推门进殿。

　　殿堂尽头，数丈高的金色菩萨像居高临下，赫然临座于巨型莲花台上。座下殿堂深处，传来了穹音隆隆的诵经声。进入这样的境地，除非灵魂已有归宿，不由人不心生敬畏。一平、易崴、齐越先后拜叩。李江琳本是

未出家的佛门子弟，这会干脆躲到金菩萨座下那些擎天巨柱后面念经打坐去了。福相不浅的朱学渊先生，叩拜一招一式都模仿我们的西藏翻译的样，对着远处座上那尊金佛像，全身扑地三次，很吃力地叩了三个长头。朱先生热爱西藏没商量，不过他是一个没封口的意见篓子，到哪儿都要给流亡政府官员提意见、提建议，一片"我是来帮助你们的"热诚。可是他叩长头的时候，动作虽然不得要领，每次躬身匍地之前，仰望菩萨的眼神却虔诚无比。我猜想，除了心甘情愿让倾慕的姑娘绑架，他一生的虔诚都加起来，也不及这会儿这么虔诚。

最美丽也最意味深长的，是我们的司机，年轻英俊的康巴汉子噶玛丹达的敬拜。他避开所有人，独自走上台阶，褪去鞋子，走过殿宇前宽阔的平台，双手用力推开厚重的大门，让自己侧身而入。他伫立在大殿尽头，赤足踏地，双手合十，伸臂过头顶、然后拂面、最后合胸，完成这象征修身、修口、修心的动作之后，他躬身伏地，行长叩之礼，如是三次。每次弯膝躬身匍地、仰面起身站立之间，双臂随身体起伏的角度前后悠摆，保持平衡。

大堂金碧辉煌，噶玛丹达一身素缟；殿宇沉雄静穆如深涧高山，噶玛丹达的长叩是山涧落潭，大佛座下深处诵经声隆隆不绝，是他的虔敬叩拜溅起的涧籁天音。他始终没注意到我的存在，我也始终没敢按下快门打断那圣善庄严的仪式。这是我此生看到的最具象生动，却又充满美学意味和哲学意味的画面。

初进钟刹寺大院，撞见一位来自欧洲的修行者，接受了

钟刹寺对面的经院。
北明摄于 2006 年 6 月 13 日达兰萨拉

齐越、江琳和老朱的轮番采访。出得钟刹寺大殿，诵经声已然落下，大殿深处飘出来十数年轻僧人，其中几位干脆坐在大殿前的台阶上，与我等聊天。他们都是这里的修行者。

钟刹寺对面，青草花池之间，几组砖瓦青石建筑依势而列，蔚成大观。有数百名年轻僧人出入其间，研习佛理。

这所经院没有内陆藏区的党支部书记假方丈之名实行统治，没有爱国主义教科书污佛眼目，僧人们不必被迫表态诬蔑十四世达赖喇嘛，或为拒绝表态被除名而失去家园。这里也没有内陆汉地峨眉山上那些拽游客算命索钱的和尚，没有五台山里穿西装、开宝马，朝九晚五，按时上下班的方丈，也没有成群结队、利欲熏心的凡夫俗子前来烧香磕头，求财求名，求犯罪不罚、做恶不惩……这座佛殿很纯粹。这被迫远嫁他乡的西藏新娘，脉管里流的是喜马拉雅山的血，雪山上那神圣古老而神秘隐忍的祭司，是她永生的父亲。

布达拉宫焕然新生，是因为那块神秘的祈愿石不期然成为第一层的基石。此后七百多年过去了。在这七百年间，达赖喇嘛们已经来去往生了九次，平均每八十年一次，每次都将有限的肉体与永恒的生命重新连接起来。现如今，那块刻有往生转世、普渡众生之宏愿的祈愿石，历经七百年的沧桑和半个多世纪血与火的洗礼，仍然嵌置于布达拉宫基座之上和墙壁之中，观者可见。它默默地扛着这圣殿的十二层高度，历经数百年风雨沧桑，沉积为藏人的精神胎记。

钟刹寺里刚下课的小和尚。易崴 2010 年 6 月 13 日摄于达兰萨拉

我们星球上被称为"西藏"的地方，是一个连接此在与彼岸、来世与往生的神秘之地；被称为"藏人"的民族，是人类往来于肉体和灵魂、瞬间与永恒之间的使者。噶玛丹达对不可知世界的虔敬，比人们对世俗权力的膜拜更深刻，而他对大陆汉语世界的沉默，与雪山上那座圣殿一样金碧辉煌，与圣殿墙壁中那块祈愿石一样意味深长。我没去过拉萨，无缘亲睹那块祈愿石，不过我觉得，康巴汉子噶玛丹达的沉默与长叩，无疑是藏人精神生活方式的缩影，代表藏人对意义和永恒的追寻，是世世代代西藏的圣者先知往生转世、承重持守，绝不放弃救赎众生的理由。

最后的史诗

你不是混沌也没有盘古，你就是一片高山大谷，
山色点染野秀，麦地翻出金黄，
藏土的粮仓——雅砻河谷。
你在山南，你是世界上唯一的起源。

有一天从天上飘下经卷，六十岁的老人青发童面，
泽当飞来孔雀马王，贡布山有了灵龟大象，
藏土的先民登上了壅布拉冈。
你在山南，你是宫殿和神庙的起源。

再也没有传说也没有古老，
最早的人心都是透明的玛瑙，
最早的英雄都是伟大的强盗，
最早的思想都是清冽的琼瑶，
最早的泥虾如今都成了雪豹。
来到山南，我看到所有的，所有的正在起源。

—— 〈起源〉，摘自杨志军《敲响人头鼓》

　　在山上跟李江琳一屋。初来第一天，她就把囊中物什遍室陈列，还把女性味道十足的印度丽莎上架起挂，清冷瘦瘠的屋子顿时充实热烈起来。她此行要留驻很久，所带行李中，采访、摄影、录音、笔记、饮食、起居、衣物、保健、应急等物什俱全。此行她除了带队接洽、访问联络、呼前呵后，还要与我等一起走访参观、采访提问、记录摄影摄像，人累坏了。所幸我这位剑气萧心的女友睡眠极好，洗尘之后，她总能在自己营造的热烈气氛中，倒头便睡，片刻发出温柔鼾声。

　　这夜有江琳温柔鼾声伴奏，欣赏之余，辗转反侧难以入眠。黑暗中，借着读过的书本，心思悄然翻过喜马拉雅，进了神秘的青藏高原——

　　1932 年，西藏第十三世达赖喇嘛在遗嘱中预言：西藏将沦入灭顶之灾。他用藏文描述了他的民族沦陷后的境况：

　　"宗教与噶厦（西藏政府）可能遭到内外夹击。……僧侣被摧残，寺院被毁坏，佛教统治削弱，官员土地财产没收，官员被迫服侍敌人或乞丐般漂流四方。众生万物陷入水深火热中，战战兢兢地过活。苦难日子无休无止，难以为继"。[1]

　　1947 年，西藏预卜世间事物的保护神代表"曲均"预言：1950 年，藏历"铁虎年"，西藏将面临"大困境"。

　　两年之后，1949 年，中国内战胜败初现分晓，天空中出现了一颗马尾形彗星。这颗彗星明亮，悬挂空中数周，昼夜可见。人们记起 30 年前的 1910 年，中国入侵西藏时，天空就出现了这样的彗星！老藏民们据此认定，这一次的彗星无疑也是战争先兆。

　　接下来是改变四分之一人类命运的第一年，1950 年。浩然晴空下，大昭寺的一个金顶向外喷水，不可思议。而在布达拉宫山脚下，人们发现，公元 763 年立的那根象征西藏征服中国的古老石柱，柱头掉了！莫名其妙。

　　最后的征兆出现在 1950 年 8 月。

　　拉萨东方以远的西藏南部，发生了大地震，高山河谷易位，数百村庄被吞噬，不拉马普贝拉河彻底改道。地震摇撼了

---

[1] 约翰·F·艾夫唐《雪域境外流亡记》，电子版，第一章。

拉萨的罗布尔卡。异象还在于：地震期间，空中接连不断传来炮声般的巨响，如同战争中炮弹的发射。地震之后数小时，藏南上空仍旧闪烁红光，惊世骇人。

异象覆盖了整个西藏，无疑，这次地震不仅是地质现象，全体藏人都接受了这个不详之兆：他们与世隔绝、独立生存两千一百年的民族国家灾祸在即。

"你们带走西藏的全部苦难吧！让苦难全部滚蛋吧！"

这是一句藏人谚语。是 1959 年 11 月 1 日，藏人妻子们送别犯人丈夫时，在中国军用卡车下说的。

中国大军压境，西藏只有八千官兵。藏人四个代表团四处奔走求援。西藏隔世双千年之久，泥古不化，在 20 世纪以战争为纽带、相互纠缠的世界里，终于面临灭顶之灾，初次寄望人类良知，撞上的却是普遍的丛林法则。而且，由于它在国际上的法律地位尚未明确，即便有意援助，也师出无名。国际社会漠然处之，西藏被抛弃了。

自 1912 年起，除了 6 名来自印度的二战难民，西藏再无任何外国势力。但是中国中央政府对世界宣称："近百余年来"帝国主义势力入侵西藏，"进行了各种欺骗和挑拨"，"使西藏民族和西藏人民陷于奴役和痛苦的深渊"。

以此为假定前提，中国人民的"解放军"为了"清除帝国主义势力在西藏的影响"，以武力"解放了"西藏。

第十三世达赖喇嘛预言西藏灭顶之灾一年后，1933 年，圆寂了。他圆寂之后，以神秘的方式指示了自己再生转世的方位。

两年之后，1935 年，拯救未来西藏沦陷的奋斗业已开始：藏人分头寻找十三世达赖喇嘛再生转世之身，人们在十三世达赖喇嘛指示的方向，找到了现今的第十四世达赖喇嘛，丹增嘉措。

丹增嘉措改变了修行传统，把佛教请出了佛堂，融入了现实生活："我们藏人笃信佛教而且许多人实践的很好。但是认为我们只需要祈祷，不需做任何人为努力就可以挽救我们的国家，这个信念是知识有限造成的。"[1]丹增嘉措说。

苦难没有被牺牲者带走，没有滚蛋，但是在半个世纪时间里，以喜马拉雅山脉为界，他们的命运一分为二，一面忍受旷世畸劫下宗教文化的毁灭，一面奋力重建毁灭的宗教和文化。达兰萨拉的存在证明，这个几乎弃绝现世经营的民族，在陌生的不毛之地重新播种自己的文明，继续 59 年被中国人民

---

[1] 约翰·F·艾夫唐《雪域境外流亡记》，电子版，第一章。

解放军中断的制度改革，接纳西方民主政治文明的经验。他们基本成功了。

制定流亡宪章，建立立法、司法、行政功能完备的民主政治体系；

建造宏伟的经院庙堂，总数超过两百座，供两万名僧尼修行；

在世界各流亡地建立学校 80 所，为 3 万名流亡青年提供一流教育，并为优秀学生提供奖学金；

建立起近 60 个农业区、手工艺区的不同形式的流亡藏人聚居区；

拥有自己的多语种出版社、网站和计算机中心，并定期出版藏、中、英文期刊；

建立了医疗保障服务，在印度和尼泊尔流亡小区拥有医院 7 个，保健中心 4 个和 40 多个医疗诊所。同时还有藏传医学学院和历算院，在印度和尼泊尔设有 50 个门诊部为藏人提供西藏传统的医疗服务。

如今，他们已成印度国中之国，全备的民主自由社会的初步形态和结构，足以使他们在暴政奴役和现代文明冲击下，保存自己古老的文明，并为世界人类贡献具有现代意义的精神价值。

出中国，归西藏！这是共产极权历史终结之前最后的一部寓言和伟大史诗。

一宿异乡思想，我觉得自己快要变成西藏人了。东方发白才沉沉入睡。醒来之后昏头木面，却见江琳荣光焕发，在阳台上、晨曦中俯仰天地，起卧腾挪，把瑜伽练得出神入化。令人羡慕不已，遂早餐时与众戏言：再有此行，住宿分配标准需要改革：务必废除性别分野，单以鼾否为限。

我等均奔耄耋之年去也，断无非礼问题。我补充说。

众闻言哈哈大笑，无人反对。

位于新德里西藏难民村的街头书店一角。书籍全部是藏文和英文。北明摄于 2010 年 6 月 10 日新德里

心中的金色池塘

请不要挡住我的光线。

——第欧根尼

　　为了寻找洗手间，我无意间进入了那片游人绝迹的安谧之地：达兰萨拉老人院。那是一座普通楼房，背山依势而立，面临松涛山谷。楼前空地的座椅石凳上，落座一排老藏民，归林的倦鸟一样，漠漠然安之若素。

　　"楼里有厕所"，两位带着口罩的青年藏人女子指点着回答我，"没有水"，然后又加了一句。

　　她们正将一个床垫从楼里往外搬弄。

　　憋着气逃出厕所，冲出楼房，见那床垫已置于楼前空地。垫子上躺卧着一位老藏人，上身赤裸，毯子半遮，古铜色的皮肤缩瑟而松弛，不再能拽住下坠的肌肉；坠落的乳房如缺水的瘦池塘荡漾的两圈微波。老人沐浴着正午的阳光，全神贯注地闭着眼睛，彷佛已经进入佛教中的生死中介地——"中阴"状态。她不需要耻辱感了。

　　流亡政府最大的经济来源，是国际社会的捐助和藏人的自我捐献。资金短缺是显而易见的。这座楼是达赖喇嘛的妹妹帮助建立的达兰萨拉老人院。

　　楼前没有"金色池塘"。

　　也许有，在老人们心里。

　　比起内地藏区森林砍伐的荒地、掘空矿藏的地下和泛滥成灾的雅鲁藏布江与金沙江，谁能说达兰萨拉的转经山不是他们的迦南之地？

　　可是无论如何，比起宏伟庄严、气势磅薄、金碧璀璨的佛殿经院，这坐落在转经山角落的老人院，充其量不过聊胜于无。但是若真无这所老人院，这些孤苦老藏民可能无法在安然中谢世。

　　死亡是人生必达之地，藏人在意的是如何抵达。

　　所以他们宁愿如此打发自己的晚年，却不惜血本供奉佛祖，打造经院！

　　西藏这道门坎里面只有六百万藏人。可是进入这道门并非易事，这是一道"窄门"[1]。

---

[1]《圣经·马太福音》第 7 章 13-14 节，"你们要进窄门。因为引到灭亡，那门是宽的，路是大的，进去的人也多；引到永生，那门是窄的，路是小的，找着的人也少。"

以武力征服地球大部，改变人类历史的亚历山大大帝，终生有一个不能实现的梦想，他说："事实上，如果我不是亚历山大，我宁愿做第欧根尼"。那一天，他去到蔑视一切习俗、远离尘世喧嚣的墓穴中去探望第欧根尼。这位大帝站在墓穴洞口，恭敬地问他崇拜的人："我能为您做些什么？"

他听到的回答是："好，请不要挡住我的光线。"

如英国哲学家布莱恩·麦基所言：这可能是有史以来哲学家对世俗价值最意味深长的蔑视。

亚历山大和第欧根尼分别是亚里士多德和苏格拉底的弟子，他们的两位老师同是西方价值文明的创造者，这两位弟子虽然生活在不同世界，前者只会羡慕后者的人格和精神。

东方的秦始皇和释迦摩尼则来自两个不同的世界，他们的后人在当今中国和藏土，无法演绎古希腊的和谐与逻辑，即便秦始皇的继承者们征服了中土全地也不行。这是古老东方专制主义独角兽的命运：不是在死寂中苟延，就是在灾乱中疯狂。

不要挡住他们的光线。我祈愿那些通往藏区的通衢大路和铁路化为乌有，以便藏土丰富的矿物资源被掠夺的速度慢一些，为西藏留下些地气和磁场；以便藏民汉化的程度慢一点，为世界留下那道窄门和窄门里释迦摩尼的弟子。

如果窄门被毁，我祈愿藏区六百万藏民在七百万汉族移民和中国世俗化的社会中，还能找得见自己回家的天路，自己心中的金色池塘。

山花须插满头归

> 须弥[1]不动住中央，
> 日月游行绕四方。
> 各驾轻车投熟路，
> 未须却脚叹迷阳。

——仓央嘉措[2]

---

[1] "须弥"（梵语：Sumeru）指须弥山。源自古印度神话，是世界中心之山，位于小千世界中央。此词后为佛经采纳。亦有人认为须弥山即今日之喜马拉雅山。

[2] 仓央嘉措是第六世达赖喇嘛，其名意为"梵音海"。以浪漫情怀和爱情诗歌著称于汉民族。

　　达兰萨拉的转经山是这里藏民的圣山。山路上下，佛塔四周，藏人络绎不绝，个个手摇经轮，念念有词。

易崴在转经山的白塔下疯狂拍照。北明摄于 2009 年 6 月 14 日达兰萨拉

　　友人易崴平时总是笑眯眯，对什么都没意见，若要抱怨，准是抱怨自己如何笨拙。可是在他令人惊叹的才能中，精湛的摄影技术只是其中之一。这位仁兄这次带了三个照相机，整日随身装备，四处疯狂拍照。

　　易崴的摄影高徒李江琳也当仁不让于师，带的相机镜头是一个大变焦，拿出来远射，像一门小炮。我的装备仅次于易崴和江琳，一个小型数码专门抓拍新闻图片，另一个中长焦镜头相机用来摄取风景。齐君是职业电影导演，除了自己的相机，他对李江林的录像需要有求必应，这会他降级为摄影师，一如既往地扛着江林的摄像机，随时待命开机。

　　佛塔四周经幡如林，五颜六色满山摇荡。我们进入藏人境界，转动头颅，寻找角度，在转经山林中，继续疯狂拍照。然后亦步亦趋，学藏人样走山一遭，转经一圈。

　　日头即将落山的时候，我们携大小七、八个相机，满载而归。

达兰萨拉街头首饰摊。易崴摄于 2009 年 6 月 12 日达兰萨拉

达兰萨拉街景。易崴摄于 2009 年 6 月 12 日达兰萨拉

　　藏民的手工艺品小摊沿街两边一字排开，蜿蜒而去，琳琅满目。女杰林昭有诗云："相逢难得开口笑，山花须插满头归。举世皆从忙里老，谁人肯向死前休！"这正是此刻我的心情。经不得诱惑，先给未能成行、不吃饭光喝水还义务当枕头的柯昂昂买了一个红色木质手镯和项链；再给齐越一路上热线联系不断的女友买了一个玉石手链，又给易崴买下他挑中的一大堆项链手镯和一二铜钵。不过瘾，继给屡撞国门不得而出的廖亦武买了一个可作乐器的铜钵。这胡子一年前跟我再要口琴，我牢牢记住却没得空上网搜索，这次异国铜钵被我撞上，正是时候。以木槌沿铜钵边缘轻击旋划，仔细聆听，有乐音荡漾，音质纯净剔透，余波袅袅嘤嘤，持久不绝。有这铜钵发出声响，

穿上印度女人的丽莎！右起：李江琳、朱学渊、本书作者北明。易崴摄于 2009 年 6 月 14 日达兰萨拉

可以平衡他的音乐会上那总是阴气森森的底层之声。

"万恶的旧社会"的老人们正确地说：穷家富路。达兰萨拉是真实西藏的首府，世界名胜之地、东方佛教圣地。西藏文化从这里起死回生，传遍世界。这里是人类慈悲、坚韧、圣善品格的炼狱。有多少欧洲人厌倦整齐划一、朝九晚五的上班族生活，厌倦空虚浮躁的现代生存方式，寻求生命的意义而寻到了这里？别说那些街上闲逛、眼睛里透着人情味儿的牛了，路边拣个石头带回去，也是达兰萨拉的石头！

何况他们架上那些手工艺品！即便粗糙廉价，也是达兰拉的粗糙廉价。除了借这方圣土淘宝，以谢我友人隔洋相连的深情厚谊，我在此地还给自家买了三、五玛瑙手镯和一大堆棉毛披肩，借故重温遗忘多年的花钱不数的感觉。

我修行无尺度，不近庙堂而恋尘世美意，索性将所有手镯项链一

达兰萨拉的牛让人印象深刻。它们逍遥在各种人类出没的场所，学校、医院、操场、站台、树林、道路、街巷……，怡然自得如入无人之境。此牛头上牌子写着："禁止停车——罚款 1000"。北明 2009 年 6 月 14 日摄于达兰萨拉.

举披戴，弥补平日持家上班冲锋陷阵的简约。戴着它们，在这山坡弯道上一路走来，手腕脖子上叮铛作响，神意灵韵并秀而出，顿时周身敞亮，飘然自得，很有成就感。

不几时，齐越与我再度出门走街，准备买些青菜煮食，弥补这些日子维生素的匮乏。半路他改了主意，钻进路边小摊，要壮胆吃一次印度薄饼。席间见一来自南方的印度青年，以坐在摇篮里的惬意姿态，在简易木条餐桌上，将薄饼撕碎，放入土豆菜汤之中，然后徒手捞抓，吃得津津有味。同样的用餐方式，我在美国第一代印度移民的豪门大宅里，餐具齐备的西式餐桌上也见过。抓得更麻烦，是米饭，而且也是从稀糊糊的菜汤里徒手抓。看见这种吃法，就想起那头没吃没喝还挺自尊的牛。

昨天难民村归来途中，下车休息，一平为大家买得蔬果一大包，顺手摘出一支递给了身边一头悠然逛街的牛。此牛穿明黄毛皮，有帝王之气，面堂正中那巨大的鼻子，观之若有千载之威。它吞食一平的青菜之后，毫不满足，坚持要一平再度施舍，站在一平面前纹丝不动。还不时用一只眼睛看住一平脚下那一大包蔬果，另一只眼睛乜斜我举起来的照相机。一平不走，它也不走。僵持片刻，一平只好惭愧地笑笑，说声"对不起"，抱起青菜，转身离去。不料这牛不同意如此结局，迈开四蹄，甩着尾巴，不紧不慢随一平而去。结果是，一平转了一

红衣服是一平，绿衣服是老朱，黄衣服是牛！北明摄于 2009 年 6 月 13 日达兰萨拉

圈回来了，牛也回来了。两人站定，再度成对峙局面。

一平有些不知所措，微微抱歉，再抱起那一大包蔬果，小心翼翼迈步离开。冷不防，他侧身挤入菜摊内里，钻进棚子，从后面消失了。此牛紧随不舍，不料一平消失，它自知体积太大，无法尾随，便守在原地，观望等候。良久，不见一平复现，终于决定放弃，很大度地甩着尾巴，迈着帝王步伐，到别处巡视去了。

我和齐越薄饼午餐未尽兴，归来后煮食蔬菜，痛饮菜汤。念及那在自己家乡的街道上巡视的牛，小有歉意：我们闯入它的地界，一番背后称斤断两的交易之后，就把它辛勤耕种所获如此这般都吃掉了。

"酒足饭饱"，各自为营，在旅馆床头整理数码图片，整理近日观感，借网络"下山"探亲访友，短暂回到山下熟悉的世界。

另一面之词

夫民虑之于心，而宣之于口，
……若壅其口，其与能几何？

——邵穆公

"我们是人。我们没有人权。我们没有宗教信仰自由。我们没有表达的自由。59 年开始，汉人入侵西藏，杀了很多人。其中包括大活佛大宗喀巴还有和尚们。然后，600 万藏人，有 100 万非正常死亡。我们的领袖达赖喇嘛被迫流亡。班禅喇嘛被关押 16 年。后辈藏人的记忆无法消灭，无法忘记。"

步行前往达兰萨拉难民接待中心，采访去年（2008 年）川藏地区那波仑寺抗议活动情况。受访的是几名青年藏人，也是抗议活动的组织者。问及事件的背景和"幕后策划"："你们是否有任何可能与达赖喇嘛联系？"

反复地问，回答都是四个字："绝对没有"。

那波轮寺的宗教活动、3 月 10 日中国入侵西藏纪念日以及奥运会，是抗议发生的主要原

逃抵达兰萨拉的 2008 年那波仑寺抗议藏人在难民接待中心接受采访，各个神情凝重。易崴摄于 2009 年 6 月 15 日达兰萨拉

因。首日 3 月 14 日，抗议遭受警察三次阻拦，但是一万名左右抗议的藏人冲破封锁，抗议成功，散去。次日发生冲突：官方使用警棍、催泪瓦斯、"炸子"，民众的武器是石头块。

在当日采访笔记上，关于他们抗议的理由，有下列的记录，是他们自己的陈述：

"在寺院，对大量僧侣实行管制。寺院宗教活动也受到限制。藏人的生活习俗受到侵害。所以，我们不满意，我们要抗议。

"当局不回应和平道路，并诬蔑我们的尊者。我们深受伤害。我们的口号是'自由与平等'，与汉人的一样。我们与中国民众没有矛盾，政府不听我们的呼吁，没有响应。所以产生了抗议运动。

　　“我们是按照宪法法律进行抗议的。后来，他们宣传为暴力性质。逼迫我们上山，我们像动物一样地逃生。

　　“3 月 14 号没有发生暴力事件。那一天准备了横幅，有‘要求达赖喇嘛返回西藏’、‘要独立’、‘要自治’等。到了之后，才发现已经被中国官方强行要求抗议提前举行，本来 4 点开始，要求 2 点开始。所以已经举行完了。总共有 1 万多人，到政府门前被阻挡了 3 次，没有挡住。抗议之后就离开了。3 月 15 号（抗议行动）不是我们组织的，有 2 万多人。……退到聚集地，见有军队从远处出来，（用了）催泪瓦斯弹和炸子（爆炸子弹）。这天抓了十五、六个人。前后共有两百五、六十人被抓。大约有上万警察，来自兰州、甘肃、宁夏。

　　“我们绝对没有拿刀子捅警察，因为我们手里没有东西。

　　“拉萨发生了抗议事件，但是我们不知道。”

　　中国各媒体报导指责藏人暴动，虽然众口一词，却受到国际媒体普遍质疑。这另一面之词，是我亲耳听到的参与其间的藏人自己的说法。

在难民接待中心采访逃抵的 2008 年藏人抗议者。左起：本书作者北明、朱学渊、一平。

易崴摄于 2009 年 6 月 15 日达兰萨拉

逃抵的藏人

嗡嘛呢叭咪吽——
我站在遥远的天际，找寻昨天的梦想；
遗留在心中的泪水，但愿是那孤独的向往。

我站在茫茫的雪原，祈祷生命的轮回；
回荡在远方的呼唤，但愿是那众神的光芒。
——嗡嘛呢叭咪吽。

—— 德干旺姆〈祈祷〉，引自杨志军《敲响人头鼓》

　　每年平均有 2500 到 3000 藏人逃出中国，抵达印度和尼泊尔等地。2008 年，由于"3·14 暴乱"事件引发的戒严制裁，逃亡的平均人数大幅下降：3-9 月无人抵达，9 月以后抵达 500 左右。这是从难民接待中心的官员那里了解到的情况。

　　是日正有一批逃亡藏人刚刚抵达达兰萨拉难民接待中心，分别安排在一楼和地下室男女分隔的两个宿舍。我们当然不会放过机会去看看这些翻越雪山、投奔自由的人。

　　下楼，走进位于楼厅门口的男室。这是一个三百多平米面积的长方形空间，室内一览无遗：三排地面大通铺或矮床，从门口一铺到屋子尽头，此外再无任何其他设施。大屋子里人不多，统统合衣在通铺上休息。见我们突然闯入，他们本能地躲避我们的目光和镜头。我们没有流亡政府官员陪同，也没有人向他们介绍我们的身份和意图，他们完全可以、而且有权站起身来，把我们关在门外。但他们只是、仅仅是，翻过身去，蜷缩起来，或者埋下头去，用臂膀遮住脸。就这样，在静默中他们等待着，等待我们离去。

　　静默的僵局中，感受他们的恐惧和紧张，我脑子里迭映出大陆官方媒体和春节联欢晚会上藏人载歌载舞的画面。那聚光灯下和镜头面前的场景，与眼前藏人的情形可谓霄壤之别。

　　不忍久留，我们匆匆退出。

　　楼下地下室的是女屋，面积小些，30 平米左右，地铺之外，也是一无所有，简陋得无以复加。女屋没有成年藏人，只有两个在楼梯上玩耍的儿童和一位在地铺上作者看书的少女。我们简单采访了这位目光清纯的少女。

　　孩子年轻，口无遮拦（恕我隐去她的名字和年龄）。她来自拉萨，在五天时间里，乘车加步行，先抵达尼泊

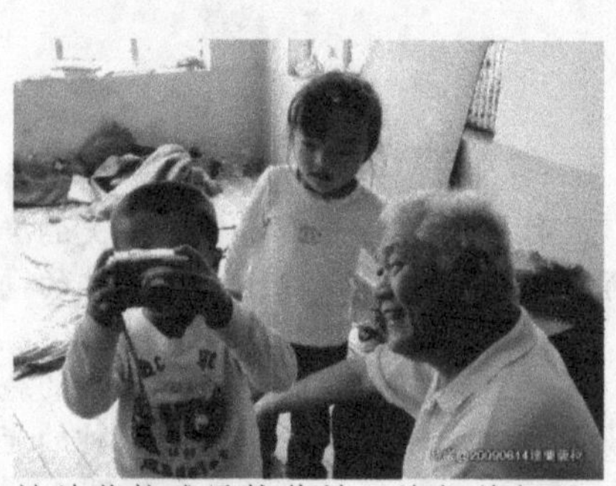

达兰萨拉难民接待站：这姐弟俩两个刚抵达的小难民，老朱正教他们如何拍照。　北明摄于 2009 年 6 月 14 日达兰萨拉

尔，再到达兰萨拉。是父亲送她来的。二人均无护照，只能非法出入境。父亲现已经安全返回，留下这孩子在这里准备就学。这孩子小学毕业后未升初中，她说，原因是藏人大学生毕业后仍然找不到工作："只有 20%的大学毕业生能找到工作。"她的父母都是小生意人。到达兰萨拉学习是她自己的主意。关于学完之后何去何从，她似乎主意未定。先不假思索地说要回去，言及找工作的困难，又说想当播音员和电视主持人，理想的去处是"美国之音"。"这是我的理想"，她说。关于未来和现状只有一点她极为肯定：即便找不到工作，在这里能学到真正的知识也足够了。她说她不希望所学都是中国历史而没有西藏的知识。

她汉语流利，反应敏捷。显然有充分的民族意识。说到学习自己民族的文化历史，她的表述却是汉化的："……毕竟我可以学到更多的知识。我不想西藏教育我们的，都是有关中国的历史。在这里，我们可以学到（接受）自己藏族的文化教学。在中国我几乎没有听到（学到）过我们自己的国旗和国威，在这里我可以学到我们藏族的国旗和国威……。"

大概她想说的是藏族的尊严，但是说成了国旗和国威。语言是思维的工具，概念是用来思考的，也将限定思考。一个只有价值判断词语而没有中性词语的大脑，难以体会所谓"客观"为何物。流亡政府难民接待中心地下室的女生宿舍里，坐在我面前地铺上的，是一位使用汉化概念——确切地说是意识形态化的汉语概念，抗拒汉化的藏族少女。正如同在中国的反抗运动中，人们难免使用意识形态化的方式对抗意识形态化。这几乎是任何被奴役的反抗者都难以摆脱的境况。

我们身后是 60 年的极权统治，我们无意识地习惯于政府无所不在的权威。即便在追求民主自由的时候，这也已经成为一个潜在的话语系统和思维模式。这是一个不易觉察的误区。从对流亡政府官员的访问中，我发现他们不仅无法对内地藏人暴力反抗行为负责，而且对境外西藏青年大会要求独立的呼声也不能实施压制。由此可知，西藏流亡政府是一个信奉普世自由价值的政体，民主已然成为流亡藏人的生活方式，而

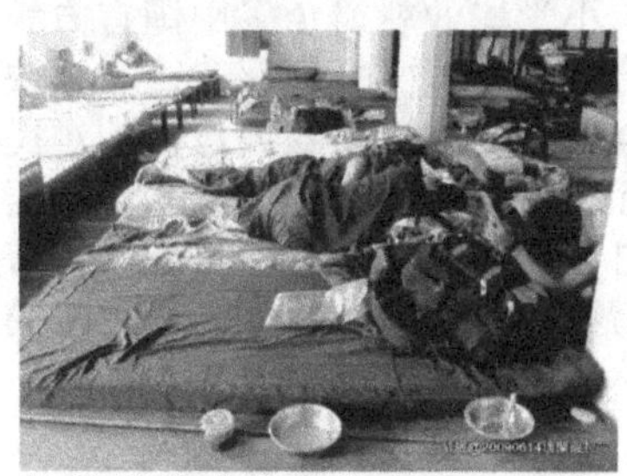

达兰萨拉难民接待中心，刚逃出中国的藏人仍然心有余悸。易崴摄于 2009 年 6 月 14 日达兰萨拉

不仅是一种追求或一种口号。相形之下，对到此一游的汉人而言，在缺少民主实践前提下，要想彻底清除血液里极权主义的思维方式，相当艰难。反抗奴役是一件事，清除奴役生活烙在身体上的印记是另一件事。此项净化事业单靠勇气和自由意志不足以完成。圣经记载，为了进入上帝的应许之地，成为真正的自由人，被奴役的色列人出埃及之后，被要求在旷野流浪四十年，直到大部分被奴役者死去，剩下年轻的一代。这段历史记述极富启示性：一朝为奴，毕其一生，被奴性污染的血液无法彻底纯化。除非具有超常的自我反省能力，无人能够幸免。

不过我确信，在流亡藏人的学校里，"国威"这个词汇，这种思维，这种表述，将从这位少女的头脑中淡出。自由与虚骄狂妄无缘，是责任和自信的联盟；信仰与懦弱苟且无缘，是谦逊容忍和坚韧不屈的基石。在达兰萨拉藏人小区，在民主制度和自由社会里，在佛学词典和宗教信仰中，这位少女不需要依仗民族主义和国家至上的价值观，就可以生活得独立、自信而有尊严。

起身道别，我们祝福这位少女在不久的将来实现自己的梦想。当少女描述她做美国之音主持人的梦想时，齐越指着正在记录的我，告诉了少女我类似的职业和供职所在。少女闻言，目光流露出惊讶和羡慕之情。那表情足以让我知道这职业在她心中的重要程度。

我们都知道，要把理想变成现实，她将有一条漫长的道路要走。不过只有我明确地知道，这位少女不需要如我一样，用几乎毕生的精力和时间为自己准备一张永久化验单，不需要在生活的各个驿站和关口、通衢大道和羊肠小路，书屋和户外、私人空间和公共场所，不断为自己验血，不需要通过发掘民国传统和进入西方人文历史，不断过滤血液中被污染的杂质。面前这位少女年正轻，小学毕业就避免了中国官方教科书的污染，也正确地疏离了上大学、混文凭的恶习，又很快逃离了高度奴役化的社会。她今日抵达的这所藏人自己的难民屋，虽然简陋到一无所有，却标志着她已经把意识形态化的语言体系和冷战思维方式抛出了自己的生活空间。即日起，她有足够的时间清洗自己并未彻底污染的大脑，还原为一个正常的人，走上一条自由的生命之路。

悲圣苍凉菩提心

我是佛，我不怕上西天。

—— 宗喀巴

达赖喇嘛的安全警卫工作由印度保安官员负责。十平米左右的小小公众接待站，一个办公桌。一圈座椅，一个茶几。里面人满为患，一些人被招进另一个门去接受安全检查，另有三名欧洲人，英国口音，围住办公桌，向登记人员发出请求。他们问有没有机会见见达赖喇嘛？回答是：如果现在登记，一周之内可能可以安排，但是今日绝对不行。他们说，他们会在这里逗留 12 天，问填好表格之后如何获得通知，以便他们能够前往觐见。回答是：打电话，写电子信。他们不大满意这样的回答，怏怏离去。

我们一行六人不及午餐，，步行至达赖喇嘛官邸，接受安全登记检查。在接待室等候了 20 分钟左右，终于开始出示证件，登记表格。然后进入旁门安全检查区，出示随身携带用品，过扫描岗，记录在案，签字画押。最后我们走进围墙和大门之内的庭院，来到车道旁边的候见室。

达赖喇嘛办公室主任才嘉——一个 45 岁，肤色微黑的英俊男人，前来陪同我们等候。谈及去年先后前来觐见达赖喇嘛的中国大陆人，他说有 100 多。其中 70 多名来自佛教界，30 多名是作家、学者、体制内人员。"有些是前来打听消息的。我们照样接待。"他说。他还告诉我们：没有听说回去之后坐牢的。

会面时间到了。我等一行被引进达赖喇嘛的会客厅。圣者在客厅门前等候，经江琳介绍，一一与我们握手。

达赖喇嘛的会客室正面临窗。右侧有门通往另一个房间。藏人供奉达赖喇嘛的图像，达赖喇嘛则供奉佛像：左侧正面宽大镜框里，是一尊金碧辉煌的佛像。像前有香炉，青烟袅袅，说明这位转世救度众生的菩萨，仍然修行，这里是他的"心地法门"。

落座之前，我们按照事先的设计，一一向达赖喇嘛敬献哈达，是昨天江琳和易崴代大家购买的质量最上乘的哈达。圣者将我们献上的哈达一一回敬。易崴把大堆佛珠放在圣者面前茶桌上，然后我们开始提问。

达赖喇嘛一一回答（或讨论）了我等一行的问题，这些问题大致包括：西藏文化与现代文明之间的冲突、藏人喇嘛人数与藏民的比例是否过多、流亡小区的寺院是否修建过大、流亡小区环境卫生与藏民劳动习惯问题等。朱先生是一个很好的谈话对手，他的问题总是值得认真解答，是为汉藏两族之间重要的沟通，信息量很大。

江琳是藏人的知己，因为对西藏流亡小区的深入了解和对西藏宗教的深刻认同，她几乎无甚疑问需要解答，只是借机会知会这位圣者她在其他流亡小区的见闻。

齐越陈述自己儿时在藏区生活的经历和对藏文化的热爱以及自己相关事业，他像多藏人朋友一样，希望圣者了解自己的一切。

易崴表达了中国大陆知识分子在"真理部"宣传下，对藏族问题的无知、对西藏问题的关注以及对藏族宗教、文化的尊重，对达赖喇嘛的敬仰之情。

一平表达对流亡藏人命运的深厚同情和对他们坚持信仰的敬意，他发言内容和以一贯之的谦逊态度、陈述中表达的深长忧虑，再度赢得我的认同。

我对中国"真理部"关西藏问题的宣传和大汉族主义观点多少有些免疫力，同时对达赖喇嘛的中间道路、自治主张、和平思想完全理解并支持。很难说有人比西藏流亡政府拥有更多的政治智慧，而面对一个失去人性和沟通可能的权力集团，在目前困境下，坚守和平意志比实行政治操作更需要超人的力量和智慧。我能表达的，只有对流亡藏人保存自己文化，坚守自己信仰的敬佩。我比较了八九之后，中藏两个流亡群体在海外建树方面的巨大差异。我还按照生命轮回的观点，从宿命论

达赖喇嘛在自己的会客厅回答我们的问题。
北明摄于 2009 年 6 月 15 日达兰萨拉

出发，对藏族半个世纪厄运的做了另一种阐释，一种非社会学的、神秘主义阐释。我最后一个发言，时间不多，一口气把想法合盘托出，有些凌乱。我继续说：1989 年 6 月中国自由运动被镇压，1989 年 12 月达赖喇嘛获得诺贝尔和平奖，他在那时就表达了对八九年民主运动被枪弹镇压的严重关注和对中国政府暴行的谴责。我盼望达赖喇嘛能够以自己的威望，持续关注中国八九六四失败之后的现代化转型。

达赖喇嘛说，他希望以后能够有机会在天安门广场弘扬佛法。藏人认为达赖喇嘛是转世的观世音菩萨。这位菩萨心中，政治问题与宗教问题相关紧密，佛法无远弗届。我想象，果真出现这等景观：十四世达赖喇嘛站在毛泽东站过的位置上，为百万中国民众弘扬佛法，就像教皇保罗二世在他的家乡波兰传达上帝之爱那样，将是何等景观！1978 年 10 月教皇保罗二世赴梵蒂冈当任，不到一年他就重归故里。百万民众从四面八方汇聚聆听他的演讲。他强调人民"拥有上帝的权利"和"自由的权利"，尤其强调人类的天赋尊严，他伸出双臂，向被奴役的波兰同胞呼告："你们是人，你们拥有高贵的尊严。不要用你们的腹部爬行。"波兰团结工会首领瓦文萨（Lech Walesa）后来告诉法新社记者："在卡罗尔·沃伊蒂瓦当选教皇之前，与共产党政权抗争的只有十数人。但是当他当选教皇之后，通喻民众那句著名的告诫'不要害怕'，我们有数百万人加入了战斗行列"。中国民间拥有成千上万的佛教众信，而达赖喇嘛改写了拥坐佛堂吃斋念经、消极避世的佛教教义和修行原则，他身体力行积极入世的地藏王菩萨精神，一如教皇保罗二世通过天主教信仰，把人的尊严、悲悯和无畏传播到教堂之外的冷战世界。如果中国"真理部"闭嘴，敢让达赖喇嘛亲自对华人发言，他可以用他的道德精神让中国湮灭的人文生态起死回生。

达赖喇嘛告诉我们，中国政府认为没有汉藏问题，只有达赖喇嘛的问题。他被认为是一个分裂中国的罪魁。圣者陈述这一现实时，语气诙谐，面带笑容。但我的直觉是，中国中央政府的恶意攻击给他造成很大骚扰。他还告诉我们，藏人内部对他的中间道路和宪法下寻求自治的主张有分歧，因为秉持这一主张与中央政府谈判没有结果，导致部分藏人对他不满。他说，这种状况，很容易导致汉藏问题复杂化。

2010 年 5 月 23 日，达赖喇嘛在美国亨特学院（Hunter College）的"公共政策罗斯福机构"与中国异议学者教授会面，用英语发表演讲。他简要回忆了 49 年之后西藏被占领到起义的历史，谈他不寻求独立，不寻求与中国分离的思想和宗教背景，历史与现实的由来。也谈他与中国中央政府对话的决心和对话失败的心情。

言及他出走前的经历，他说，1956 年他出访印度期间见到了周恩来。周恩来对他说：将会就西藏问题给毛泽东带去特别的信息，并保证西藏的改革将推迟 6 年。达赖喇嘛因此打消了出走的念想，回到了中国。然而西藏的状况依旧严峻，他说："我艰难地努力，平息事态，但是我失败了。然后，59 年起义发生了。"

言及这段历史，他没有一句批评、苛责的言辞。但是他一反既往的诙谐幽默，神情沉郁，语气悲凉。从 49 年到 59 年，西藏从此开始被颠覆，纵然江河倒流，天地翻转，他寥寥数语带过，把那些欺凌与欺骗、屈辱与失望统统咽在腹中了。他的心情何以能够不苍凉！我想，这等苍凉是达赖喇嘛不愿向世人展示，却在回眸忍看时无法不沉浸其中的。

然后，他说下去：

"那是一个矛盾，那是一个问题，无论中国政府是否承认，这是一个问题。这个问题，既不利于西藏，也不利于全中国。我们必须解决这个问题。"

接下来，他说了这几句话，手势坚定，一字一句，掷地有声：

"我们不寻求独立，我们不寻求分离。无论
历史如何地不同，我们只是面向未来。"

他告诉在座各位他如此选择的原因。他展望欧洲现实，以欧盟为例指出二十一世纪不同于二十世纪："看看欧盟，看看欧盟的精神，那些不同的国家，早期为了捍卫各自的主权而牺牲自己的人民，现在这种情况过去了。现在人们更加现实地考虑问题而渴望共同的利益。所以，欧洲的欧盟出现了。"

自从走出雪域，那个封闭的西藏，那辆拖在人类二十一世纪列车尾部的最后一节车厢，实际上拥有完全的全球化意识和现代化准备。在精神上，它属于世界文明人类的精神谱系。

达赖喇嘛继而引述印度 50 年代早期一位精神领袖和政治家关于"东亚大同"的理想说，这一理想对他具有十足的吸引力。如同在本次觐见时，他以幽默口吻告诉我们他是一个马克思主义者一样，达赖喇嘛在多个场合告诉世人，他对共产主义解放受苦人的理想怀有亲切感。他并以此批评现代中国政府领导人，认为他们虽然是共产党人，但已经不再具有共产主义的信仰。达赖喇嘛的天下一家理念，显然来自他的佛教信仰。在这次聚会上，他使与会者明白，他关于不寻求独立，不寻求分离的信仰背景，来自西方和东方这两大思想资源。而且有欧盟为先例、做榜样。这是他的第二个理由。

最后，他从现实出发分析西藏留在中国的利益，他说：

　　"现实地说，没有必要要求西藏的最大利益，因为西藏是一个不发达的国家(backwards country)，在物质上非常不发达，每一个西藏人都希望有一个现代化的西藏。为了这个原因，只要经济问题发展仍然是中心的考虑，西藏人民跟中国人一样，都会感兴趣，都会获得利益。"

谈及与中央政府对话的诚意，他说，早在 70 年代，他就产生了与中国政府进行对话、和平解决西藏问题的想法。他说："那时候中国还在进行文化大革命，我们就决定，或迟或早，我们必须与中央政府对话，我们必须对话。"他回忆说："到了 1979 年，另一位领导人邓小平复出，他复出之后我们收到了一些信号：北京政府或中央政府希望对话。我们立即做出了响应。无论如何，到了 86、87 年，一些民主运动在大陆一些大学开始，所以中央政府的政策变得越来越强硬，到最后甚至发生了天安门（事件），胡耀邦被解职。胡耀邦是一位非常非常出色的传统的共产党领导人，有完全的勇气承认他们自己的失败，他们自己的错误。我想他是这样一个人：非常实事求是，注重现实思考，所以他被解职了。然后赵紫阳也被解职了。此后，所有政策都变得更加向左倾。所以，我们的对话没有价值，虽然我们继续寻求这种对话。到了 2008 年，（两个字不清）危机发生了。在那期间，一个短时间里，我们从北京收到过不同的信号，一些非常有希望的信号，但是几周之后，那个积极的信号消失了。（继之以）同样的强硬路线。我们不顾这些，继续寻求对话，而且我们的标准和要求没有变化。所以，到了 2008 年以后，（几个字不清楚）危机。我真的感到精疲力竭。我公开表示，我们对政府的信心现在变得很小，但是我们对中国人民的信心，从未动摇。……"

特蕾莎修女(Mother Teresa)的醒世名言中有一句是"最要紧的是沟通"。达赖喇嘛亦如是说，而且达赖喇嘛是最善于与人沟通的一位。他的秘诀非常简单，尽管不易做到。他的秘诀不是技术性的，而是心性的。他要求善意在先，虚怀若谷、而且敞开心灵，还要善解人意。在处理汉藏关系时，达赖喇嘛正是这样做的。关于自治的要求，他已经在多个公开场合反复地说，西藏不要求独立，不要求分离，只要求在中华人民共和国宪法框架内的自治。再也没有人如此明确地、清晰地、反复地、诚心诚意地传达这个有限的要求了。他的诚意，不仅源自西藏的现实，也源自天下一家的东西方文明理念和他的宗教信仰。可是这位老人看上去一直像是在对着一堵墙壁说话，这面墙壁返来的"回声"严重扭曲，变成了他要求"大西藏"、"变相独立"和"分裂"。至今中央政府不能够听懂这些表达，或者，如很多同情西藏的汉族知识分子所指出的：故意听不懂。

2008 年 10 月底，谈判被迫中止，这位老人身心俱疲。可是他依旧坚持着中间道路和自治主张，仅仅是把对话的对象，从中国政府转向了中国民间。

谈判破裂的季节是深秋季节。

山风吹荡，经幡飘摇，经轮声声，白塔默默。达兰萨拉依然如故，霜叶纷纷，只看枫红。在一个又一个独自祈祷的清晨和冥思苦修白昼，丹增嘉措这位老人是如何克服疲惫和沮丧，从看不到出路的漫漫黑暗里努力仰望黎明的？是什么让他面对冰天雪地，甚至是刀枪剑戟，仍然不放下张开的手臂，不穿上抵御中伤的盔甲，而依然敞开自己的胸怀？

2010 年 3 月，在达兰萨拉召开的汉藏交流会上，前往觐见达赖喇嘛的人群中，一位 1959 年随军进藏"平叛"的前解放军士兵，不期然被旁人公开了身份。

"独立 62 师就是 59 年西藏'平叛'的主力部队……杀红了眼的解放军，把藏族老百姓不分男女老幼全部当'叛匪'打死……我们那只部队双手沾满了藏人的鲜血，这么说一点也不过分"。这位自称平叛两年之后，分到独立 62 师的士兵，在觐见达赖喇嘛之后这样回忆他从老兵那里听来的故事。他叫梁山桥，如今已满头华发。

当他听闻别人对他的介绍，立即站起来向达赖喇嘛鞠躬致歉时，谁也没料到，达赖喇嘛也站立起来，面带笑容，与他握手，还用不熟练的汉语说，

"啊，解放军，解放军，欢迎"。

在送别会上，达赖喇嘛一视同仁，给这位前解放军军人也献上了一条洁白的哈达。

不仅如此，他还特别地向这位解放军深深鞠了一躬，并慈善地拥抱他，嘴里依然用汉语念叨着：解放军，解放军。

消息从海外博讯网站不胫而走，繁忙与闭塞中，我听见了自己心底的江流。

　　火焰可以融化坚冰，大水可以浇灭火焰，石土可以阻挡大水，火药可以炸开石土……。如果杀戮也不能制造仇恨，还有什么能够阻止这位老人心中的爱与悲悯，消弭他的善和仁慈？

　　这不是物理世界的逻辑和心理哲学理论能够解释的现象。30万到100万藏人因为不愿放弃自己的信仰，死在汉族统治下，最初，直接杀戮他们的就是中国人民解放军！

　　梁山桥的眼泪没有打湿这位圣者的袈裟，是因为一旁的友人提醒他，把脑袋从圣者的怀里抽出来。我内心的江流趋于深阔，是因为我看见达赖喇嘛为藏民族忍辱负重半个世纪到如今，却准备宽恕一切悔罪的恶人，正如教皇保罗二世在囚室里，宽恕了那位刺杀他而被判刑的凶手。

　　不应当功利主义地评价人类这种神性及其行为，因为神性是造物主在人类身体中种下的基因，它与兽性相反，是彻底超越现实功利的。厄运和诋毁，奴役和杀戮可以用仇恨和怨怼污染无辜者的心灵，在精神上、道德上打垮无辜者，使他们长出魔鬼的獠牙，生出非人的冷酷，但是不能污染、打垮一位以悲悯之心锻造的圣者。历史进程尽管富有钟摆似的往复惯性，这种圣者境界，却可以据之为凭并借之为力，从而调转方向，摆脱惯性，避免奴役接着奴役、暴政接着暴政的循环，走上民主自由之路，重建人的尊严与高贵。

　　觐见开始不久，达赖喇嘛用藏语与在座的工作人员交流，不久他们端来了奶茶，并再度与达赖喇嘛沟通。然后，达赖喇嘛告诉我们：与我们的会面时间可以延长了，因为他临时推迟了与一个"美帝国主义"的会面。他用藏音浓重的汉语念出"美帝国主义"这个五、六十年代中国家喻户晓的词语，诙谐的气氛立即感染了我们。

　　我最后插空告诉圣者，一位大陆学人未能成行，可否加持我为他买的念珠？话没说完，达赖喇嘛接过我递上的珠子，双手合并，举起在胸前磨捻加持，并再为此行所有人的大堆佛珠念珠甚至手镯项链加持。然后，他为我们一一签名、分别合影。

　　承蒙加持、奉纳签名、荣幸合影，对我而言是一种仪式，一种具有形而上意味的仪式。

　　我知道，其他汉人如有同样要求，也会得到同等礼遇和关照。这是一位在围追堵截中逃离家园的老人对他的"敌族"所持的态度。他为抵消这个敌族的奴役和杀虐之恶果不懈奋斗了半个世纪。这位圣者从 20 岁就扛起全体藏人苦难，独自走上自我献祭之路，却把祝福广布世人。

　　在我们送去签名的图片背后，印着这位圣者对世人的勉励：

　　　　"每天清晨醒来时想：今日我是幸运的，我能醒来，我还活着，我拥有弥足珍贵的人生。我不会浪费这生命。我要用我全部能力发展自我，开放心灵，为一切生命的利益追求启蒙。我将以善念对待他人，我不会让愤怒所俘虏或把人往坏处想。我会尽最大努力为他人谋求福利。"

十四世达赖喇嘛的合影剪裁。

左起：李江琳、达赖喇嘛、朱学渊、本书作者北明、一平。

才嘉摄于 2009 年 6 月 15 日达兰萨拉

诗僧

那条河孕育了金山羊的村庄，
那条河淹没了大藏王的车辙，
那条河是雪水融化清凉的奶，
那条河上牛皮筏子作轻舸。
——我喝了河水熬成的茶，从此后，
只要路途干渴，我就想起拉萨河。

那条河听过悲伤的歌，
那条河只解善良人的渴，
那条河容忍了带给她的痛苦，
那条河洗去了尘世的污浊。
——我洗过七夕夏月的澡，从此后，
只要追求幸福，我就想起拉萨河。

那条河不改变原始的清澈，那条河煮热了阳光和快乐，
那条河披挂着彩色的祈愿，那浪花曾变作无数金天鹅。
——我背过阿妈背过的水，从此后，
我看到的每一条河，都是拉萨河。

——〈拉萨河〉，引自杨志军《敲响人头鼓》

2009 年 2 月，美国《新闻周刊》(Newsweek)发表记者帕特里克·赛门斯〈Patrick Symmes〉的长文〈西藏后起之秀〉(Tibet's Rising Son)。文章一开头这样描述噶玛巴喇嘛、藏传佛教格举教派的领袖：

"作为一个神，他是一个精致的年轻男人。身材清瘦、表情自信、穿着红黄相间的袈裟，噶玛巴喇嘛总是像一个儒雅的王子一般接受着他人的鞠躬。他在汉语和藏语间流利自如地切换，晚上会学习朝鲜语，有时候还会礼貌地用英语纠正翻译的一些发音上的问题。印度东部菩提伽耶外的一个新的寺庙是噶玛巴喇嘛的临时住所，黄昏时分，人们常会看到他在高高的台阶上慢行，眺望着下方在焦干的田地里收割麦子的妇人。"

舆论认为，噶玛巴将成为达赖喇嘛的继任者，或西藏未来的摄政王，以便弥补十四世达赖喇嘛身后转世灵童的寻找和主政之前，西藏精神领袖的空缺。——"没有任何一场政治运动经得起 20 年沉寂"。西藏文化宗教在中国中央政府现行强硬政策下，面临灭绝，达赖喇嘛为挽救这个 600 万民族的宗教文化和种族，被迫走出佛堂，献出一生大部份精力。西藏精神领袖必须后继有人。

1992 年 3 月，七岁的阿波嘎嘎被认定为十六世噶玛巴的转世灵童，6 月，中国国务院宗教局宣布认可阿波嘎嘎为第十七世噶玛巴。他由此成为中藏双方共同认可的唯一大宝法王。1994 年和 1999 年，这位十七世噶玛巴邬金钦列多杰曾两次访问北京，受到极高的尊敬和礼遇。他参加了 94 年国庆庆典，并在官员陪同下先后参观北京、上海和广州、福建、浙江等城市。他首次到访北京时，还去过五台山和峨眉山等佛教圣地朝拜。他对中国官员的印象不错："虽然他们信仰共产主义，但是他们似乎对佛教有相当深入的认识和恭敬。他们的一些谈话内容似乎也能与佛教哲学相契合"。[1]几乎看不出任何理由导致这位年轻的藏传佛教大法王决心背井离乡，流亡印度。但是再次访问归来不到一年，这位年仅 14 岁的噶玛巴离乡出走了。

---

[1] 2005 年 3 月 18 日《法王噶玛巴的自我介绍》。引自"第十七世大宝法王噶玛巴官方中文网"。

中国政府立即散布舆论说，噶玛巴到印度，目的是取回自己的黑宝冠和其他自己的前世物品。然而噶玛巴再也没有返回中国的西藏。在他抵达印度之后首次发表的声明和首次记者招待会上，他把自己出走的原因说得清清楚楚：他多次要求出国访问，但是从未得到答复；他一再请求中国政府允许大司徒仁波切到他所在的西藏楚布寺为之灌顶、口传和教授佛法，但是这位仁波切不被准许进入中国，原因是这位仁波切与达赖喇嘛关系密切。此外，他虽然到京访问期间可以在官员陪同下参观走动，但是在家乡，他除了呆在楚布寺，没有在西藏境内行动的自由。他的另一个担忧来自班禅喇嘛的前车之鉴：年满十八岁之后，在被授予徒有其名的官位之后，他将被要求违心地攻击达赖喇嘛，并可能被中国政府当作一个传声筒，利用来分化瓦解西藏。为了避免沦为徒有其名的噶玛巴，为了能够接受正规的传承灌顶和法教修行，为了避免成为中国政府的傀儡，为了挽救西藏宗教文化，他只有出走一条路可循。抵达印度之后他说，"我在为我今生的任务作准备，教导及学习佛法，和激发众生心中本具的慈悲和智慧"，"只有在目前此种情况下才有可能"。[1]葛玛巴告诉世人，是他自己做出了流亡的决定。他秘密出走前给中国政府留下了一封信，陈述了他出走的理由并事先声明，他的出走既不是背叛国家，更不是要分裂藏汉两个民族。——他对中国政府欺骗舆论的传统方式完全了解。

噶玛巴流亡印度之前，藏传佛教四大教派中三个教派的领袖，均已流亡印度，包括噶玛巴的前世，十六世葛玛巴让焖日佩多杰，也在 1959 年达赖喇嘛流亡那一年抵达印度。作为一名得到中国官方认可的藏传佛教精神领袖，十七世噶玛巴在其上师们逃亡印度四十年之后，竟步其后尘，重复踏上逃亡之路！消息传来，震惊世界，也震动了中国红朝。中国当局一贯按照世俗观点解读宗教心灵，用现世功利手段处理宗教事务。但就如同他们的唯物主义残暴曾经让达赖喇嘛感到匪夷所思一样——他们曾经派达赖喇嘛的哥哥暗杀达赖喇嘛，这等对佛教信徒的无知，使得持守众生平等理念、连蚊子都不愿打死一个的达赖喇嘛感到荒诞不经——他们的无神论礼遇丝毫不能触动

---

[1]　2001 年 4 月 27 日十七世噶玛巴于印度达兰萨拉上蜜院（藏传佛教格鲁派密院最高学府之一）首次召开的记者会上的谈话。引自"第十七世大宝法王噶玛巴官方中文网"。

噶玛巴的心。在逃抵印度之后的首次公开讲话中，噶玛巴指出了西藏宗教文化面临的灭顶之灾：

"目前世界上仍有许多地方还在发生战争，有些地方失去了自由，我们西藏就是其中之一。西藏是个全民信仰佛教，有着悠久历史和文化的民族。但是二、三十年来西藏的宗教、文化遭受严重践踏并正濒临绝灭。"[1]

噶玛巴出走后相当低调。但是他的逃亡本身是一个明确信号：西藏被奴役的状况始终未有些微缓解。他成功抵达印度三个月后的 2000 年 2 月就称：西藏历史文化现实处于"非常时期"。流亡伊始，这位年轻的葛玛巴就祈愿"在达赖喇嘛的伟大构想和全体西藏人民的共同努力下，雪域众生早日获得自由。"[2]

噶玛巴出走前听过达赖喇嘛的讲话，看过达赖喇嘛的照片。但是他出走前几天，破天荒第一次梦见了这位圣者。梦境有如一个预言：

噶玛巴正在草原上散步。达赖喇嘛身穿法衣，走向他。达赖喇嘛握住噶玛巴的手，并对他说：过来吧。"尊者带着我去一间镶着金顶的寺院，金顶闪闪发光"。[3]

接下来，1999 年 12 月 28 日，年末时间，深冬季候，噶玛巴在对外宣布严格闭关多日之后，于夜间 10 点 30 分开始行动。这是警卫人员不值班的时间段。他和侍从摸黑走出房间，悄然无声，避开门厅，从窗户跳到护法殿屋顶，再从屋顶跳下地面，登上一辆等侯在那里的吉普。他们一路向西，选择蜿蜒山区小径，昼夜颠簸兼行，以避开道路检查站和军营。新年的两天前，这位不愿做奴隶的噶玛巴成功进入尼泊尔境内。此后，噶玛巴一路继续祈祷此行平安，并在新旧年交替之际，完成了他此生的重要转折：他用了六天的时间，克服恶劣的路况、气候和健康状况，徒步或骑马、地面乘车或空中飞行，最后乘火车，辗转行进。终于在新年的第五个清晨，他和随行人员抵达西藏流亡政府所在地、西藏文化宗教汇聚地、西藏精神领袖达赖喇嘛居住地——达兰萨拉。

达赖喇嘛已获知这一重大消息，正在宫邸等后。

---

[1] 十七世噶玛巴《抵达印度后首次公开谈话》，2000 年 2 月 19 日，引自"第十七世大宝法王噶玛巴官方中文网"。

[2] 十七世噶玛巴《抵达印度后首次公开谈话》，2000 年 2 月 19 日，引自"第十七世大宝法王噶玛巴官方中文网"。

[3] 2005 年 3 月 18 日《法王噶玛巴的自我介绍》。引自"第十七世大宝法王噶玛巴官方中文网"。

　　噶玛巴抵达后没有片刻喘息，径直奔达赖喇嘛而去。他说："我直接去觐见尊贵的达赖喇嘛，他是慈悲的化身，他以慈爱和关怀接受了我，我非常地开心。"[1]

　　对他的出走，达赖喇嘛与众人一样感到惊讶，但是他赞扬这位年轻的噶玛巴出走动机"非常好"。达赖喇嘛 2000 年 6 月在美国洛山矶记者会上回答有关噶玛巴的问题时说："一开始，大家非常惊讶。我们第一次见面时，我问他选择这个危险的旅程的目的是什么？他告诉我他要为佛法和西藏人民做点事。"[2]达赖喇嘛知道噶玛巴的选择意味着什么，他说："如果他留在西藏他会有个人的享受，但是不能达到他的目标。所以，他没有别的选择，只有出走。"[3]

　　噶玛巴知道，现在他终于自由了。他作为一名噶举派宗教首领和修行人的生涯，可以正式开始了。

　　我等一行走进噶玛巴在上密院的会客厅时，是他流亡生涯的第十一个年头。

　　前来觐见的各色人等络绎不绝。

　　安检之后顺序上楼。在噶玛巴经常眺望黄昏远景的三层露天走廊上，我们排起了长队。已经有两组人在我们的前面等候。不需长时间的等候，很多人前来只是为了表达敬意，恭献哈达，得到祝福。人们鱼贯而入，又匆匆离去。

　　觐见之前接获的规定是：不能谈话、不能拍照、不能录像。

　　"能做什么？"

　　"敬献哈达。"

　　这一预设，把我们当中谈锋甚健的学者朱学渊先生疏离走了："那我们去干什么？"他问。

　　既来之，则观之。信息不仅靠语言交流，知识和感受更不仅是语言的特权。我站在三层露天阳台的队伍里，眺望远方，体会这里黄昏时分人去鸟归的空明旷寥中，一个流亡异乡、肩负使命的年青人的所思所想，心里充满好奇。

　　不几时，我们被几位忙得满头大汗的工作人员指挥着，进得门去。噶玛巴出现在面前：当年那个面庞布满高原血色的十四岁孩子，已经长成高大英俊、皮肤光洁的二十五岁青年。

---

　　[1] 2001 年 4 月 27 日十七世噶玛巴于印度达兰萨拉上蜜院首次召开的记者会上的谈话。引自"第十七世大宝法王噶玛巴官方中文网"。

　　[2] 引自"第十七世大宝法王噶玛巴官方中文网"。

　　[3] 引自"第十七世大宝法王噶玛巴官方中文网"。

报导称噶玛巴"出名的严肃"，他自己 2008 年到访美国时，在公开场合也是如此自我形容的。不过，在看见他最初礼节式微笑的瞬间，他头上的神秘光环即刻钻进脚下的地毯去了。等到我们离开，那些神秘光环已经从地毯下面飞到窗外的田野去了。

那是一个约一千平米的大客厅。正面是噶玛巴座席，右侧，一排沙发依窗而列。我们列坐于靠墙的那一排沙发，整整齐齐，安安静静，有些滑稽。幸亏人多！我暗自庆幸，不然如何将这例行公事的觐见进行到底？

孰料这位被工作人员和保安人员"严加保护"的藏传佛教神秘领袖，不仅要与我们谈话，而且一开口，就把翻译废了——他说汉语。我们有些面面相觑，一时张口无言。

李江琳急中生智，提问征询他对中藏关系的建议。这位年轻的噶举派教宗听完一番陈述和提问，像孩子一样笑着，往上翻了翻眼睛，嘴角咧了一咧，似乎是做了一个顽皮的鬼脸，然后说了一番正确之极的话。大意是，汉藏两族过去一直和睦相处，未来关系必然源远流长。政治是短暂的，文化是长远

十七世噶玛巴，邬金钦列多杰。　转自十七世噶玛巴网站

的，两个民族仍然应当世世代代友好下去。

　　他是从叙述自己的经历开始陈述这个观点的。他毫不避讳地谈及自己的经历和观点：我从小在西藏长大，学习中国文化。出来以后，远离中国，反而对中国文化更加亲切而感兴趣了。我现在学习中国书法和绘画……。

　　我借机问了一个问题，他回答的方式是，继续谈自己在中国文化中受到熏陶的经验和对文化中国的热爱。——没有一个政界领导人会把自己摊开了，摆在会客桌上回答来访者的问题。他看上去心无罣碍，一派天真。我必须不断提醒自己，面前这个人，拥有三界五行之外的特殊身份，佛教界众生是要顶礼膜拜的！

　　在达兰萨拉见到的西藏宗教界、政界首脑人物和中层官员，几乎无人表现出对多年中共压迫的仇恨。他们始终传递着这样的信息：我们要求自治，希望和平，愿意与汉人和睦相处，盼望自己的宗教信仰得到尊重。流亡政府的"新闻信息与国际关系部"两位部长更是特别明确地表示：在中藏关系上，我们不计较历史，过去的就让它过去吧。我们只寄望未来，我们希望中国未来能够与西藏和平相处。上山后我们首次听见的一番话，我有些怀疑桑杰嘉的汉语翻译是否词不达意。

　　他没有词不达意。我对不计较过去的藏人主张不以为然。忘记过去，并不等于面向现在和未来。一个失去真实历史的民族，不可能建设自己真正的未来。中国就是因为一个事件接着一个事件、一个时期接着一个时期、由远及近、周而复始地切断自己的历史，古老的民族才变得今天这样浅薄，才变得如此面目全非：下巴上长着马克思的胡子，眼睛里透着斯大林的冷光，张口说着被中宣部污染的新华语体（后来为了颠覆这种语言，又变成了流氓腔），而脑子里则转着人类最贪婪的念想。争相成为物质暴发户，把家园解读为金钱堆积的动物游乐场，把世界解读为弱肉强食的原始森林。文化的保存在于继承，一个民族若在向前披荆斩棘开拓道路的同时，向后斩断来路，这个民族何以为继？当日与流亡政府信息部官员共进晚餐时，我趁机对忘却历史这一说法进行确证，但是发现他们心口如一，不打幌子。我表达了不同意见，两位官员谦和地微笑着，并不反驳。以后数日参观访问才明白，达兰萨拉只有一个宗旨，就是用行动把中国官方在藏族身后挖断的道路填补起来，以便他们以自己确凿的存在，走向世界。但是面对中共强势欺凌，他们必须闭嘴。无论中宣部如何强词夺理，他们只要一条：让我们依照你们的国家法律自治。

噶玛巴的背后是赤色的土地，他出生在那里，却越过那条鸿沟，回溯中国传统文化。作为异族人，他走到汉人前头了。

回来后我翻阅这位十七世噶玛巴的资料，发现他是扔进我窗户里的一块石头。这块石头的冲击，是对我的西藏壁垒的最后一击。

我们觐见的场所，也是他学习的课室，平时排放着简易的长桌和椅子，经文法器，文房四宝。他与他的几位老师在那里共度每日时光。除了做佛学功课，他也在那里研习中国书法和中国绘画。他还写诗、他也作曲并歌唱。

宗教与艺术在终极意义和最高境界上无法分家。就我所见，这位年轻人的水墨、工笔技术相当老辣，线条规范熟练，墨意则纵横飞扬，风格在浓妆淡抹，富丽与简约之间自如穿越。而他的隶书则敦厚中透着明显的活泼灵动的气韵。他的作品几乎全部与佛教相关，一如欧洲中世纪那些以圣经人物故事为题材的油画，充盈着高远、富丽的天府贵气。

噶玛巴认为，汉语和英语是本世纪世界上非常重要的两种语言，不过相对于西方，噶玛巴对中国更有感情。2000 年噶玛巴出走印度，达赖喇嘛除了赞扬噶玛巴为藏人做事的宏愿，对这位当年十四岁的孩子的赞扬还有两项：一是"他的佛法知识相当不错"，二是"他能写很好的诗。"达赖喇嘛幽默地说：这个十四岁的孩子，比我这六十多岁的人写得还好。

诗言志。噶玛巴的诗大多与佛教祈愿有关，但是当 2008 年初中国大陆遭受暴风雪灾害时，远在印度达兰萨拉上密院寺庙中的噶玛巴，写了一首现代诗，题目是"希望啊，你在哪里？"[1]这是苦难中对希望的叩问，诗文则情感充沛，是对灾难中的中国所发的愿。

深爱此岸世界的噶玛巴对自己的流亡深感无奈，对必须远离的中国一往情深。诗一开篇就表达失去故乡的迷茫：

> 冬季的某日
> 我独处一隅
> 然而此时

---

[1]　引自"第十七世大宝法王噶玛巴官方中文网"。

却不知该真正朝向何方
冷冽中
力竭的人
漫无方向的祈祷着！
故乡啊！故乡
你在何处？
或许
是你不愿见我这漂泊的人
而消失无踪！

　　随后，这位年轻的藏传佛教噶举派传人称雪灾中的土地
为故乡，称受难的人们为同胞，并与之感同身受：

苍天啊！
今日听说
您没良心的
给予我的故乡和同胞们
前所未有的苦痛
呜呼！
上为天，下为……唉！
我却只能不知所措的苦笑着！

希望啊
你在哪里？

　　天为人所伤，灾难是大自然的忠告也是大自然的惩罚。
在揣度这灾难原因之后，年轻的噶玛巴在诗中发愿：

愿以慈母恩赐的血肉之躯
包覆着故乡大地
消融那无尽的风雪
和那难耐的冰寒。

十七世噶玛巴的画作：妙音天女图。
转自十七世噶玛巴网站

雪灾、干旱、地震、流感、血铅超标、食物中毒、不合格疫苗……，近年来中国天灾人祸接连不断。在愤世嫉俗的责任指控或悲悼哀痛的同情救助之外，为救众生苦厄而发愿自我献祭，就我所知，仅此一例。虽然只是一念，这是一种陌生而崇高的情感和值得敬服的宗教境界。世上很多人面对社会荣誉和权利，会感觉自己相当高大，欲罢不能；噶玛巴刚好相反，面对灾难和责任，虽千万人，他愿独往，自献于承担苦难、解救他人的祭坛。他何尝不知面对雪域另一端那无法无天、无神祇、无信仰的巨大地域，他无能为力！他因此自嘲而叹息，却不放弃心中的祈愿，他在诗中继续写道：

> 而这
> 是多么的痴傻呀！
> 啊哈哈！
> 我这小儿难以言表的心中密语，
> 就让万物倾听吧！
> 嗡玛尼贝美吽

他的诗画中一个鲜明的主题，是女性和母性、悲悯和爱怜。他的工笔画"妙音天女图"，以深邃太空中的融融月光为背景，将天女之美丽与庄严，绚丽与圣善，表现得淋漓尽致，整个画风空灵而透明，华丽而典雅，耐人寻味。而他的短诗，能唱易吟：善思如母众，难忍无量苦；忆念苍生情，世世永不离。

　　噶玛巴的另一些诗，例如《世界啊》[1]，显示他对世界和自然的热爱与眷恋。

　　这位法王，与十三世达赖喇嘛一样，是一位外表含蓄严肃，内心浪漫充溢的诗人。他生于青藏高原，喜欢南方的风；身穿西藏佛教袈裟，喜欢古代汉人文化；

　　"世界南方大海，自由生音而现，往昔姣容天女，礼撒拉思瓦蒂。……"（噶玛巴为妙音天女而题）在这里，有李白的自然潇洒和无限广阔的心灵空间。

　　每一个夕阳西下、炊烟缭绕的黄昏里，当他放下佛事和创作，站在露天走廊上向远方山峦，或田间劳作的妇人眺望时，他是一个穿着袈裟的诗人，在圣善、寂寥、悠远、怅阔的世界中独行。

　　十七世噶玛巴被国际舆论认为是达赖喇嘛身后西藏精神领袖的继承人。美国《时代周刊》2008 年以"下一位世界领导级喇嘛"（The World's Next Top Lama）为题，专文论述说："尊者达赖喇嘛也在 2001 年公开的场合中，表达对噶玛巴所代表的独一无二传承的肯定。"指出，作为传统藏传佛教中第三位重要的领袖，噶玛巴的地位仅次于达赖喇嘛与班禅喇嘛。噶玛巴与达赖喇嘛一样，拥有悲悯仁厚之心。对于西藏不同的教派而言，噶玛巴与达赖喇嘛共持宗教各派兼容、避免宗派的观点。"像所有的西藏人一样，未来我会继续以最大的力量来支持尊者。"他们之间的亲密关系，是两个教宗之间的关系，但有时不免更像爷爷和孙子之间的关系。这也使得过去两大教派之间的紧张得以弥合。至于佛教，他虽然被限定在藏传佛教的绛红色袈裟中，但他告诉人们，他将效法他的前任，佛法将对所有佛教信徒开放。

　　对于中国而言，他同样是继承达赖喇嘛精神领袖地位的最佳人选。噶玛巴血液中有一种天然的中国情愫。他在与我等会见中明确地告诉我们，他对中国传统文化的热爱因为离开中国更加鲜明而深长。

　　事实上由于研习中国书法和绘画，他在艺术上，已经比大多数当代中国人都传统中国化。而在接受华文媒体记者访问时他表示，他的汉语比从前在中国时大见长进。事实上，他初抵印度时，只有小学五年级的汉语水平，但是在异乡印度，他的汉语在与人谈话中无师自通。他不仅热爱中国传统文化，也

---

[1]　引自"第十七世大宝法王噶玛巴官方中文网"。

热爱中国庶民，热爱中国土地。他甚至告诉 BBC 记者，到了印度之后，他仿佛感到自己以前是个汉人。这种自我的神秘认同，对未来汉藏和平、平等、友好相处，应当是福音。

行色匆匆，20 几分钟的汉语交谈结束。行前，噶玛巴赠送每人一小纸袋吉祥物，并再次打破他的办公人员颁布给我们的规矩，建议我们与他合影。

当我走出门去，一眼望见露天走廊里远方田野背景下依然列阵等候觐见的人们，我仿佛感到，当举世关注达赖喇嘛本人和西藏问题的困境时，这位年轻、谦逊、实修、律己而刻苦的噶玛巴已蓄势待发，他已经长入西藏与中国的未来。

从噶玛巴会客厅出来，阳光普照。戴着噶玛巴回赠的哈达，在上密院的阶梯前拍照留念。突然钟声大作，就见树荫下乘凉的和尚们，从六、七十岁到六、七岁不等，绝大多数 20 岁上下，拖动鲜艳的红色袈裟，蜂拥挪向旁边一座老式楼房，再从那楼房不大的门洞鱼贯而入，最后从那门里形成一个长队，蜿蜒到楼外。

那里原来是一个食堂。食堂里四面墙壁上挂着藏传佛教各派领袖和达赖喇嘛的大幅画像。墙下大厅里，拼起来的十几个大桌子，每桌可围坐十几人。

我们饥肠辘辘，当即决定就在那里蹭饭。简单交涉之后即刻获准。我等一行数人夹在红色袈裟中排队领饭。碗是自己取，饭也自己盛。品种不多，白米，花卷，土豆泥的汤，炒茄子等一类颜色与袈裟一样鲜艳的炒素菜，每人还有一个香蕉。

坐在西藏出家人中间，心知肚明自己是异类，彼此生活方式隔的岂只一座庙门。那却是我到达兰萨拉几天以来吃得最惬意可口的一顿饭。

桑杰嘉和他的心事

我住过的那一间账房，在高阔的无比高阔的羌塘，
她是青藏高原的腹地，唐古特神圣的北方，
好大一片荒凉。

我住过的那一间账房，在北方海拔五千米以上，
是湖泊最多的地方，是动物最多的地方，
是神话最多的地方。

我住过的那一间账房，在一片野牦牛栖居的牧场，
六月里翻滚八千里雪浪，云雾托起山冈，
哦哟呵——好苍茫。

我住过的那一间账房，四周都是威猛的护法金刚，
盐湖女神在空中飞翔，转经筒支在了天上，
经幡栓着太阳。
……

——〈我住过的那一间账房〉，摘自杨志军《敲响人头鼓》

桑杰嘉(Sangjek Kep)三十多岁，性情开朗，单纯率真。有一双藏人难得的、会说话的眼睛，有时笑意盈盈，有时含情脉脉，有时悲愁切切，有时愤懑沉沉。不过大多数情况下，他灿烂地笑。他留一头披肩长发，两颗虎牙在笑口常开时闪现，给人一种错觉：这长发披肩的是美国好莱坞电影上永远胜利的独角英雄，不是现实中被奴役的苦难藏民。

桑杰嘉喜欢漂亮女孩，年龄、种族、地域不限，只要觉得漂亮，一概赢得他的青睐。藏人大概跟走西口的山西汉人一样，没有什么劳什子规范，自由得像天上的鸟，愿意跟谁顺风飞多高就飞多高。

桑杰嘉喜欢吃肉，出访途中路过集市贸易，他下车买上十斤羊肉，放在后备箱。傍晚归来提着下车，从路边陡峭的小路一路摇下去，摇到沟底，回家连续饱餐数日，几天之后，遇到机会，再如是这般操练如仪。

桑杰嘉喜欢美国的空气，"波士顿"，他说，"我在那里的时候，一点也不觉得尴尬，很多人看见我都笑着打招呼，没有人把我当外人。秋天的树叶飘得满街都是，空气特别清爽。真的太好了。"——不知道他喜欢的是美国气候还是美国人。

桑杰嘉是我们这次访问的的汉语翻译。延及数日的参观会谈活动，他必须以一抵十，将所有人的所有言论，用汉语和藏语轮番咀嚼一遍，从没见他厌烦过。和大多数达兰萨拉的藏人一样，桑杰嘉从境内西藏逃亡到此，他在达兰萨拉的职业是西藏流亡政府新闻与外交部一份中文刊物《西藏通讯》的主编。他当然是我们的西藏问题专家。

桑杰嘉在西藏流亡政府总理府会客室为到访的中国作家做翻译。易崴摄于 2009 年 6 月 11 日达兰萨拉

几天前在颠簸的山路上，桑杰嘉手抠住车窗稳住身体，操着藏语味道浓重的汉语，不厌其烦地回答我关于西藏的初

级问题：

印度人和藏人有什么不同？

藏人如何处理劳动和朝圣的关系？

藏人的信仰与时下实用功利性所谓宗教有什么区别？

如果他们不是终日为升斗进项祈祷，然后无所事事等着天上掉馅儿饼，他们祈祷什么？

如何定义藏民比较接近事实？

你用绘画的要素，线条和造型，描述音乐，只能说明你对绘画情有独钟；你用旋律和节奏描述雕塑，说明你对音乐青眼有加。艺术理论上把这叫做所谓通感。但是通感在西藏问题上毫无意义。究竟什么尺度才是衡量藏民的合适尺度？

藏人在这里一样贫穷，为什么乞丐都是印度人……？

为养家糊口我嫁给媒体十多年，八小时之外仍然分心照顾这个吞噬我几乎所有能量的使命，录音设备成了我身体的一部分如影随形，专门收纳一些听起来有保留价值的资源。不过此次达兰萨拉之行，我决心摒弃拼命工作的恶习，逃离媒体而自我放逸，于是只带了眼睛、耳朵和嘴巴，偶尔还有鼻子，感受宏伟殿宇里的香火。桑杰嘉的经验式、见证式的回答，让我后悔那日没有一个按钮可以按下去，以便将他那些独特的描述录下来与人分享。

山路崎岖，山涧环绕，我觉得我面前坐着的是一座桥梁，跨越藏区禁地的桥梁。

桥对面，是一个古老神秘而陌生的去处。

沉重的西藏命运看上去并没有让桑杰嘉失去他日常活泼的天性，他总是从容潇洒而心无芥蒂，与我们相处非常融洽。不过有一件事，使我改变了对他的最初印象。

在一个一起喝茶的黄昏，在路边茶座的昏黄灯光下，桑杰嘉告诉我，他虽然有一个在上学的女朋友，也准备结婚，但是他"不准备要小孩"。女友未必同意，但是他说，他现在仍然不会改变这个决定。我吃惊地问他为什么。他说：做一个流亡藏人太苦了，我们失去了真正的家园。如果解决不了西藏问题，为什么要制造一个注定要受苦的生命？更何况，这个生命一出生就是一个流亡者！

"我们这一代一定要解决西藏问题，不能再把痛苦留给下一代藏人。"他说。

桑杰嘉很难容忍任何对藏人的歧视。哪怕是友好的汉人朋友下意识暴露的轻视，他也无法容忍。而这种歧视，由于大汉族主义的根深蒂固，在同情藏人的汉人中在所难免。是不是因为这样的境遇和经验，让桑杰嘉对这个世界感到格外的失望？

我惊讶地望着面前的桑杰嘉，他那一对稚气十足的虎牙再也不能装点他沉郁的面容，我感觉他变成了另外一个人。

"单巴次仁有孩子吗？"月色迷离，街灯摇曳。沉默中，我差点将这心里冒出的问题问出来。单巴后来结婚了吗？我突然想起单巴。飘忽不定的夏日街灯下，单巴的眼神也经常秋意苍凉吗？

是的，我又一次在藏人身上发现了单巴的影子。

在三年寻找学医资助失败之后，单巴跟桑杰嘉一样，进入流亡政府部门工作。单巴的最后一位亲人——他的父亲，没有撇下 11 岁的单巴追随单巴的两个妹妹和母亲而去。他挺住了。在被抬到医院一周之后，他回到形单影只的单巴身边。随后不久，他再度听说孩子要被送到别处去托养。在西藏，是因为听到这样的消息，他们一家五口才决定逃亡的。几个月之后在印度，再次听到这样的消息，这个五口之家只剩下父亲和单巴了。这次，单巴绝不愿意离开父亲，他已经不能再经受任何分离。但是单巴的父亲决意让单巴前往。这次是去达兰萨拉，他们的达赖喇嘛居住的地方，托养所的任务就是照顾在筑路劳役中失去双亲的孤儿。自从踏上逃亡征途，单巴生命中的一切一直在不断地遗失：家、妹妹、然后是另一个妹妹，然后是妈妈。就像自己的躯体，一部分一部分地废去。这一次的被迫别离，是可怜的单巴最后一次也是至关重要的别离。单巴没有辜负父亲的期待。他此后中学、高中、大学一路保持学习成绩优异。

单巴的民族意识却是在异族中间形成的。他的为西藏而生活的意志，更是在异族的歧视和轻蔑中练就的。学校里那些好奇的疑问：你的父母在那里？他们是做什么的？你的兄弟姐妹都是谁等等都被单巴浇筑进了他的西藏版图的砖墙。

"我们是难民，我们没有祖国"，那些对他们的来历和身份一无所知的提问，是他心中的祖国的边境线。他在边境线设卡，用自己一流的学业成绩在他的边卡插上西藏的雪山狮子旗。

在单巴转到噶伦堡兰姆博士创办的教会学校后，他被歧视的愤怒变成了力争上游的动力，在那里，在他的西藏边卡上，除了雪山狮子旗，还有下列他在校五年期间的自我标识：他是几乎所有运动队的队长、学校的学习监管、学生会副主席以及学生会主席。最后，单巴使被中国占领、殖民、摧残、奴役、人种和文化灭绝的西藏，在这个学校获得了广泛的认同和尊敬：单巴的名字被刻在了这个学校的优秀学生纪念碑上。这个学校有史以来第一次，为一个毕业生召开表彰大会，这个毕业生就是西藏流亡学生，没有祖国、没有母亲、没有兄弟姐妹的单巴次仁。

单巴那时候才真正找见了自我，发现了几乎失去一切的自己究竟是谁："无论个人的损失还是国家的损失都十分惨重。我别无他途，只有重新将这一切建立起来。"

世界上可能从来没有发生过在一个城市里，只有一个人是异族血统和人种的这类事情。这是单巴上大学的经历。学业每上一个台阶，学校每更换一次，单巴就必须重新垒筑他的西藏版图，用那些同样的疑问、轻蔑和歧视。而在马德拉斯基督教学院所在地，单巴成了唯一的异族人。单巴是西藏第一代看见火车和地球仪，知道世上除了西藏、中国、和印度以及大海，还有许多其他国家的西藏难民。强烈的反差和心理冲击，迄今为止，不知道除了西藏人，还有哪个民族，能够以个人之力承受并且挺住。孤单已如单巴在学院食堂的一日三餐，不喜欢也得吞下去。但是讥笑、嘲讽、歧视和骚扰如影随形，他难以为继。欺生是世上一切物种的天性，单巴如何以一己之力，抗拒物种天性？

不到一周，单巴就考虑退学。

考虑之后，单巴作出的却是另一个决定：他径直走进校长办公室，要求对学院全体教师和学生发言。

达赖喇嘛曾根据他 59 年流亡前后在印度的经历回忆说，尽管尼赫鲁先生最初不同意他流亡印度，也不支持他的任何避难主张，但是从未阻止他自由地思考和向世界发表自己的言论。达赖喇嘛说，这使他体会到了印度的民主作风。确实如此。排外是一切人类的天性，但是民主体制的特点是包容。这样的体制，可以克服或削弱很多天性中的弱点，而将人类的良知发扬光大。单巴，一个初来乍到的普通学生，这个城市，这个学院中唯一的外国人，而且是失去祖国的、寄人篱下的流亡者，获得了向全校师生发表讲话的机会。

几天之后，他走上了空无一人的讲台，面对整个座无虚席的礼堂。尽管心理准备充分，黑压压的观众仍然令他紧张。

单巴不是要向全校宣战。作为天性温厚、沉默而善良的藏人，尽管历经磨难，国破人亡，他对人类的文明和良知抱有与生俱来的的信任，这一次，他不再在心中垒筑西藏版图，不再在心中的版图设置边防线，他要把西藏版图灌入全校师生心中，要在他们的心中插上雪山狮子旗。

紧张中，他用自己事先准备的讲稿照本宣科，开始描述西藏的历史。但是当念到 1959 年拉萨起义以及难民逃亡时，他发现自己脱离了讲稿，直面台下观众，开始讲述自己 10 岁那一年的经历……。就这样，单巴用事实真相和善意的努力，胜过了人类狭隘的种群意识，把嘲笑讥讽和冷漠歧视排出了他生存的那个空间，让印度的普通人向西藏伸出了同情和理解的手臂。

讲话结束时，全场起立热烈鼓掌。

连续三年找不到资助学医，单巴回到藏人流亡小区，自愿到难民营办公室兼职。一个偶尔的机会被流亡政府发现，遂进入"新闻宣传局"秘书处工作。那正是目前桑杰嘉工作的部门，信息部的前身。单巴为此来到了达兰萨拉。那时侯的达兰萨拉尚未获得国际社会承认，而流亡政府则是传统西藏噶丹颇章宗教政权和新生民主政治的混合体。财力极为薄弱，制度尚未健全，一切都让单巴吃惊不已：政府机关使用的电话线乱七八糟、声音根本听不清；打字机破旧不堪，打字不灵光；山坡上工作人员生活区异常拥挤，住房老化的墙体上，旧报纸、碎泥土和罐头锡皮如雨点般剥落到床上；而他那帆布床，躺下去就陷到混凝土地面……。

跟桑杰嘉目前的工作性质大同小异，单巴在新闻局工作，除了收听拉萨广播，回答世界各地对流亡政府的提问，同时简报、摘要政治、科技、文化发展情况，每天与文字打交道。

西藏流亡历史蹒跚踉跄五十年，流亡政府和小区已经相当健全，可是桑杰嘉一如刚从孤独、苦闷中站起来的当年的单巴，内心家国一体的痛楚依旧，只不过在平时，他总是让自己沉浸在繁忙的工作和天然的愉悦中。连流亡的藏人学校那些十几岁少女，都有这种心理特征。桑杰嘉就是那个发奋读书却因资金匮乏无法深造的单巴，进入政府部门工作，能够忍受自己的贫穷，不能容忍对藏人的歧视和嘲讽。

现在的单巴次仁，是西藏流亡政府驻新德里办事处的代表。

（桑杰嘉提供）

　　桑杰嘉更令我感叹的，是他对达赖喇嘛的深厚情感。

　　觐见达赖喇嘛那天，我们步行前往。抄近路，穿越一道门，走过一片私人或流亡政府宅区。桑杰嘉就在这时不见了。达赖喇嘛办公室的才嘉是尊者的随身翻译，今天桑杰嘉没有工作任务。我猜想他今日必定要给自己放一天假了。不料走到达赖喇嘛官邸检查登记站，他又出现了，换了装：穿上了镶有丝绸宽领边的咖啡色新藏袍，腰间结结实实系上了红色的围带，脚下登了一双黑色皮鞋擦得很亮。平时不修边幅的桑杰嘉，今日穿了最好的衣服。但事实是，他换装之前，没有人通知说，作为一个藏人，他可以与专程来访的汉人一起去觐见他们日日供奉在心的活着的观世音菩萨。他穿的藏服可能是临时借来的，也可能是日前准备好的。经过与门卫甚至办公室人员的一番口舌，他终于被应允与我们一起觐见。消息传来，他显然十分激动。我们坐在来客登记室填表登记、等候安检，他陷于紧张而十分沉默。后来当我们鱼贯而入，一一与尊者握手，我注意到，他躬身走进尊者会客室，弯腰九十度合十祝福，再躬身退着离开，隐身于距达赖喇嘛最远的沙发背后的角落。他的动作举止一如面对圣威无比的活佛。整个会谈接近两个小时，他像一个谦卑的影子一言不发。我们自然而然把他忘记了。

　　就在谈话结束，达赖喇嘛为我等一一签字时，我突然发现一束目光，悲苦而专注，正从沙发背后越过前排座席和宽阔的空间，直射达赖喇嘛。

　　这是桑杰嘉！

　　他的眼睛像源远流长的两条河流，如饥似渴奔涌到尊者面前，即刻戛然而止，全神贯注，凝然不动。那是一个透明的横截面，伏在他荒原一般苍凉的面颊上，里面凝固的微微颤动的泪流，稍微一碰，就会决堤而出。他整个人的坐姿一如罗丹的那尊"思想者"雕像，身子微微躬屈向前，只是引颈举头，似乎在倾力托举那过于沉重的目光。

　　我心里一惊。感到心中有什么东西被突然触动。

　　我确信我将永远不会忘记那目光。

　　桑杰嘉没有带念珠请尊者加持，没有买名片请尊者签字，甚至没有主动走上前来跟我们一起与达赖喇嘛合影。当我站在人群里呼唤他的名字时，他看上去很犹豫，直到达赖喇嘛向他伸手招呼，他才快步走来，站在了最后一排。在道别的时刻，他始终站在一旁，保持躬腰的姿势，默默地、全神贯注于尊者。他始终把自己当成一个局外人。

当我们步出会客室，在走廊里收拾行装，并为今日觐见的圆满感谢江琳时，达赖喇嘛握着桑杰嘉的手，说了几句藏语。然后他双手合十，倒步躬身退出客厅，一直退到门外。

当他转过身来，我注意到他的脸上布满了飞动的神采、幸福的喜悦。

事后我好奇地问他："尊者都跟你说什么了？"

他回答说：尊者叫我要好好为你们做翻译，把真相告诉你们。

再后来我又问，"会谈结束前，我发现你特别悲伤，那是为什么？"

他呻吟了片刻，回答了四个字。

那四个字，比一切任何直接的描述都能够让我顿悟一个事实。这个事实就是，藏人对达赖喇嘛的爱和崇仰无与伦比。

那四个字极为简单，桑杰嘉说："他太累了"。

会谈期间，我确实注意到达赖喇嘛有两次用手捂住嘴打哈欠，还有一次，干脆把疲倦的哈欠忍回去了。年过七旬有半，每天清晨四点起床做佛教功课。他已经连续工作了将近12小时，下午为我们延长的会谈时间，本来是他的午休时间。这个事实在我看来尚属正常，对于藏人，却导致难以克制的忧心和焦虑。针对这种特殊的感情，桑杰嘉回答我说，达赖喇嘛在他心中，就像是自己的父亲。

父亲为家族免于灭绝而奔走世界 50 载，从少年青丝到耄耋白发，把家族的悲惨命运昭示给世界，把家族优秀的传统播撒到世界，把世界的一切奖赏、支持、赞助回馈给家族。父亲是流亡西藏的缔造者。父子之情有血缘维系，加上达赖喇嘛对世界接纳西藏的的绝无仅有的贡献，是人之常情容易理解，可是远远不够。

桑杰嘉躬身退出达赖喇嘛会客厅，转过身来，脸上布满幸福的喜悦。北明摄于 2009 年 6 月 13 日达兰萨拉

儿女是可以对父亲撒欢撒娇的，藏人对达赖喇嘛却见之弯腰低首，退之躬身倒步，拜时五体投地，言时虔敬恭顺，他们对他的感情，在父子之爱这一层之上还有更多。

桑杰嘉是长大的单巴。单巴小时候在托养所见过达赖喇嘛三次。第三次是和其他一百多名孩去第一所流亡学校就读之前，他们步行去见达赖喇嘛。当坐在门廊上的尊者亲切地嘱告他们要努力学习，以便未来能为没有获得学习机会的人们服务之后，单巴按照事先的准备领诵『十四世达赖喇嘛长寿词』。但是他紧张得浑身发抖，十一节词被他整段整段地忘记了。但是关键词语他没有忘记："雪域的保护神丹增嘉措，佛祖佑护您。祝您长生万寿，祝您如愿以偿"。[1]

达赖喇嘛之于藏人也许像上帝之于先知，也许像是帝王之于子民。拥有这种情感，需要心中拥有信仰，体验这种情感，则需要心中拥有神圣的能力。世上举凡虔诚的情感都应当获得尊重，即便既无信仰，亦无神圣，也应当以起码的理性，予以尊重和理解。

我从桑杰嘉那忧虑悲苦的眼神中，读出一种自己不能完全了解的神秘信息，并窥见一个自己不能进入的神秘世界。唯其如此，深受触动。我猜想他肯定渴望拥有来自这位尊者的信物。

于是，在一个小型答谢宴席上，一串达赖喇嘛加持过的念珠，一帧达赖喇嘛亲笔签名的图片，代表我们全体赠与桑杰嘉。桑杰嘉接受我们的礼物不推不让，不卑不亢。一神之下，汉藏无别，众生平等。不过席间他又恢复了活泼的笑意。隔天我们就要启程下山，大家说起了感谢的话，他一一笑纳。略微的羞涩中，他把一席答谢餐宴变得跟他的语言一样平实质朴，不过只是在这即将离去的前夕，我才确认他不只是一个说汉语的西藏问题专家，更是一个说汉语的雪域藏人。他的生命，不仅因为西藏的苦难而厚重，而且因为心中的神圣而深沉。

---

[1] 本章截稿时，有了单巴次仁的下落。桑杰嘉从达兰萨拉回话：单巴次仁现在是西藏流亡政府驻新德里办事处的代表。他后来娶了达赖喇嘛的妹妹做妻子。

西藏儿童村

在后藏，我祈愿吉祥，
为了仙境的羊卓雍湖，
一部浪花写就的经书，
每一个文字都来自上古，
每一夕潮涌都是祝福。

在后藏，我祈愿吉祥，
为了金盆玉璧的江孜平原，
一个不知屈服的誓言，
空气是无形的伟岸，
宗山城堡是指天的悲愿。
……

—— <在后藏>，摘自杨志军《敲响人头鼓》

　　李江琳在西藏儿童村收养了一个藏族儿童做儿子。办公室人员把这孩子招到办公室与他的养母和我们相见，我们看见一位藏族青年妇女领进来一个怯生生的小男孩，叫扎西顿珠(Tashi Shundup)。他腼腆地、甚至有点勉强地、露了露自己的牙齿，算是与我们打了招呼，但是无论如何不肯开口。

　　李江琳情绪正好相反，她乐不可支，不由分说，搂住这孩子冲我们嚷："看！看！我儿子！很英俊是不是？"然后抚定她的西藏儿子嘘寒问暖，亲了又亲，盛情如火，全然不管孩子受宠若惊，手足无措。我们办事麻利、章法严格的领队一秒钟之内就变成一个骄傲的母亲了。突然她"呀"了一声，我们

李江琳和她的西藏养子扎西顿珠。
易崴摄于 2009 年 6 月 15 日达兰萨拉西藏儿童村。

所有人都被吓了一跳。紧接着听见她大叫："我忘带上礼物了！"她万里迢迢飞跃太平洋，从美国带给这给孩子的礼物，今日竟然忘了带上车。不过细心而通晓西藏事务的一平带上了给所有孩子们的糖果点心及其他礼物。而江琳将在此地逗留半年，有的是机会从住所把她专门给他儿子的礼物送来。

　　扎西顿珠才七岁。
　　单巴次仁被迫离开父亲转往幼托园的时候，比扎西大四岁。

　　幼托园成立的直接原因是拯救夭折中的西藏流亡儿童。流亡难民在从难民营迁往拉达克工地的途中，受阻于大雪，孩子们连续夭折。期间，51 名儿童被送往达兰萨拉，安置在政府工作人员简陋的窝棚里。流亡西藏是一个大家庭，所有人必须手牵手，共度每一个黑夜，共望每一个黎明。可是大人们忙

着上班，孩子们无人照看。达赖喇嘛迁居达兰萨拉不到三周，指示他的姐姐次仁卓玛创办了这个幼托园。幼托园有一个美丽的名字，译成中文是"康宁别墅"。康宁别墅寄托着藏人对自己后代的期待和祝福。

康宁别墅的孩子们来自印度各公路营，均是西藏流亡者丢在世间的孤儿或半孤儿。他们抵达后远离了死神，却仍旧带着非人生活的后遗症：患有各类异族传染而来的疾病或其他疾病，如肺结核、感冒、疥疮直至严重营养不良。

单巴在那里开始拥有较为正常的儿童生活，他一去就洗澡、理发、清除身上的寄生虫。发了西装、裤子和衬衣，他变成一个干干净净的小男孩。白天，他跟其他干干净净的孩子一样，用打制的碗排队领饭，吃印度的大米和扁豆。夜晚，他与三十个同伴在别墅的一个房间打地铺，地上铺着个人的毯子。每天上午先祈祷，再做操，然后上课，同时学习母语和英文。下午则自由活动。从早到晚，所有作息时间都是集体活动。条件有限，病号也无法隔离另行管理。

单巴的痢疾很快痊愈，但是他的心无法痊愈。除了遵守作息起居和学习日程，只要可以自己支配时间，他就避免参加任何集体活动。下午孩子们玩耍，从不见他的身影。这个十一岁的孩子沉浸在记忆犹新的家庭灾难中，无法自拔，他患了严重的幽闭症和忧郁症。他的眼神比扎西顿珠的更忧郁，没有一个人能够让他露出微笑，哪怕是扎西顿珠那样勉强的微笑。更没有一个人能预见，单巴将成长为一个集体生活的表率，一个优秀的求知者，一个敢于在大礼堂讲台上对异族师生发表讲话的新生，一个带领学校球队在足球场上冲锋的队长，一个众众望所归的学生会主席。

贫病交加，活下来是底线。无人照顾单巴的心灵，那是十一岁的荒野，完全没有春天的气息。如果有心理学家研究一下单巴康复的原因，一定会增加一个罕见的病例：单巴不是在宽慰、爱抚和治疗中康复的。具备了幼托园的大前提之后，他竟是在更加拥挤的现实空间里，被挤开了心灵的窗户——当他那原先容纳三十人的寝室，开始容纳六十人，九十人，最后一百二十人的时候，单巴次仁再也没有独处的机会了，他即便不出去玩耍，也无法独自呆在寝室，他必须学习与其他同伴交往，必须把思绪和心情放回到现实中。

终于有一个下午，孩子们踢足球的时候，在局外旁观的单巴，注意到那足球滚到了自己的脚下。他不假思索，将那个足球一脚踢了回去。就在这一刻，他的幽闭症和忧郁症同时开始撤退。那是单巴人生旅途上标志性的一脚，是战胜苦难的第一个里程碑。不久，他就完全认同了这个集体，在心理上真正成为幼托园的一员。

　　儿童村有操场，一大群西藏儿童在场上大呼小叫，来回奔跑，踢的仍是足球；有饭厅，孩子们分组席地而坐，锐利嘹亮的童声合唱直捣耳膜，唱的是他们熟悉的高原歌曲；有寝室，空间已不似当年那么窄小，不过所有墙边都靠着上下床，仍然人满为患。在操场、饭厅和寝室驻足，我努力想象单巴初来乍到的情形，想象他站在球场边、坐在合唱队、挤在寝室里的感受。我想分辨，在这远离父母的幼托园，究竟是那一脚足球，还是一种藏人患难之中相濡以沫的气氛，最终打开了单巴的心，弥合了他的伤痛？

　　远离父母的扎西顿珠比单巴幸运，在儿童村，他有一个姐姐相伴。他们双双被亲生父母秘密送到此地时间不长，父母希望他们在这里接受正常的教育，了解自己民族历史、宗教、文化，保持自己民族特征，成为真正的西藏人。在办公室寒暄片刻，扎西与我们一起回到他自己的宿舍。在那里，看见了他的姐姐。一个脸上带着明朗微笑的小女孩。扎西这时的表情放松了许多，对我们却依然不苟言笑。

　　这里的孩子每人每月全部生活开支是 45 美金，每天平均1.3 美金，这是联合国规定的贫困人口生活标准。就是说，一个人每天从自己的生活费中匀出 1.3 美金，可以养活一个流亡的西藏儿童。儿童村有关部门有这项认捐和认领西藏儿童的业务。每天 1.3 美金的月生活费中，包括每月发给孩子个人的零花钱，25 卢比。"你用这钱做什么呢？"我问扎西的姐姐。她回答我就像单巴次仁那一脚足球一样不假思索："我给我的妈妈爸爸打电话"。她说：大部分她的伙伴都用这钱给远在雪山另一边的父母打电话。

　　喜马拉雅山上那条逃亡的雪线，五十年来有始无终，绵延不绝。五十年后，流亡的西藏儿童们衣食住行条件稍有改善，但基本相似的命运没有改变。失去家园，漂泊异乡自古是成人的主题，儿童远离父母流亡，等于失去生命的襁褓。扎西顿珠的眼神畏缩而胆怯，我看见后面隐藏着孤独、惊惧和恐慌。半个世纪前，在雪山、密林和公路营留下流亡脚印的单巴次仁，作为先行者，在西藏儿童村留下了另一样东西：他的影子。

　　但愿打开单巴心灵的那只足球，在藏人相濡以沫的传统挟持下不断飞动，撞开一个又一个逃亡孩子的心扉，射入自由欢乐的阳光。

　　下午与我们的领队李江琳告别，这位一平称为"奢侈的精神贵族"的女子，辞去了稳定应手的工作，卸下了美国大城市的盔甲，给自己限定六个月时间留在这里，要完成收集西藏历史资料的使命。相对于中国的精神死谷和道德荒漠，江琳在这座两千米的山上找到了自己的家园。她的理由，也是越来越多的西方人认同达兰萨拉的理由。我与她拥抱告别，从她充满信心的眼光里，我感到她蓄势待发多年的激情和理性，已经找到的最佳突破口。

　　被小商小贩和行人车辆装点得十分热烈的达兰萨拉街区，在阳光和高温参与下显得更加热烈而拥挤。为我们送行的小面包车如同在一根细长而曲折的肠子里穿行，为了避免拖泥带水，后视镜都回放了。司机甚至不得不跳下车去，与对面和后面的司机一起，协调指挥过往车辆，疏通淤塞的道路。

　　飞起的热浪和尘土卷入车窗，颠簸中下行的景色逐渐退为远去的山峦和峰巅。这里如今安扎着一个流亡的民族，他们没有为自己建构水泥丛林，让自己钻进去变成灯红酒绿之间的摆设，他们依然是大自然的一部分，是自己传统文化的一部分，它们把这里变成了两千五百年西藏文明的复兴之地。

无题

不要踏入欧洲王室，它对女人来说尤其危险。

—— 迪特里希·施万尼茨（Dietrich Schwanitz）

　　火车站。满地尘埃上浮动着印度人流。与达兰萨拉一样，不断有穷苦人乞讨，只要小施同情，甚至流露怜悯的目光，就围住不走，而且越来越多，坚定地尾随你到任何地方。与达兰萨拉一样，乞丐中没有藏人。

　　不敢恋战，只能选择尽快进站，以便摆脱尾巴。但是无人检票，随意进站，乞丐与旅人彻底平等。

　　山下高温摄氏 42 度，人人汗流浃背。齐越、老朱、一平、易崴分头去买水果。我看守我们的行李。

　　我即刻发现，除非拥有极大的耐力或干脆做怒目金刚状，不可能摆脱那些前来乞讨的人群。

　　在山上，我们已经领教了印度乞讨的职业水平。最令人困惑的是一些母亲。她们用一个布兜，把婴儿像挎篮子一样挎在肋下。婴儿在船型布袋里曲蜷着身子，仰面朝天，阳光直射下，婴儿通常闭着眼睛，口唇干裂，看上去奄奄一息。母亲就这样展示她们的骨肉，拦截游人，伸手乞讨，经常在与游人对视时，指指自己的孩子。没有多少外地人能够经受得住这样的场景。

　　江琳某次的经历是，当她掏钱给这样的一位母亲时，这母亲示意要她进入路边的商店，给她的孩子买牛奶。江琳进得店去，按乞讨者的指点买下奶粉，那母亲觉得不够，又指点着让江琳为她买下其他很多用品。出乎意料的是，同一天，当江琳再次路过那里时，这位乞讨的母亲再度出现，依然让奄奄一息的婴儿暴晒在阳光下。她纠缠住江琳，无论江琳如何解释，她都不依不饶。所以这一次当这位母亲再度拦住我们的去路时，江琳告诉我们，千万别上当。

　　我甚至怀疑，这些被当作乞讨道具的婴儿是不是也可以在母亲之间借用？

　　达兰萨拉这样的母亲在特定的地点有很多，她们以最高效率赚取路人的同情，转眼之间，再以最高效率瓦解她们赚得的同情。

　　此刻面对一堆行李我既无处可逃，又耐力不够，怒目呵斥是个累人的事，

当这位印度母亲再度拦阻我们乞讨时，江琳给我们讲了她的故事。易崴摄于 2009 年 6 月 11 日达兰萨拉

不到火候，装不出来。这样的情况下看守行李，比大热天步行十几分钟去买水果更艰难。

不过印度文化传统并不指责乞讨者，反而把财富拥有权授予不劳而获的人。这是出于印度生命轮回、财富轮转的思想：

"神还没有让我们饿死，就连吃饱喝足的人，死亡也以各种样子到来。慷慨者的财富永远不会浪费，不施予者将找不到宽慰之物。……让富者满足贫困的哀叹者，把眼光放得更长远一些。财富轮流转，正像不停转动的车轮。蠢者不劳而获食物，这样的食物——说真的——将会把他毁掉。他不瞻仰可信赖的朋友，没有人会爱他。无人与之分享食物者罪行很大。……"（《梨俱吠陀·颂诗》）

乞讨俨然成立，施舍是一种自救方式。"梨俱吠陀"的印度文意为"精神知识之歌"，其地位相当于中国的"四书五经"，其中，一千多首"颂诗"与基督教《旧约》中的《诗篇》具有同等宗教与文化地位。这首题为"慷慨"的诗，为乞者张目，教导不施舍罪莫大焉。如此说来，财富可疑，不施舍可耻。乞讨在印度成为一种生活方式，一种文化模式，与人之尊卑无关。

印度教之博大精深使无数东西方学者皓首穷经。不过我的浅显问题是：如果神只爱灵魂，何必要创造世俗世界？如果神摈弃肉体，为何要按照自己的模样创造人类？如果现代化和物质财富是罪恶，为何要鼓励人类诚实地劳动和创造？以健全的身心要求无偿占有别人的劳动所得，难道比不施舍更光荣吗？

我的思想到这里停止了。我承认，我不知道围住我的乞丐们所诠释的是印度教的深刻性还是它的世俗化。

终于，三路人马陆续归来。所有人手里提的都是瓶装水。水果呢？"没有"。没有卖水果的，只有卖水的。

我已经发现桑杰嘉对站内外的混乱、肮脏、贫穷、吵嚷充耳不闻，视而不见，就如同我习惯于华盛顿市区稀少的行人、低矮的建筑和朋友习惯于中国城市的高楼大厦和浑浊空气。看着桑杰嘉的从容不迫，我意识到，我们来自不同的地方，从印度这个"奇怪崛起"（英爱德华·卢斯语）的国家，走入了同一个西藏。

乞丐们已失去耐心而退去。牛饮一顿之后，告别的时刻到来。桑杰嘉突然从包里拿出一大迭哈达，微笑着一一为我们献上，说这代表外交与新闻部，他差点忘了。我们在印度火车站台的热浪与安静中，躬身接受外交与新闻部的谢意。他们用这种方式感谢我等一行到流亡藏区实地考察，寻求汉人政府否认存在的西藏问题的答案。

傍晚 7 点多，旅客列车终于进站。不是始发是路过。硬座车厢敞开的车窗里，伸出很多黝黑的脑袋和手臂，一望可知里面类似蒸笼。我们顺长长的车体寻找应该上的车厢。

"B2！B2！"没有检票员，我们只好见人就喊，拉着行李，匆匆奔走，一节节检查哪里是我们应该登上的踏梯。

但是整个列车没有车牌，没有标识，没有任何可以辨认的记号，也无人理睬我们的呼叫。而且，问了几次印度旅客，无人知道哪节车厢是"B2"。

车站上有军人。军人让我们问警察。警察让我们问列车工作人员。但是车站根本没有工作人员。

拥挤中上车的旅客大都找见了各自的去处，只剩几分钟就要开车了。我们慌不择路，就近登车。反正无人检票，上去再说。老朱把三十多年前他在中国经历文化大革命的经验用上了——若不是他当机立断打破陈规，我等可能就露宿车站了。

以后两天，在新德里伊斯兰古建筑的游览访问中，我等一行一再领略印度的贫穷、脏乱和乞丐文化。印度在社会各种国际评估中的指标都进展缓慢，印度著名的分析家尼南在描述这个特点时，形容印度是一个"1%的国家"，在人口贫困指数下降率、识字人口上升率、人均寿命延长率等方面，均以百分之一的单位比率缓慢变化。另一位分析家迈隆·维纳，在形容印度不会向中国那样容易翻车的时候说：印度这辆卡车有 12 个轮子，扎破一两个，照样往前走。还必须记住，印度这个1%的国家、这辆 12 轮子的卡车，有 18 种官方语言、多种文字、林立的宗教派别，森严的种姓等级（参见[英]爱德华·卢斯[Edward Luce]《不顾诸神·现代印度的奇怪崛起》）。印度那件挂在乞丐身上的破衣服，是所有第一脚踏上这片土地的人们第一眼所见。我仍然无法认同以祈祷替代劳动和坐等天上掉馅饼的功利主义"信仰"。但是我想，这辆卡车的 12 个轮子不可能都是这件衣服的碾轧者，而众多教派中，哪个教派是它的裁缝？

不过这时我发现，我已经初具免疫力，能够不以这个卡车上十二个轮子中的任何一个牵涉藏人，并能够区分普通流亡藏人与本地平民之间在精神气质、行为方式上的区别。这毕竟是印度不是西藏，总数不到 10 万的藏人，在近 12 亿印度人中，基本等于不存在。

遗失的桂冠

"哦天"。

——甘地遗言

　　只有两个白天的时间在新德里逗留。纵有泰姬陵、穆尔王宫等诸多游览地，我首选甘地陵。一平、易崴、齐越均被我说服。这不是游览，是朝圣。

　　社会达尔文主义作为一种社会实践，在二十世纪大行其道，引发黑色暴力浪潮。甘地身置于人类历史上弱肉强食、血腥暴力的殖民主义时期和世界大战时代，他却在那个黑暗时空里，发明了人类最温和的手段，解决时代赋予他的难题：以不合作、非暴力手段，从帝国主义强权手中解放自己的祖国。他的遗产是人类有史以来的稀世珍宝。为了实践这种不合时宜的方式，他四次坐牢，一次抗议行动徒步行走过近 4 百公里，至少 14 次绝食，最长时间达 21 天。两次大战结束，他的祖国刚获独立不久，1948 年 1 月 30 日，他在激进主义分子的暗杀枪声中倒下，那时他刚刚结束一次绝食行动，正前往祈祷会途中。

　　这个弱不禁风的印度人从人类黑暗、血腥、残暴的渊薮中，向世界和造物证明，人类作为一个物种，有自律的意志，有和平的能力，有理性精神，可以用自己的身躯阻挡自己的子弹，可以用自己的和平要求制止自己的发动战争，用善意和爱战胜自身的邪恶和残暴。

圣雄甘地

　　在甘地身后，有一连串举世瞩目的追随者，他们众望所归，相继成为世界各民族坚守人类道德精神和文明理性的旗帜：北美的马丁路·金、南非的图图和出狱之后的曼德拉、东南亚的昂山素姬、西藏的十四世达赖喇嘛。他们都是诺贝尔和平奖得主，唯独甘地，上个世纪 30 年后期代和 40 年代后期五次获得提名，三次进入候选名单，最终没有获得这项桂冠。

1948 年甘地被刺，死于诺奖公布两天之前，诺贝尔和平奖委员会曾紧急讨论过追认甘地获奖的可能，后因违反规则而放弃。此奖那年空缺，委员会宣布的原因是："没有合适的、活着的候选人"。

那年的那顶桂冠，被甘地带走了。从他献身民族和解的祭坛上带走了。

斗转星移，随着纳粹罪行、共产主义罪行的揭露，随着人类对自身残暴阴暗特性的认知，甘地建立在良知和善意价值基础上的和平理性非暴力精神，日益彰显无与伦比的重要性，世界各地人类在他身后不断认同、接纳、继承他的遗产，就像在漆黑的森林里不断辨认、确证、踏上通往黎明的拯救之道。

诺贝尔和平奖委员会没有忘记他们当年遗失的这顶桂冠。甘地被刺半个世纪之后，1999 年 12 月，这个奖项的官方网站破天荒发表委员会刊物的编辑奥义温德·图耐森（Øyvind Tønnesson）撰写的文章，《圣雄甘地·遗失的桂冠》（Mahatma Gandhi, the Missing Laureate），对公众社会解释了当年甘地落选的种种原因，并对甘地的落选表达遗憾，意味深长。

事实上，甘地所面临的环境比他的任何后继者都复杂，尤其在二战时期，他需要同时面对三重问题：在英国殖民主义现实中追求印度独立、防止印度教与穆斯林的宗教流血冲突、在全球抗击纳粹战争中把握对英国——印度宗主国和二战同盟国双重身份的国家——的态度。

在如此复杂、相互牵连的局势中，为追求印度的独立自由，他本可以成为一个政治家，但他不依靠当时国际间的交往方式追寻独立，他拒绝了政治道路；他本可以成为印度说一不二的独裁者，但是他拒绝使用强权，他弃绝了强权道路；他也可以成为一个社会活动家，但是他背后没有一个人道主义工作机构或慈善组织，也没有财团、资金和任何执行机构，他甚至不是一个人权活动家。他只依仗祈愿大会与他的追随者会面，对他们发出号召。

甘地的精神遗产证明，他既不是政治家，也不是救世主，他是东方的圣贤，他的角色在二十世纪上半叶，远远超出了人类的政治或宗教视野。甘地因此成为当时《时代周刊》推举的影响人类历史的风云人物，紧随爱因斯坦和罗斯福之后，排名第三。物理学家爱因斯坦改变了人类有史以来的宇宙观念；美国总统罗斯福动员美国参战，胜利结束了全球战端；而甘地，是有史以来人类以个人之力抗拒专制、拯救民权和争取自由的象征。

　　甘地的非暴力理想不仅获得了印度民族主义者认同，也获得了印度宗教信仰之外广泛的尊敬，甚至将他送进监狱的英国法官也对他深怀敬意。

　　启迪人们心中的良善之根，点燃它并使之发扬光大，是甘地领导印度最终战胜大英帝国、实现独立自主的原因。

　　人到新德里只访泰姬陵不拜甘地陵，于我是不可思议的失误。

　　甘地陵位于新德里东郊的木纳河畔，是这位印度先贤1948年1月30日遇刺身亡后火化的地方。无论来自德里市区哪个方向，无论行囊里装了哪国文化背景，躯体里装了何等心情，即便你不了解这个人的经历和历史，你都会在接近甘地陵园时感受到优雅、整洁的净身之妙，都会在陵园内接受宁静、肃穆、圣洁的心灵洗礼。

　　为体验一下旧时代的交通服务，我们分头登上人力车。没多久，两辆人力车就相互走失在德里行人、牲畜、人力、机动车辆并行的大街上。我和齐越同车，无法判断陵园确切位置所在，我们只好提前舍弃人力车服务，在烈日烤晒下举着遮阳伞，徒步择路，走走停停。终于满怀燥热与疲惫，抵达目的地。

　　入口在前方出现，通道与陵园格局对称而均整，四周绿茵盎然，旷廖清寂。尚未走近，敏感的齐越已经发出一声惊叹。地偏而心远，这一方静土，与扰攘的德里城市形成鲜明对比，立即将我们沉入清凉、幽静之中。

　　甘地陵的布局全然不同于遍布德里的中世纪伊斯兰建筑。如果说泰姬陵是人类恢宏和华丽的典范，是感性层面世俗器物的最高象征，那么甘地陵是人类简洁和素雅的典范，是理性层面精神道德的象征。

　　甘地陵由几个部分组成。从中心向外依次是祭坛、草坪、长廊和外围草坡。

　　祭坛是主体。黑白色调，严格对称、简洁典雅而庄重。一个方形的黑色大理石，高约一米长宽约三米，离地面半尺，平置于甘地倒下去的青色石板地面之上。正后方，一座灯柱立地而起，上端的灯罩里燃着常年不息的火焰。正前方，一座小型青石祭台沉地而落上面供着一个小型香炉。祭坛四围是四座半人高的白色玉石矮墙。

坐落于新德里东郊的木纳河畔的甘地陵祭坛。
易崴摄于 2009 年 6 月 18 日新德里

玉石矮墙外围，目力所及一概是绿色的草坪，点缀以布局匀称的低矮冠状树木（不知名），草坪间有八条小径，暖色石砖砌成，分别从东西南北四个方向蜿蜒而来，统统通往中央的祭坛。向八面延伸的草坪是祭坛的绿色肢体，暖色小径是肢体上优雅的曲线。

　　草坪外围是暖色石头砖砌成的长廊。长廊环绕草坪一周，直跨陵园四座大门，入园的游人可循廊绕行，观看刻于墙上的文字，领教甘地精神遗产和生平事迹，或可经草坪直奔祭坛膜拜。长廊封顶。顶部，生机盎然的绿色植物垂盖着长廊的粉色砖墙，优雅秀美，一如陵园主体的温馨披肩。长廊上端，是游人另一道祭行通道。环坛绕行，居高临下，祭坛、草坪和整个陵园尽收眼底，可以直接领略陵园简洁、朴素、庄严的风格。

　　甘地说，"我的生活就是我的信息"。甘地不屑于服饰，只穿一道缠腰布。甘地亲近自然万物，拒绝人类医药、并禁肉食、远色欲。甘地一生奉行简单、朴素的生活方式。毫无疑问，这座陵园的风格是甘地意志的象征。

　　这样的场所，心不可能不为之震动。

　　按照一般概念，甘地的祭坛简单到可称为"无字坛"：没有死者姓名，没有生卒年月，没有死亡原因，没有墓志铭。

虽然无甘地在世任何信息，墓碑正前方却刻有铭文，以金色不锈钢嵌在黑色大理石祭坛的正面。文是印度文，字是两个字，没有标点：

"Hē Ram"。

英文可译为"Oh God"（"哦神"），中文可译为"哦天"。

这是甘地被刺离世临终前，望着凶手发出的话语。这两个字如诗如咒，终结了甘地艰难孤独的一生，凝聚了他生活的野蛮时代人类悲情，成为甘地留给人类的深奥的信息和神秘的告白。

1947 年 8 月 14 日子夜，印度宣布独立，狂欢的印度顿成不夜之国。为此一历史性时刻竭诚尽力的甘地却没有出现在庆典上。这位年届八旬的耄耋老者，在加尔各答的贫民窟里一如既往地纺纱织布。

深邃的星空笼罩着他坐下的席子，还有他的身躯，那席子是椰子树叶编织而成，他的身躯瘦骨嶙峋。

纺车摇曳，吱吱扭扭，重复吟告着只有漫漫长夜能听懂的悲悯和忧伤。独对巴基斯坦的分离和暴力前景，泪水从甘地瘦窄的面颊垂落。他喃喃有声，为失败祈祷。聆听他的，仍然

优雅、简洁、肃穆的甘地陵。
易崴摄于 2009 年 6 月 18 日新德里

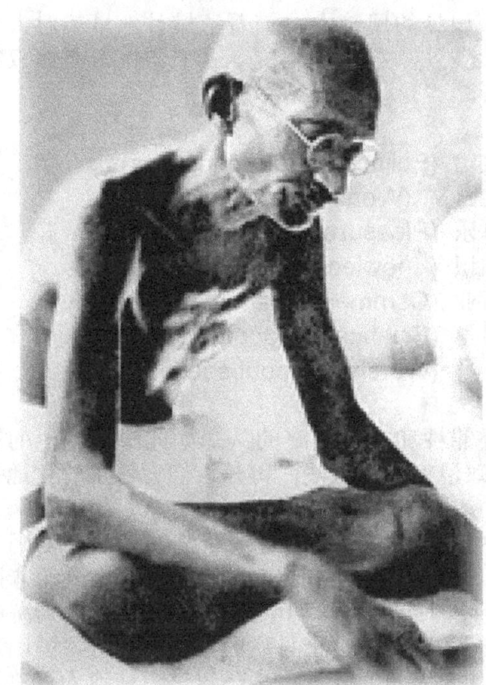

甘地经常绝食抗议，瘦骨嶙峋。

是那本翻旧了的《薄伽梵歌》，陪伴他的，仍然只有他那副老花眼镜。

此后他拖着羸弱之躯走访争端地区，坚持对巴基斯坦实行人道关注。他绝望地表示：如果印度与巴基斯坦之间不能建立和平，他不希望继续活下去。如同符咒，此语一出，他被印度极端民族主义分子刺杀了。

倒下去那一刻，他努力抬起头，望着凶手长叹一声"哦天"。那不啻为他毕生祈愿和平的结束语。

不知道是否有人想过这个问题：古今中外几乎所有著名人物，如果有墓，必是碑座竖立。但甘地的墓是卧式的。却又不尽然同于躺卧地面的卧碑，而是整体托出地面，平面呈现。其状恰如一个供奉祭品的祭坛。

……是的，凭视觉和直觉，我已将甘地陵的主体部分认同为"祭坛"了。坛，作为供奉祭品的所在，无论在东方还是西方，都蕴含宗教意味。甘地陵的主体设计为一个芳草地中的祭坛：祭坛低矮，无需仰视，平视都不成，只能俯视。若沿围墙顶端绕行，整个陵园更在俯瞰中尽收眼底，这祭坛是甘地谦卑与和平人格的象征。此外，这祭坛置于甘地尸体火化的位置，等于对他一生自我祭献的追认。所以，这祭坛不仅是甘地谦卑与和平的人格象征，更是甘地牺牲与奉献精神的象征。而那一声临终的惊叹"哦天"，发自心魂，简洁、天成、深刻，寓意无限，刻在他的祭坛正立面，是他一生思想和情感的神来之笔。

在长廊出入口处的墙壁上，刻着圣雄甘地早年对人类社会罪恶的经典描述。这些罪恶至今是人类社会尤其是极权社会无法治愈的癌肿：

无原则的政治　(Politics without principles)；
不劳而获的财富　(Wealth without work)；
无良知的享乐　(Pleasure without conscience)；
无品行的知识　(Knowledge without character)；
无道德的商业　(Commerce without morality)；
无人性的科学　(Science without humanity)；
无祭献的敬拜　(Worship without sacrifice)。

甘地对人类罪性和社会黑暗的认知如此深入，他的智慧并不比任何一个政治家或哲人浅，可是人们究竟了解甘地有多深？

相对于那些坚持不懈地提名甘地获奖的人们，爱因斯坦早在 1931 年那个漆黑年代的前夜，就发现了甘地的非同寻常。甘地为抗议英国盐税而发动了声势浩大的步行到海的行动。这一行动取得了胜利。几个月后的 9 月 27 日，爱因斯坦托甘地的友人给从未谋面的甘地写了一封信，称他为"尊敬的甘地先生"，并在这一称呼之后，加了一个感叹号！接下来，他在正文中表达了对甘地的钦佩：

"您的努力，表达了非暴力成功的可能、甚至与那些没有放弃使用暴力手段的人合作之成功的可能。我们希望您的榜样可以远播到您的国度之外，将有助于建立一种获得普遍尊重的国际性权威，并以此作出决断，并取代战争冲突。"

爱因斯坦并表示，希望有一天能够与甘地见面。

20 天之后，人在伦敦的甘地回复爱因斯坦，称爱因斯坦为"亲爱的朋友"。他说："我欣喜地接到您通过桑达拉姆送来的美妙信函。我的工作获得您的赞同是我巨大的宽慰。我确实希望有一天我们能在印度我的修行处会面。"

甘地去世多年之后，关于爱因斯坦对甘地的评论，人们在耶路撒冷希伯莱大学储藏的爱因斯坦档案里有了进一步的发现：在一张爱因斯坦的数学手稿的下半页，爱因斯坦用德文下写了他对甘地的评价。这一次，爱因斯坦借泰戈尔对甘地的称呼，称甘地为"圣雄"(Mahatma)：

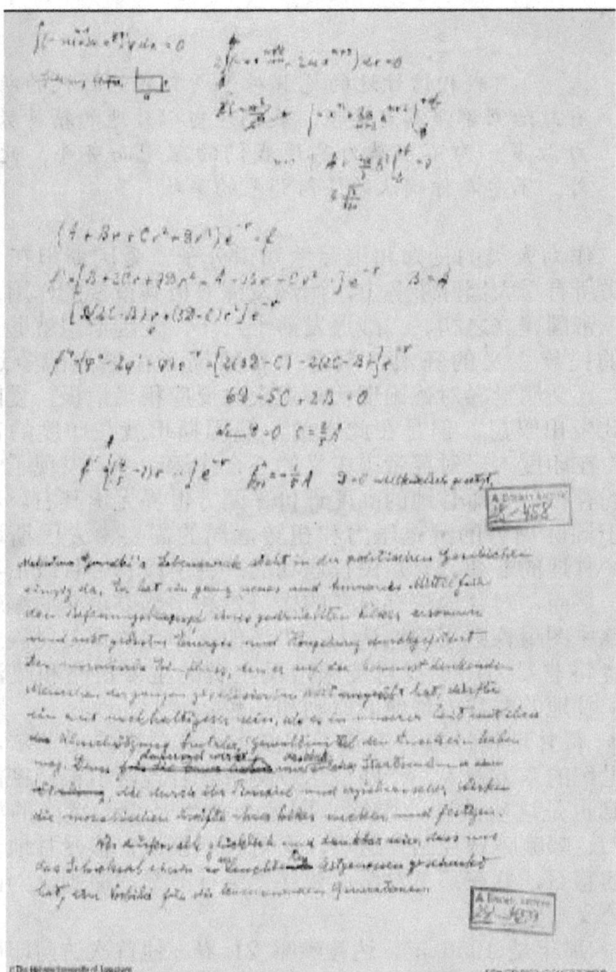

在耶路撒冷希伯莱大学爱因斯坦档案里发现的爱因斯坦一页
数学手稿。下半页是爱因斯坦手书的对甘地的评价。
（北明提供，转自耶路撒冷希伯来大学网站）

　　　　"圣雄甘地一生的成就在政治史上是罕见
的。他发明了一种崭新的、仁慈的方式来消解被压
迫国家的战争，并以极大的能量和热情实践它。而
这一对于整个文明世界人类自觉意识的道德感召
力，将可能比我们这个高估野蛮暴力的时代所看到
的要更加持久。……"

爱因斯坦在一次英文演说中还表示：

　　　　"我相信甘地的见解对于所有我们时代的所有政治家都深具启迪性。我们应当以甘地的精神努力做事：为不以暴力实现我们的理想而奋斗，此外，不参与你确认的任何邪恶的事物。"

　　作为人类的良知和国际性知识分子，爱因斯坦在上世纪人类所有重大国际事务上，始终发挥着极其重要的作用。早在第三帝国建立之初、二战爆发前十二年，爱因斯坦就劈开德国人的民族主义的狂浪，洞悉"希特勒正在通过战争达到目的"。文明世界对德国现代野蛮人的反应相当消极，爱因斯坦对此发出叹息。但是在此之前，爱因斯坦就在印度的贫民窟里，在印度人民对英帝国主义的不合作运动中，发现了甘地非凡的存在。他对甘地的高度评价在西方世界无出其右。不过，囿于国际局势的沉重压力和扭转危局的需要，爱因斯坦眼睛里，甘地的非暴力只是民权运动的一种手段和一种政治斗争工具。然而，对甘地深有研究的诺贝尔和平奖委员会的编辑奥义温德·图耐森则正确地认为："当他在印度的众多民族主义追随者将非暴力用于反对英国殖民主义的主要策略和政治手段时，甘地的非暴力是他的原则和理想。[1]

　　得甘地精神真传的除了印度本土文学巨匠泰戈尔，就是本世纪的东方藏人，十四世达赖喇嘛。甘地陵植被茂密的封顶长廊也是这座陵园的围墙。围墙之外，是更为宽阔的如茵草坡。达赖喇嘛曾经站在这里，面对甘地祭坛，接受甘地伟大灵魂的感召，并在那里发愿：要终生奉行非暴力原则，为西藏争取公义与和平。

　　那年是 1956 年。达赖喇嘛 21 岁。他首次访问印度，抵达后第一站就是甘地陵园。

　　1950 年，中国军队入侵西藏。

　　中国政府以西藏主人的口气宣布要"驱逐帝国主义侵略势力出西藏"，因为这些帝国主义势力"使西藏民族和西藏人民陷于奴役和痛苦的深渊"。这是中国中央政府拟定、藏人被迫签署的《十七条协议》中的内容。而当时的西藏只有六名欧洲"帝国主义分子"，全部是战争期间从印度英国俘虏营里逃出来的难民：一个英国传教士、两个英国籍无线发报员，还有两个奥地利人和一个白俄。当达赖喇嘛首次从北京的广播中听到他们必须签署的《十七条协议》时，他痛苦地回忆起一个事

---

[1]　"Mahatma Gandhi, the Missing Laureate"，1998-2000,1 December 1999.

实："自从 1912 年驱逐最后一批中国军队之后，西藏根本就没有任何外国势力了。"[1]由于藏人的超现实主义价值观和对现世权力的淡漠，也因为西藏总共只有八千五百人的官兵，不过是用来阻挡旅行者非法入境并兼任警察职能的，藏人对入侵抱着痛苦的态度，除了少数地区发生抵抗，并未真正起而反抗。宗教是藏人的生命线，只要能在寺庙里供奉他们的神祇，这个民族可以忍受各种苦难。相对于大军入侵，藏人真正的"奴役和痛苦的深渊"，始于中国人民解放军入侵之后的"社会主义改造运动"。达赖喇嘛回忆说：

"中共宣称他们是来保护人民的，并且许诺人民宗教自由。然而同时却开始系统性地压制、摧残宗教生活"，"并且要把西藏改造成共产主义社会"。

藏人先在军队占领下退守精神家园，后再在七千座寺庙废墟上，失去精神家园。他们走投无路。1950 年中共军队入侵西藏，迟至 9 年之后，达赖喇嘛才离开西藏印度，大批藏人才开始出逃。而大批藏人并非直接追随达赖喇嘛出逃的——虽然国际媒体曾疾风暴雨般报道达赖喇嘛逃亡印度，但一切消息都被中共封锁了。大部分藏人如单巴一家那样，离开家乡是出于生活走投无路，并不知道他们的达赖喇嘛已经人在印度。如果知道，出逃的就不只十万了。有见识的西藏问题学者、专家和分析家认定：西藏与中国真正离心离德，始于在社会主义改造运动中，这个不能须臾离开信仰的民族被剥夺了信仰权利。

早在军队入侵之前，西藏就被当时的国际社会抛弃了。面对西藏国民大会发出的紧急求援呼吁，英国表示爱莫能助，美国更进一步，拒绝接待西藏求援代表团，印度政府则建议西藏放弃抵抗。最后最沉重的打击来自联合国，联合国全体代表大会作出决定，对西藏问题不予考虑。

西藏走投无路。"藏东的人民正被逼入野蛮境地。中藏的人民越来越决心诉诸暴力。"达赖喇嘛回忆说："到目前为止，我为了和平解决问题的努力一无所获。对于负责任的政府而言，筹备委员会不过是个笑话。我看不出我的努力未来会有成功的希望。"

作为西藏政教合一的领袖，他面临一个巨大的抉择：要么支持藏人的暴力反抗，领导藏人争取公义；要么反对藏人暴力行为，失去藏人对他作为世俗领袖的信赖。达赖喇嘛对此后果看得十分清楚：

---

[1] 达赖喇嘛回忆录《我的土地，我的人民》电子版 。丁一夫译。

　　“我知道，中国人正在试图削弱我的政治权力，而就我反对人民的暴力本能这点而言，我又是在帮助中国人摧毁人民对我的信任。”达赖喇嘛在不长的陈述中，将这种感觉陈述了两次：

　　“更糟糕的是，我感到我正在失去对自己人民的控制。”

　　“我感觉到，我将无法长久制止他们了。”

　　达赖喇嘛宁肯失去人民对他作为政治领袖的信任，也要坚持非暴力的抗争：

　　“暴力反抗不仅不实际，而且也不道德。非暴力是唯一的道德途径。这不仅是我个人的深刻信仰，同时很明显，也符合佛陀的教义。作为西藏的宗教领袖，我被约束着，必须坚守这一点。我们或许将会遭受侮辱，在一段时期里，大多数我们务必珍视的遗产或许将会丧失殆尽，倘若如此，忍辱必定是我们的命运。对这点我毫不怀疑。”

　　守死善道，忍辱负重，不计成败，躬行不馁，宠辱不惊。这不是政治家的智慧，这却是人类的高贵精神所在。这是达赖喇嘛作为西藏精神领袖的本质特征之一，这也是藏人可以奴役，不可征服的理由。这是生命值得赞美的意义所在。就在达赖喇嘛准备带领世界的弃儿，藏人踏上自我救赎之路的时候，他领受天意一般，接到了印度宗教界的邀请，站在了甘地祭坛的草坪上。那是他生平首次踏上印度土地，那也是释迦摩尼两千五百年的诞辰日前夕。在人类于黑暗中祈求和平、祭献自身的圣坛前，他与另一个伟大的灵魂沟通：

　　“长满绿草的斜坡倾向亚木纳河。我站在草地上祈祷，心里深深感动。我感到我正面对一个高贵的灵魂，一位生前可能是我们这个时代最伟大的人的灵魂。这个人致力于保存印度与人类的精神，至死方休。这是一位真正的佛门弟子，和平与人类和谐相处的真正信仰者。我站在那里时，心里想着，假如入圣雄活着，他将会给我什么样的智慧忠告。我坚信他会将自己的全部精神与人格投入到为西藏人民争取自由的和平运动去。

　　我的内心涌动着极其强烈的愿望，真希望今生今世有幸与他相会。我站在这里，感到与他十分接近。我感到他会始终告诫我坚守和平之路。对于他宣扬和实行的非暴力思想，过去和现在我都会坚定不移地信仰。此刻，我的决心更加坚定，无论将遇到什么样的艰难，我都要遵循他的教导。我比以往任何时候都坚定的决定，我永远不会与暴力相关。”

　　达赖喇嘛的佛教不是"麻痹人民的精神鸦片"，也不是消极避世的庙堂木鱼，却与加尔文主义基督教原则相似，是积极入世，干预现实、内外双修的宗教。他曾经数次与基督教领袖坎特伯雷大主教罗伯特·伦西(Robert Runcie)畅谈宗教的社会功能，共同认为政教有交叉混合之处，就是宗教有责任为人道主义服务，"宗教不应忽视现实。宗教人士仅仅祈祷是不够的。相反，他们在道义上有义务贡献一切来解决世界上的问题。"[1]

　　达赖喇嘛不已政治为荣心之事，一生追求清净事佛，但是他奔走世界各地，会见各国元首，从未停止过自己出访的脚步。

　　另一方面，达赖喇嘛对现实的干预严格恪守和平理性非暴力原则。他不是不知道有多少藏人被杀，据西藏反抗游击运动所缴获的中共军方文件记载，仅从 1959 年 3 月到 1960 年 9 月，即达赖喇嘛出走前后，拉萨被杀的藏人就达 8 万 7 千人。世界上不会有人比达赖喇嘛对自己同胞的苦难更感同身受，不会有人比他更理解其子民反抗的意志、更赞同他们的宁死不屈的勇气和对西藏的爱，但是达赖喇嘛从不赞同他们暴烈的行动，他宁肯失去他们的信任，也要以"对他们产生作用的唯一方法""作出一个个人的呼吁"。60 年代，远在印度，他在一些藏民武力抗暴的时候，曾把自己的录音设法传递给西藏的游击战士，告诉他们放下武器，停止战斗。此后，达赖喇嘛为了"很多人感觉他们遭到了背叛"，甚至"有几个领袖割断了自己的喉管而不愿离开"感到非常难过。与甘地一样，非暴力，和平主义、人道关怀，是达赖喇嘛信仰的一部分，而绝非一种争取大多数同情、哀兵必胜的政治策略。关于这一点，慢说中国政府官员不能相信，就是拥有自由民主理念的人，没有同等信仰，同等神性，也不能理解。

　　1989 年，中国以自身的血色迎来东欧黎明的时候，达赖喇嘛近 40 年拯救西藏文化、宗教的和平努力赢得世界的尊重。诺贝尔和平奖委员将 1989 年度的诺贝尔和平奖授予了达赖喇嘛，表彰他"在争取西藏自由的奋斗中始终如一地反对使用暴力。为保存他的人民的历史与文化遗产，而代之以在宽容与互相尊重的基础上倡导和平解决问题。"诺贝尔和平奖委员会并认为，达赖喇嘛对人类的贡献在于，他"从对一切生命的

---

[1] 达赖喇嘛《流亡中的自在》电子版，丁一夫译。

一种伟大的尊重出发，并在对所有人类以及自然的普遍责任的概念基础上，发展了他的和平主义哲学"。

诺贝尔和平奖委员会主席埃格·阿尔维克(Egil Aarvik)在颁奖词中表示，除了中国，世界都看到了达赖喇嘛的和平努力。他说：

"自从 1959 年达赖喇嘛就与他的成千上万流亡印度的同胞一起，居住在组织化的小区里。这并非世界上第一个流亡小区，但却是第一个和唯一一个没有任何武力行为的小区。考虑到被占领期间西藏人民的痛苦，这种非暴力方针更加值得注意。达赖喇嘛的反应一直是建议和平解决问题。这将长久地满足中国人的利益。要举出任何历史上的一个少数民族维护自己权益的例子是困难的。没有人像达赖喇嘛那样，对对手采用调和的、协作的态度。"

阿尔维克在授予达赖喇嘛诺贝尔和平奖的时候，委婉地表达了诺贝尔和平奖委员会未曾授予甘地此奖的遗憾，同时以微妙的言辞强调了颁奖现场的委员会成员并非 50 年前的委员会成员。最重要的是，在将达赖喇嘛与甘地的比较中，阿尔维克用了举世公认的对甘地尊称——"圣雄"，称这位圣雄是"本世纪最伟大的和平事业领导者"，并表示本年度此奖，也"部分地表达对圣雄甘地的纪念"。以此，诺贝尔和平奖委员会了却了他们耿耿于怀半个世纪的心愿，并终于为他们的历史性错误雪了耻。

确如阿尔维克主席颁奖词中指出的，达赖喇嘛将自己看作是甘地精神的继承者，在自己的书面答奖辞中，他视甘地为自己和其他人的导师："甘地的榜样是我们许多人的精神源泉"。

半个世纪以来，达赖喇嘛流亡在甘地的故乡，并在这里建立了最大的西藏流亡小区和流亡政府。毫无疑问，在众多的甘地追随者中，达赖喇嘛是甘地精神最直接、最忠实、最伟大的继承人。上个世纪 48 年甘地被刺，49 年中国易帜，50 年中共军队入侵西藏，59 年达赖喇嘛和他的追随者们流亡印度。89 年那一年，中国在三千年未有的大变局和一百年黎明前的黑暗中，再度失去文明转型的机会，流亡的西藏则彻底浮出中国巨大的阴影，更多地获得世界的认可和支持。1948 年那顶遗失在印度的桂冠，从甘地的祭坛上空飘落，找到了自己合适的主人。

达赖喇嘛实行民族自救的环境虽然不及甘地民族独立的环境复杂，但是达赖喇嘛的对手，却比大英帝国更野蛮、专断

1989 年 12 月 10 日，达赖喇嘛在挪威奥斯陆接受诺贝尔和平奖奖章和奖状。　　　　　　　　　转自诺贝尔奖委员会官方网站

而无情。达赖喇嘛虽然获得了那顶飘逝在甘地祭坛上的桂冠（以及世界各地各国八十多项奖），但是他未必比甘地更幸运：有生之年，他未必能够看见西藏获得的自由，临终之际，他也未必能回到自己的故乡。因为他把西藏命运背在自己身上，所以他没有功利层面上人生的荣华富贵和安逸泰祥。然而这一切个人荣辱对于达赖喇嘛而言并不重要。世世代代达赖喇嘛转世往生，只有一个目的，就是普渡众生，解救苦难。从佛教观点看，他们是来到人世间的"道成肉身"，传播宇宙之爱、人类大同、生命之平等尊严是他们到此世间的唯一使命。十四世达赖喇嘛身在五行中，意在三界外，他的生命植根于宇宙之永恒存在而不是人生数十载的时空，而且他的精神人格也是他们当中最伟大的一位，他心中惦念着西藏的苦难和人类的缺憾，他何以可能不高贵超圣而谦卑绝俗？

　　华氏 103 度，烈日当头，热浪滚滚，这个炎热的印度六月天，几乎要把所有历史沉思都蒸发掉。我们在甘地祭坛前祭拜鞠躬、肃立留影，在达赖喇嘛与甘地灵魂相遇的草坪上，借着树荫席地而坐，心中充溢着一片悲圣悠远的清凉之意。优雅和庄严，净土和圣坛，在广厦毗连、笙歌达旦的中国已经绝迹，同样面对奴役，中国的苦难正在孕育的究竟是另一个帝国暴君？还是另一个布衣甘地？

归程

我必使他们在我的殿中，在我的墙内，有纪念，有名号。

——《圣经·以赛亚书》

次日傍晚，告别两位大陆友人，登上美联航客机，再度飞越太平洋返美。

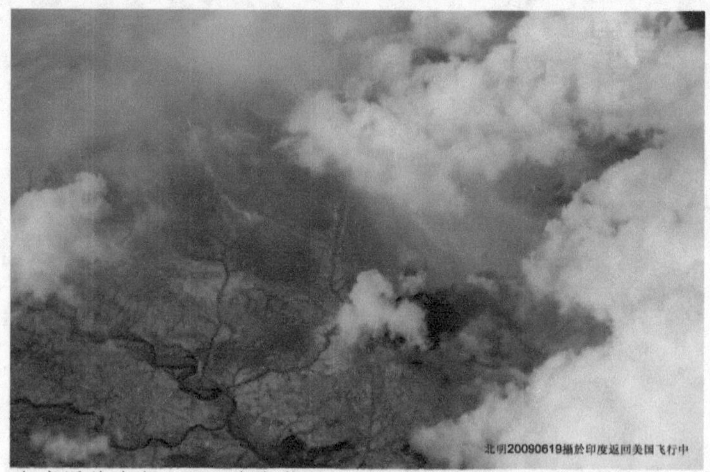

印度返美途中，万尺高空俯瞰：河流婉如骊歌，山川隐约如诗。

北明摄于 2009 年 6 月 19 日印度返美途中

归程中，汉藏共同栖息的星球再次缓缓出现机翼下方的苍茫天宇间，河流婉如骊歌，山川隐约如诗，大海苍茫如画。在万尺高度上，回眸达兰萨拉之行，我发现自己心中的世界版图已然生长出一片不可或缺的圣土，一阕精神寄存的空间，一种庄严的期盼。

初稿：2009 年 6 月 9 日-19 日达兰萨拉之行途中
终稿：2010 年 8 月 31 日美国 弗吉尼亚州

尊者达赖喇嘛与本书作者。　易崴 2009 年 6 月 15 日拍摄

下篇

流亡西藏访谈[1]

---

[1] 依据"自由亚洲电台·华盛顿手记""走进西藏"系列访谈录音整理。小标题和括号内文字为北明所加。所有访谈均经被访者本人校对。

一　西藏问题缘起

采访时间：2009 年 6 月
采访地点：华盛顿
受访人：李江琳，独立作家。上海复旦大学英文系学
　　　　　士，山东大学美国文学研究所硕士、美国麻省
　　　　　布兰戴斯大学犹太历史硕士。西藏问题独立研
　　　　　究者，目前着重研究西藏流亡史。

李江琳肖像

藏人为何逃离故土？

西藏流亡人口国际分布广泛

北明：

600 万藏人中约有 10 万人左右从西藏出走，流亡到印度了。截至去年（2008 年）拉萨事件爆发，大约每年有 3000 左右的藏人逃离他们的故土。他们的后半生，包括他们的希望，都已经落脚在印度了。我想问您，是什么驱使他们下这么大的决心，离开自己的土地到别的国家去生活？

李江琳：

西藏问题是整个中国问题的一部分。最近几年来，我们可以看出，特别是 2008 年拉萨事件之后，中国民众的民族情绪非常高涨。民族情绪的高涨是一把双刃剑。汉民族的民族情绪高涨也会刺激其他民族，使少数民族的民族情绪随之高涨。这样的话，发生冲突很容易，化解却很难。我们对西藏问题真相了解太少，我们看见的大部分都是宣传。西藏问题是怎么产生的？怎么发展的？现在是处于哪一种状态？多数人其实并不知道。

西藏流亡史应该从 1959 年开始。我们大家都知道 1959 年的拉萨事件，达赖喇嘛 1959 年 3 月 31 号入境到印度。几个月之后大批的藏人逃出来了，追随他而来。几年之后，流亡藏人达到 8 万，这是西藏流亡社会的基础。在这个基础之上，这 50 年来不间断的有藏人离开西藏，到达印度，逐渐形成了一个流亡社会。这个流亡社会的人口是将近 14 万。

还有一个比较常见的误解是，认为流亡社会主要在印度，其实不完全是这样。印度的人数是最多的，还有尼泊尔流亡藏人数量也非常多，还有少量在不丹。以这个亚洲的流亡小区为基础、为起点，有越来越多的藏人离开这些地区到了欧美国家。所以现在流亡藏人总的分布大概是在 20 多个国家。我说的 20 多个国家，是形成一定的大小不同的规模的有组织的小区。没有组织的那就不止 20 多个国家。也就是说，西藏流亡社会已经是一个世界性的（现象），它不是仅仅在亚洲。

西藏传统社会结构解体导致藏人流亡

北明：

鉴于西藏流亡现象的社会化和世界性，我的问题更突出了：为什么西藏人要流亡？你还没回答我这个问题。是什么驱使他们离开自己的故土？为什么他们要到别的国家去生活？

李江琳：

第一个阶段，就是 50 年代，1950 年到 1959 年之前，有少量的藏人离境。那个时候没有形成一个西藏流亡社会。形成流亡社会是在 1959 年之后，也就是达赖喇嘛出走之后。达赖喇嘛的出走表明了什么呢？历史上来看，它意味着中藏之间的合作失败。达赖喇嘛在 1951 年有机会出去他没出去，1956 年有机会出走他没走，他一直选择和中央政府合作。但是到了 1959 年，这个合作失败，他才离境。离境前后，四川、青海等地，也就是康巴地区和安多地区的土改造成了藏区社会的激烈动荡。

当他们离境的时候，当然有很多的问题，一个是它的传统社会结构崩溃。随着它的传统社会结构的崩溃，它的经济结构也崩溃，它的信仰受到很大的压制。一个信仰无神论的政治体制和千百年来非常虔诚地信仰佛教的社会开始碰撞的时候，这种碰撞非常惨烈。那是没有研究过那段历史的人想象不到的惨烈状况。

西藏佛教信仰平台被毁

北明：

你说非常惨烈，能不能举个例子？

李江琳：

理塘寺就是非常好的一个例子！

北明：

请你具体说说这个理塘寺事件。

李江琳：

这个事件简单说来是这样：理塘寺是一个历史很悠久的寺庙，而且是当地的主要寺庙，里面大概有 7000 左右的僧人。在四川土改期间，就是"民主改革"期间，引起了藏民的反抗。反抗之后，大量的藏民和反抗的民兵躲在理塘寺里面。解放军出动飞机来轰炸，把这座历史悠久的寺庙，几乎夷为平地。像这样的事件，就导致了大批的藏民没有办法生活下去。他们就跟随他们的精神领袖出境。像这样的事件余波震荡非常厉害。很多平民，不是领主头人，而是一般的普通信仰的西藏民众认为，在这个新的社会体制下和理念下没有我们的信仰存在的余地，没有办法合作下去，连达赖喇嘛都没有办法待下去了。于是他们就追随他出去。

北明：

那也就是说中央政府的这种无神论信仰跟藏传佛教信仰之间，就是有神论和无神论之间冲突太剧烈了，是吧？

李江琳：

这是冲突之一。应该这么说：西藏文化的基础是它的佛教，是它的宗教。它的节日啦，它的文化啦、歌舞啦，都是建立在这个基础之上的。那么后来作为"民主改革"的内容之一，就是根除这种宗教信仰。这里面有一点：虽然"民主改革"不是直接针对信仰而去，但是由于它植根非常紧密，所以你要动它的社会就不可能不动它的宗教。举个例子说，有很多当时的小区，我们都知道土司啦头人啦这一类的，但是实际上一些寺庙在西藏社会中起极大的作用，兼任了医院、学校等等在传统社会中的多种功能。在很多地方，一个小点的地区，可能它最大的土地拥有者不是一个家族，而是一座寺庙。寺庙的土地来源，有的时候是政府封给它们的，有的是当地头人捐献给它们的，有的是他们（指寺庙僧侣）买的。最大的地主是一个寺庙的话，土改工作队在那里进行土改的时候，就不可能不动这个寺庙。动这个寺庙的时候，那么最大的地主是谁呢？是活佛！那么就去斗争活佛。活佛对于汉人来讲这就是一个地主，对藏人来讲那不是一回事。

北明：

那是他们的精神领袖。

李江琳：

对！我采访过的很多藏人，他们都告诉我，当时在四川引起反抗，不是因为他们的头人被斗，不是因为分了他们头人的地，而是斗活佛，或者是没收寺庙的财产。

北明：

也就是说，西藏这个民族和汉民族不同的地方就是他们不能离开信仰，他们不能没有精神领袖，他们不可能离开宗教而生活下去。要铲除他们的寺庙，等于把他们的生活之根给铲除了，他们就觉得没办法在这个地方继续下去了，能这样理解吗？

李江琳：

一定程度上可以这么说，尤其是对老一辈人。

我常常感觉到一点，就是说我们汉民族自己实际上百年来是经受过无数的苦难，但是我们常常忽略了一点，就是藏民族也经历过很多苦难，而我们并不知道这些苦难对于他们来说意味着什么？比方说文革。在 1950 年的时候，全部藏区包括周边地区，也就是所谓的"大西藏"地区，有 7000 多座寺庙。到了文革后期，文革结束的时候，完整的寺庙只剩下 8 座。这对藏人来讲，是刻骨铭心的痛苦的事情。原来是十几万的僧尼，到了后来只剩下几千。

北明：

僧尼原来是多少？

李江琳：

原来是十几万。

北明：

十几万！

李江琳：

对！只剩下几千！

流亡藏人寻求保持宗教生活方式

北明：

请简单描述一下逃出去的藏人的生活。生存都是问题，他们还能保持他们的宗教生活方式吗？

李江琳：

前 10 年，1959 年到 1969 年，对他们主要的挑战是生存，先得活下去。印度政府那个时候给了他们非常大的帮助。等到他们自己安定下来了，他们种的那点地有点收成了，他们有能力盖房子了，他们盖的第一所房子就是寺庙！这就是（汉藏）两个民族不同的地方。我曾经在印度南方最大的一个流亡小区，采访过他们的第一代老人，他们就带我去看那个寺庙。他们说：这是我们自己在小区建立后建的第一所房子，是我们自己盖的，不是印度政府给我们盖的。

北明：

你去采访，你是汉人，流亡藏人如何对待你？他们是否憎恨铲除他们信仰根基的汉人？

李江琳：

这么说吧，流亡藏人小区，很多地方我去的时候，我是 50 年来他们见到的第一个汉人。他们对我没有任何仇恨，他们很愿意和我讲他们的故事。他们在跟我讲故事的时候，也没有任何指责。让我看到宗教确实对消除仇恨是很有作用的。

西藏问题是怎样产生的？

采访时间：2009 年 10 月 1 日
采访地点：华盛顿——达兰萨拉
播出时间：2009 年 8 月 25 日
受访人：李江琳（同上）

西藏问题存在的标志

北明：

"西藏问题"这四个字在"中国政府有关会谈的新闻声明"中是被打了引号的。您认为西藏问题是否真实存在？存在的标志是什么？

李江琳：

我先说明一下"西藏问题"这个提法的来源。"西藏问题"这个提法最早是毛泽东自己提出来的："毛泽东西藏工作文选"第一篇，1949 年 8 月 6 号毛泽东给彭德怀一份电报，叫他们进攻兰州时，要"十分保护并尊重班禅及甘青境内的西藏人，以为解决西藏问题的准备。同年 11 月 23 号，他给彭德怀和贺龙的电报里又提到："解决西藏问题不出兵是不可能的。"毛泽东一开始就觉得，西藏是个需要解决的"问题"。他的种种针对西藏的谋略，用兵，统战，宣传，改造等等，都是为了解决"西藏问题"。那些电报当时都是机密，不是公开的。

"西藏问题"这个词公开提出来，我记得是在 1959 年拉萨事件之后。1959 年 5 月，人民日报出版社公开出版了一本书，叫做"关于西藏问题文选"，人民出版社同时也出版了一本内容基本相同的书，叫做"关于西藏问题。"也就是说，在

1959 年之前，西藏不是没有"问题"，只是大家都不知道这个问题的存在。因此，"西藏问题"不仅存在，而且从 50 年代以来就一直存在。

就现阶段而言，我认为"西藏问题"的存在至少有三个标志：

1，西藏的精神领袖达赖喇嘛流亡境外半个世纪。作为藏传佛教的最高领袖，达赖喇嘛本来应该是在西藏境内，居住在布达拉宫和罗布尔卡的，为什么他会离开西藏？为什么他一直无法返回？为什么他离开西藏之后，在不到 10 年之内，会有 8 万多藏人追随他离开，因而建立了一个流亡社会？1959 年之前，西藏历史上从未有过这样的大规模逃亡，显然什么地方出了问题。

2，从 1956 年起，西藏周边地区就开始出现暴动，官方语汇称之为"叛乱"。1956 年到 1958 年，事实上西藏周边地区的藏民全面暴动，涵盖的地区非常广泛，青海、四川、云南、甘肃，差不多藏民居住的地区全都出现了规模不等的暴动，只有卫藏，也就是达赖喇嘛和班禅喇嘛管辖的地区，还比较平静。这些地区的暴动遭到相当残酷的镇压，幸存者逃往拉萨，但是无法停留，于是他们又逃到解放军尚未完全控制的山南。在山南重新整合，把原先自发的、各自为阵的反抗力量统一起来，成立四水六岗卫教军，于是发展成西藏三区藏民的全面暴动。

这整个过程持续了将近八年，从 1956 年到 1963 年。在此之后，以尼泊尔的木斯塘为基地，游击队还断断续续骚扰了将近十年，直到 1972 年才完全结束。也就是说，从 1956 年到 1972 年，藏民在不同地点进行了长达 16 年的武装反抗。而且，1959 年 3 月以后，每隔大约 20 年左右，西藏就会出现暴动，而且暴动的地区越来越大，暴动的规模也越来越大。文革期间不少地区还出现了"再叛"，也就是说，藏人的反抗已经持续了整整三代人。如果西藏三区没有严重问题，怎么会出现这样的情况？

3，五十年来，藏人不间断地逃亡。根据 1991 年以来的统计，平均每年有 2500 到 3000 人离境。如果不存在问题，为什么会有这么多人逃离？

所以，不承认西藏问题并不等于不存在西藏问题，只是说明不愿意面对这个问题而已。

周边藏区大批藏民逃亡始于 1959 年

北明：

依据您最近的调查，藏民是从什么时候起陆续逃离故土
的？逃离者主要来自哪个区域？

李江琳：

1959 年之前，只有少量藏人离境，而且是陆续离去的，
不是突然在短时期内大规模出走。1959 年 3 月之后，藏民大
规模出走，根据 1959 年 5 月 14 日"纽约时报"的消息，"第
一批 91 名难民于 5 月 13 日到达印度政府建立的临时难民营，
而且已经有 11,500 名西藏难民越过印度国境。这是 1959 年国
外的报道。1993 年国内出版的内部资料也承认："在平叛改
革中，个别地区发生镇反打击面偏宽，以及过早提出办合作社
试点等问题，截止 1961 年 1 月，边民外流 2 万余人，损失牲
畜 10 万余头（只）。"[1]这里的"2 万余人"指的仅仅是现在
的西藏自治区范围内，不包括周边藏区。

逃亡者来自西藏三区，但是西藏自治区周边地区比较多
一点，而且这个趋势越往后越明显。最近这些年的情况是：三
分之二的逃亡藏人来自康区和安多，即西藏自治区周边的藏
区。

藏民逃亡前的土改、暴动与镇压

北明：

除了中国官方的宣传，国际舆论一般认为，西藏的厄运
是从 1950 年中国人民解放军进兵西藏，藏人被迫签署"十七
条协议"开始的。既然如此，为什么迟至 1959 年之后，藏人
才开始逃离他们的故土。在签署十七条协议之后，相关的藏区
发生了暴动，这些暴动是如何发生的？

李江琳：

最早发生暴动的，都是先"解放"的藏区。比方说，四
川甘孜地区。1955 年 12 月，四川首届人大三次会议，通过在
甘孜州实行土改的决议，两个月后，1956 年 2 月 15 日，色达
县就发生藏民暴动。接下来，2 月 28 日，白玉县藏民暴动，
29 日，新龙县暴动，3 月，理塘暴动。到 1956 年 3 月底，甘

---

[1] 《中国共产党西藏自治区组织史数据》69 页。

孜地区有 18 个县的藏民暴动，有 1 万 5 千人参加[1]。政府调动大量正规军来镇压，不仅动用步兵、炮兵，还调动了骑兵，空军也参战，空中地面力量都用上了，土改演变成了战争。

北明：

您的研究显示，隶属中央政府的西藏自治区筹委会的成立，是藏区暴动事件发生的起始点，而土改是暴动发生的直接原因。请介绍一下这方面情况。

李江琳：

1956 年 7 月，也就是筹委会刚刚成立，昌都地区就发生暴动。到 1958 年，发展成全区性的暴动。为什么在成立筹委会之前没有发生暴动呢？因为在 1956 年筹委会成立之后，西藏工委就开始大力宣传土改，而且派工作组到四川等地去"取经。昌都在边界上，四川藏区土改是怎么进行的，土改过程中发生了什么事，导致什么样的后果，昌都那边的人很清楚。一听说去那边"取经"显然就是要按照那里的方式土改，当地藏民马上就上山打游击去了。

青海果洛地区也是这样，果洛工作团进去的时候风平浪静，上层人士、平民、僧侣都没有反抗，相反还帮了很多忙，可是到 1958 年，发生了全面暴动。为什么？这也跟土改有关。

1956 年开始的土地改革拆毁藏民生活根基

北明：

请问土改是怎样直接导致藏民暴动的？

李江琳：

大多数中国人都没有意识到：土改的目的不仅是要彻底改变农村的社会结构和组织形式，而且要改变人民的意识形态。因此，土改过程中还伴随一个"破除迷信，移风易俗"运动。这个运动的标志就是在全国范围内大规模拆毁、改造寺庙，没收寺庙财产，直接或间接强迫僧尼还俗。这种土改方式基本上照搬到了藏区，结果上层下层都开始反抗。

北明：

请您请举个例子说明上述暴动的原由和情况？

李江琳：

---

[1]　《甘孜州志》。

　　果洛暴动的原因，果洛藏族自治州前州长达杰的书"果洛见闻与回忆"中有这样一段话："在果洛历史上，1958年是难以忘怀的一年。这一年，在全国农业合作化运动高潮的推动下，中共果洛州委依照青海省委关于加快畜牧业社会主义改造的指示，在没有思想准备，没有实践经验，没有群众基础的情况下，仓促下达公私合营和牧业生产合作任务指针，想用简单的一声号召的办法来改造私有制。结果遭到一些部落的抵制，导致了局面的失控。最后动用军队进行了'平叛'。结合平叛，实行'边打边改'的政策，还错误地提出'消灭封建制度和社会主义革命同时并举，毕其功于一役'的方针，要求'两步并作一步走'。随着人民公社的出现，又强迫牧民一举实现了公社化，称之为'一步登天'。这些不合科学的作法不仅造成了巨大的人力，物力，财力的损失，而且严重地影响了果洛藏族对共产党的敬意和对社会主义的信念，留下了许多隐患和不利因素。"[1]虽然他只提到"人力，物力，财力的损失"，没有直接提到生命损失，但是至少说明了果洛暴动和"社会主义改造"之间的因果关系。

北明：
政府插手之外的地区情况如何？

李江琳：
　　那几年里，恰恰在当时噶厦政府和班禅堪布厅管辖的范围内，没有发生暴动，但是人心惶惶。达赖喇嘛看局面无法控制，跟张经武[2]反复交涉又没有结果，给毛泽东直接写信反映情况得不到回音。而且当时国际社会对西藏发生的事情一无所知。绝望之下，他就想借去印度访问的机会出走。他一走，西藏局面就会彻底失控。中央为了安抚西藏上层，通过他们去影响民众，赶快宣布"六年不改"。当然这不过是个"缓兵之计"。暴力土改只是时间问题。意识形态完全不同，冲突不可避免，最终导致达赖喇嘛出走。

　　现在我们所知的"西藏问题"，就是这样产生的。可见，现在的"西藏问题"，不是1951年产生的，而是从1956年开始，在西藏周边的藏区进行暴力土改以后产生的。后来胜利的一方称之为"武装叛乱"，失败的一方称之为"武装起义，但是不管称之为什么，有一点是无可置疑的，那就是：在

---

[1] 《果洛见闻与回忆》95页。

[2] 张经武曾参与中国人民解放军占领西藏的昌都战役的部署和领导工作。1950年是中央政府人民武装部部长，1951年是中共中央派驻西藏的军人代表

那段时间里，西藏三区发生了一场实实在在的战争。而这场发生在中国境内，长达七年多的局部战争，中国人当时一无所知，现在了解到的，也是宣传多于史实。

汉藏经济、文化改造运动后果及其原因比较

北明：

土改、破除迷信，这两项经济和文化运动在中国大陆汉人地区也同样发生，为什么汉人没有反抗，藏人反应如此强烈？

李江琳：

汉区其实也有不同程度的反抗，不过很多是消极反抗，比方说强迫农民入社，他们就把土改分来的牛杀了，诸如此类，但是没有发生大规模武装反抗。

有几方面因素：

1，是汉区很早就收缴了民间全部武器，再加上控制非常严密，一有风吹草动立刻就采取行动，所以没有大规模武装反抗的可能性。

2. 就整体而言，汉民族的宗教意识远没有藏民族那样强烈。寺院不仅在藏人的精神生活中有巨大作用，在他们的社会、政治、经济生活中也有很多实际的功能。摧毁寺院，对藏民族来说，是对他们整个生活方式的全面摧毁。反应当然是不一样的。举个文革中的例子：当时批斗青海前副省长喜饶嘉措。因为他是德高望重的佛学大师，当地人民不肯批斗，工作组就强迫僧人去斗他。结果两三天里，先后有六名僧人自杀。他们宁愿自杀也不肯去斗他[1]。

3. 当时对藏民族生活方式的改变，不是来自于藏民族内部的改革要求，而是另一个民族强加给他们的。"反动分子"，"阶级斗争"，"叛乱"之类的语汇，那是共产党理论框架里的概念，当时的普通藏人别说理解这些词的意思，他们的语言里连这些词汇都没有。我采访了一些当时参加了暴动的藏人，他们说他们当时根本就没有"国家"，"民族"，"革命"之类的观念，他们认为那些不准他们拜佛，强行拆毁和关闭他们寺庙的汉人是"佛法的敌人"，所以他们反抗。

---

[1] 降边嘉措：《毛泽东与达赖班禅》。

西藏土改中的武力镇压、军队平叛及扩大化实例

北明：

中国政府如何应对这些反应？引发了什么结果？

李江琳：

中央对民族地区的实际情况其实一无所知，他们对民族地区状况的了解主要来自基层的汇报，汇报的情况未必准确，因此根据那些汇报做出的很多指示完全不符合当地的实际情况，反而激化了矛盾。当时在各个藏区的干部绝大多数是汉人，而且不是部队转业军人，就是在内地进行过土改的干部。这些人对藏民族的文化和心理同样一无所知。在"阶级斗争"思维方式之下，任何不同意见都被视为"反动"。既然是"反动"，解决的方式就是镇压。但是那时候藏民手里还有枪。工作组人数少，武器不足。一旦发生武装冲突，往往打不过藏民，他们当然不会向上报告自己工作失误导致局面失控，只能编造情况，或者夸大事实，于是政府调动正规军"平叛"，最后导致西藏三区的藏民全面暴动。平叛时还出现了所谓"平叛扩大化"。

北明：

请具体说说扩大化的程度，严重吗？

李江琳：

达杰书里有青海久治县的数据："该县从 1958 年 8 月至 1960 年底逮捕关押 1050 人，占当时全县总人口的 9.57%。其中，1958 年捕办 802 人，1959 年捕办 116 人，1960 年捕办 132 人。1962 年贯彻中共中央西北明局民族工作会议精神，清查捕办的 1050 人中，应释放的 862 人，截止 1963 年 7 月 15 日已释放 258 人，劳改农场通知死亡的 346 人，还有 258 人未通知。后来这项工作不了了之。"[1] 也就是说，仅仅青海的一个县，就有将近 10%的人被抓，其中 82.1%的人是被错抓的。被抓的人中，死亡率竟高达 57.5%。这还只是一方面。当时被抓的人大多数是男人，他们被抓，被打死之后，他们的家庭留下的老人和孩子的情况遭遇，真是惨不忍睹。这样的情况对整个藏区的影响面是巨大的。

这个问题其实中共中央后来也承认了。1981 年 3 月 23 日，中共中央批覆青海省委关于解决 1958 年平叛斗争扩大化遗留问题的请示报告，指出："……由于'左'的指导思想影

---

[1] 《果洛见闻与回忆》，223 页。

响，犯了扩大化的错误，使一批干部、群众在政治上、经济上遭到了很大的、甚至是不可弥补的损失。责任主要在领导。处理这个问题，要着重从政治上解决，要做好深入细致的思想政治工作，消除群众之间、干部之间和民族之间的隔阂，引导各族人民顾全大局，团结起来向前看；在经济上，也要给予适当的抚恤、救济和补助……"[1]。这里还是避免提到"生命损失"。

见证：《一个藏人的童年》

北明：
请介绍一下藏民被抓后，老人和孩子们的状况。

李江琳：
被抓最多的是青壮年，养家活口的那些人。这些人被抓，对他们的家庭来说，往往是灭顶之灾。五十年来，不少流亡藏人留下了回忆录，从中可以看到他们在监狱中的经历，但是父母被抓，对于那些留下的孩子来说意味着什么，很多年来没有亲历者留下记录。

2007 年在青海西宁出版了一本藏文书，《一个藏人的童年》。在这本书里，作者叙述了他的亲身经历。当解放军进入他的家乡时，寺庙里的僧人排着长队，捧着哈达欢迎他们。他们来了以后没几天，就开始强行拆毁寺庙。虽然那时候他们有枪，但是并不想反抗，作者的父亲带着他和他哥哥，还有几个村里人逃往拉萨，他父亲唯一的愿望是把两个孩子送到"有佛法的地方"去。一路上他们看到很多人被杀，其中包括很多妇女儿童。他们自己被一次次追击，虽然只有十来个人，也不得不跟正规军打仗，后来他父亲终于被打死，他和他哥哥成了孤儿。父亲死后，两个孩子被抓进监狱，他还记得他在监狱时候的号码是 3299。关了几个月，被放出来。后来他跟他哥哥被送到一个叫做"幸福之家"的机构。当时作者十岁，他哥哥十四岁。

他去的时候，"幸福之家"里有大约一千名儿童，其中大多数的孩子父母被抓，还有一些孤儿，另外还有 600 多名老人。这些都是家人被捕之后，无人照顾的老人[2]。名义上来说，这些老人儿童是被政府养在那里。

---

[1]　《建国以来毛泽东文稿》第七册。
[2]　《一个藏人的童年》，印度版，360 页。

　　不到一年，作者离开"幸福之家"的时候，也就是 1959
年下半年，"除了几个小孩和几个老人被家人领回去之外，现
在幸福之家三个大队里，只剩下 50 名儿童和十几名老人。其
他的人都在不到半年内死亡。更准确地说，是在两三个月之内
死去的。[1]"。

　　这些老人和孩子是饿死的。政府给他们的食物是从各家
没收的酥油，糌粑等。几个月后，没收来的食物吃完了，这些
老人孩子就开始挨饿，然后就在不到半年内，大批饿死。书里
谈到过这些尸体是怎样处理的，这里就不说细节了。这是
1959 年发生在青海玉树藏族自治区曲玛莱县的事情。如果这
本书的作者是流亡藏人，他的叙述肯定会被斥为"达赖集团编
造的谎言"，但是该书作者是中国体制内的干部，曾经当过副
县长，还在法院工作过。这本书是作者退休之后写的。在藏民
族的集体记忆里，整个"平叛"过程中，对妇女儿童老人的屠
杀和迫害的事很普遍，我在采访中不止一次听到这样的叙述，
一些英文版的藏人回忆录里也提到过解放军对平民的屠杀。

西藏"民主改革"数据源简介

北明：

　　请再确证一下，您引证的这些数据来自何处？中国普通
人能否看到？

李江琳：

　　我刚才引用的资料全部来自中国出版的书。除了《甘孜
州志》以外，其他都是大陆出版的。有些是公开出版的，有些
是"内部发行"的书。降边嘉措的书《毛泽东与达赖班禅》是
在香港出版的。其中《一个藏人的童年》这本书有两个版本，
一个"西宁版"，一个"印度版"，因为"西宁版"是用作者
的地方方言写的，后来书被人带到印度，有人把方言翻译成藏
人都能读懂的语言再版，所以就有个"印度版"。

　　1950 年之前的西藏文化，历史，社会状况等，英文数据
比较多，也比较客观；1950 年之后的西藏，反而是中文数据
更有帮助。当然，其中最有价值的数据，通常是"内部数
据"，普通中国人是不容易看到的。比方说我有本中国 59 年
出版的数据集，是 1959 年达赖喇嘛出走之后，全世界对这个
事件的报道，亚洲国家，包括泰国，菲律宾，老挝等国家都指

---

[1]《一个藏人的童年》，印度版，416 页

责中国毁灭佛教，所以并不只是"美帝国主义"在"造谣污蔑"。但是这本数据集我相信很多中国大陆的西藏问题研究者都不一定能看到，普通民众肯定不知道这本数据集的存在。

北明：

您估计在大陆还有更多这类"内部发行"的回忆录吗？他们是否可能出版，或删节版？

李江琳：

据我所知，境外藏人有不少回忆录，但是境内藏人的回忆录不是很多，这里可能有几个原因。一个是藏区经历过那个时代的人多半已经不在了，活下来的一些老人，大多数没有读过书，必须由别人来写，难度比较大。另一个原因是，在目前的状况下，写这样的回忆录还是很冒险的。但是，肯定有一些回忆录存在，但是无法出版，连删节出版都不行。比方说关键历史人物之一阿沛·阿旺晋美，早就听说他写了回忆录，但是至今未见公开出版。"西藏问题"的由来，藏民族在那段时间所经历过的痛苦，在国内现在还是绝对不能公开讨论的。

公开出版的资料中有很多信息，内部出版的数据其实也不难找，愿意客观对待历史，懂得"宣传"与"史实"的区别，有基本分析和思考能力的人，如果认真想要了解"西藏问题"到底是怎么回事，并不是很困难。根本不需要很多国外数据，也不需要流亡政府的数据。我的数据源，大部分是中国官方出版社在不同时期里出版的书。

北明：

谢谢。您对这个专访的相关话题有什么要补充的？

李江琳：

补充一点：1959 年之后的宣传里，一直说是西藏叛乱的原因是因为上层为了维护农奴制，反对民主改革，"有预谋，有计划，有步骤发动的武装叛乱"，这个结论并不符合史实。其实，早在 1952 年，也就是达赖喇嘛从亚东返回拉萨之后不到两年，他就成立了一个改革局，开始计划和进行各种改革，包括改革乌拉制度，计划将土地收归政府所有，然后分给农民等等。也就是说，达赖喇嘛不是不接受改革，而是不接受以暴力和摧毁的方式进行的，"一个阶级消灭另一个阶级"的"改革"。暴力土改给中国社会留下了无穷后患，这点现在已经没有多少争议了。

1950 年之后的西藏历史，是中国历史的一部分。藏民族在 1950 年之后的历史，是由中国政府来主导的。汉民族在那段时间里经历过的一切苦难，暴力土改，文化毁灭，大饥荒，文革等等，藏民族同样经历过。由于对这些"运动"的反应不同，藏民族还经历了汉民族没有经历过的惨烈镇压。用军队"平叛"，是中央军委直接下的命令，要通过"总决战"来解决"西藏问题"，是毛泽东亲自给西藏工委的指示。这段历史最大的悲剧是：如果走出"阶级斗争"的理论框架来看的话，那些年在西藏三区，事实上是两个不同民族的农民在互相射击。这个责任不应该由整个汉民族来承担，所以，哪怕是为了汉民族的缘故，这段历史也必须尽可能理清。

二　西藏经济现状[1]

采访时间：2009 年 6 月、8 月
采访地点：华盛顿——达兰萨拉
受访人（依次）：1，格桑坚赞，西藏议会议员、《西
藏问题研究中心》研究员；2，桑东
仁波切，西藏流亡政府首席部长、总
理；3，李江琳，中国西藏问题专
家。

格桑坚赞肖像　　　　　桑东仁波切肖像

---

[1]　本节采访分别而做，为内容统筹和行文方便，文字顺序略有调整。

中央投资和补贴"怎么算，大家看不懂"

北明：

一直以来关于西藏经济状况，一个广为中国政府宣传的信息是：中国中央政府自 1950 年以来不断对西藏提供经济援助，加强西藏现代化建设，改善西藏的经济环境，提高藏民生活水平。2009 年 6 月 19 号，官方《新华网》西藏频道刊登记者署名文章，题目是《西藏在祖国大家庭呵护下成长》。文章说：从和平解放的那一天起，西藏人民的生存权和发展权受到前所未有的关注。50 年来，西藏拥有过 400 多亿中央投资和财政补贴，一直"在祖国大家庭呵护之下成长"，并且目前已经"进入第三次经济发展高潮"。虽然如此，透过中国官方的舆论，人们也逐渐了解到，从 1950 年西藏被"和平解放"至今半个世纪以来，内地藏人对中央政府统治的反抗不绝如缕，西藏流亡政府近年来以"中间道路"的和平方式争取真正自治的努力始终不懈。

鉴于此，很多中国人都会问这样一个问题：西藏年年拥有中央的大量投资，享受其他省份没有的经济补贴待遇，对中央政府的回报率却最低，从来都是负数，你们藏人如何还要闹事，还不满意！格桑坚赞先生，我想知道，您怎么看这问题？

格桑坚赞：

西藏自治区成立 50 周年，有个成果展览，讲的是 900 多亿，当然这都是财政补助。这里还有一些其他省区支持西藏自治区的一些建设项目，从建立自治区到现在，按他们的说法，一共是 1698 个项目，这里面投入的资金大概就是 64 亿多元。

北明：

您是说 64 亿多元？

格桑坚赞：

对，1698 个项目才 64 亿多元。这个我也有些怀疑。怎么讲呢？因为我们知道，中央成立西藏（自治区）后，有一个关于西藏问题的工作座谈会，第一次、二次、三次、四次。这些里面都有些大的项目，这些项目，比如像第二次座谈会的 43 个项目，投资是 30 多亿。这 64 亿资金，中国"新华网" 2005

年 8 月 24 号为什么报成这样？这都不清楚。还有，这些投资项目里面包括青藏铁路，都是几百亿。所以，这里面怎么算，大家也看不懂。

开发所得大于投资和援助：森林资源的砍伐

北明：
中央从西藏获得的财政收入是负数，这个信息您怎么看？

格桑坚赞：
西藏对中央的财政收入是负，这个说法呢，我认为应该这么考虑：西藏，当然了，对中央的税收肯定比较少，但是呢，西藏从 50 年代、60 年代到 97、98 年左右，财政状况主要是以"木头财政"为主的一种财政。

北明：
什么？

格桑坚赞：
木头财政。怎么讲呢？就是说很多地方的收入主要是（来自）砍伐森林木材的收入。也就是以破坏性砍伐原始森林为代价，给中央的贡献很大的。我们也应该计算这么一个数字。97、98 年以前，藏区都是木头财政。

北明：
您能否具体讲讲这种"木头财政"的情况？

格桑坚赞：
你知道，四川藏族地区整个森林生态系统约占四川森林面积的 81.3%，木材蓄积量达 10.22 亿立方米，占四川木材蓄积量的 66%。西藏自治区，有林地面积约 9.1 亿亩，全区森林覆盖率为 9.84%。绝大部分森林分布在藏东南地区，活立木总蓄量 20.84 亿立方米，居全国第一位。这就是我说的"木头财政"的客观因素。西藏包括四川云南这些藏区。例如云南有个地级州，三个县总共有 35.35 万人。这个地区是滇西的主要林区，经济支柱是采伐森林，木材加工，以及森林工业服务。森林工业及相关产业占全州财政收入的 70% 以上，有的县甚至达到 90% 左右。

（中国官方媒体和流亡藏人的民间媒体以及西藏流亡政府有关研究部门的研究统计一致显示，藏区的森林资源丰富。以青海、四川、甘肃境内的安多和康巴藏区为例，那里除了幅

员辽阔的土地资源和野生动植物资源，原始森林资源面积亦达
397 万多公顷。格桑坚赞先生依据中国官方的资料，以四川拥
有 18 个县的甘孜藏族自治州为例，说明 98 年以前"木头财
政"收入和中央政府投资藏区总额的比较情况。）

北明：

关于"木头财政"，能举个例子，说得更具体些吗？

格桑坚赞：

比如，四川省有一个州叫甘孜州。那里有一个江叫大渡
河、还有一个江叫雅砻江，这两个江，从 1969 年到 90 年有个
数字：一共漂流的木头就是 4500 多万立方米。这个数字是一
个"甘孜州州情"里面报的。当时，甘孜州的木头指标，在计
划经济里面是七、八十元一个立方。而一个木头的中间商（把
木头）运到成都，应该是卖到 300 多元，但是在成都的实际价
格是 800 到 1000 元。如果按照国际价格，我知道当时 1 立方
米的木头国际价格大概是 7000 到 8000（人民币）。所以呢，
这 4500 多万立方米，仅仅是雅砻江和大渡河漂流的木头，就
达到这么多。这还仅仅是 69 年到 90 年的数字。

由于长江上游青藏高原的生态遭到大破坏，致使长江下
游遭受了百年不遇的大洪灾，97 年以后中央才开始开始禁止
采伐。但是，这里面通过金沙江漂流的和陆路运输的木头不计
其数，估计在上百亿立方以上。从甘孜州建政到大概 97、98
年之间，中央总共对甘孜州的投入是 50 多亿，但是这种木头
财政对中央的贡献是非常巨大的，其差价在几千亿元之间。根
本不可同日而语。

北明：

您是说这 4500 多万立方米的木头都出口吗？还是在国
内销售？

格桑坚赞：

没有出口，我是按照国际价格提供一个比例。如果按照
成都的市场价格，甘孜州计经委统配价格为七、八十元，与成
都的价格大概相差都是 700 元。这 4500 多万立方米的木头，
就是按照每立方米最低差价 600 元计算，都是上百亿人民币的
差价。这还是从 69 年到 90 年的数字，禁止采伐是 97、98 年
以后的事。

北明：

您能不能告诉我，禁止采伐之前，从 69 年到 90 年，从
大渡河、雅砻江漂流出去的藏区木材，按照最低差价总共收入
是多少？

格桑坚赞：

我现在看到甘孜州仅从雅砻江一条江漂走的木材就达到 3500 多万立方米。这个差价，以成都的最低价格为计算，应该是 210 亿元人民币。这种支持国家建设的材料，叫做"统配材"。这是计划经济指令性计划中的一个做法。当然这是最低的估算，这种情况一直持续到 97、98 年。这就是甘孜州的财政情况。

北明：

210 个亿，雅砻江一条江。

格桑坚赞：

对。

北明：

除了雅砻江和大渡河，还有那些地方大量漂流木材？

格桑坚赞：

除了上面例举的甘孜州-雅砻江的情况以外，最多的还有金沙江里面的木头漂流。其它藏区如阿坝州、迪庆州、甘南藏区、西藏自治区的昌都地区、灵芝地区、山南地区都是以砍伐森林为主的木头财政。2005 年据南方都市报报道，仅甘肃省甘南藏族自治州舟曲县，在 50 年的时间里为国家上交了上百亿立方木材，为支持国家建设做出了巨大贡献。从这里可以看出，区区藏区一个县上交给国家的木头就是以几千亿元来计算，与国家的投资和支持根本不成比例，所以我们在说国家从藏区拿走的远远多于给予。

开发所得大于投资和援助：矿藏资源的掠夺

北明：

一般看法认为，中国中央政府对西藏多年来投入了大量资金和补贴，而西藏中央政府的回报率非常低。这个情况您如何看？

桑东仁波切：

直接回答这个问题很简单，西藏的矿藏资源很丰富，中央政府在西藏自然资源的开发中获得的收入很可观。从现在的研究发现，中央政府对西藏的投资，跟从西藏本地运出去的矿藏资源的收入差额很大，它（中央政府）得到的收入比例是很高的。

　　我们最近研究发现，其实中国政府现在对西藏开发的矿产种类就有160多种，其中有好多资源都是很珍贵的。黄金、白银，还有一些更高的稀有金属的资源。这些资源的价值很高。

　　在过去的 50 年里，按中国政府自己的资料进行研究，中国政府对西藏的投资，跟在西藏开发资源的收入的比例（来看），它所得到的收入是很高的。

北明：

　　我再明确一下：投资的资金和开发所得，这两者能平衡吗？还是说开发所得更高？

桑东仁波切：

　　高，远远高于……

北明：

　　有具体的数字吗？

桑东仁波切：

　　有这个数字，有具体的数字！现在记不起来。……比如金矿，在西藏境内有100多个金矿在开发。有一个数据显示，有一个金矿每天可以开采20公斤黄金。

北明：

　　每天？

桑东仁波切：

　　对，每天。在卫藏也有，在康区也有，在青海也有。

北明：

　　这些消息从中国官方的数据来的吗？

桑东仁波切：

　　都是官方资料。

北明：

　　每天20公斤的黄金开采，这是什么时候？

桑东仁波切：

　　这个数据应该在 1999 年到 2000 年这中间。当时有人拿这个资料过来，包括金矿的照片和资料都有。

格桑坚赞：

　　阿坝州有很多金矿，2009 年 7 月 28 号阿坝州门户网站报道：09 年 6 月份的黄金产量在 584 公斤以上。

北明：

　　这说的是一个月？

格桑坚赞：

　　对，6 月份，阿坝州金矿的黄金产量是在 584 公斤以上。这是阿坝州政府官方网站，也就是门户网站报道的。这种金矿在阿坝、在甘孜州、在德勤州、在西藏自治区的很多地方都有。

（据中国官方《西藏商报》2003 年报导，截至 2001 年底，在西藏自治区已经发现的一百种矿产、1800 多处矿藏地中，探明有储量的矿藏有 36 种，其中 17 种储量居全国前 9 位。其中铬矿、硼矿、铜矿等 13 种矿藏位居中国前列。而中国紧缺矿物中的铬铁矿储藏量和开采量位居全中国第一，产量是中国全部这种矿藏量的 90% 以上。此外西藏的东玉龙铜矿也是当今世界上最大的板岩铜矿之一。

据格桑坚赞 2010 年 8 月 26 日提供的 "中国青海省人民政府门户网" [http://www.qh.gov.cn]的相关数据显示："青海是资源型省份．现已发现各类矿产 127 种，产地 3900 余处。编入矿产储量表的矿种有９３个，单矿种产地 667 处；已开采利用的矿种 65 个，矿区 205 处；已探明储量的矿产 109 种（含亚种）；矿产保有储量在价值 17.25 万亿元，占全国的 13.6%。在已探明的矿藏保有资源储量中，有 54 个矿种居全国前十位。其中，居全国首位的有 10 种：氯化锂 0.18 亿吨，锶 0.27 亿吨，电石用石灰岩 13.83 亿吨，化肥用蛇纹岩 82.00 亿吨，冶金用石英岩 3.05 亿吨，氯化钾 7.09 亿吨，玻璃用石英岩 16.46 亿吨，石棉 0.58 亿吨，芒硝 89.32 亿吨，镁盐 17.22 亿吨。居全国第 2 位的有盐矿、碘、溴、压电水晶、铸石用玄武岩 5 种。居全国第 3 位的有铟、自然硫、硼、硅灰石、滑石、水泥配料用板岩、饰面用蛇纹岩 7 种。居全国第 4 位的有伴生硫、天然碱、泥炭、长石、建筑用砂、透辉石、石膏 7 种。此外，石油及有色、贵重金属矿产也很丰富。

现已发现各类矿产 123 种，探明储量的有 97 种。在全国的总储量中，有 51 种的储量居前 10 位，11 种居首位。已经国家审定上储量表的矿产有 70 多种，保有储量的潜在价值达 81200 亿元。

格桑间赞先生接下来一口气列举了几个藏区境内正在开采中的矿物石油产地，及其产量。）

格桑坚赞：

另外，西藏自治区现在发现很多铜矿。铜矿现在是中国最稀缺的一种矿物，需要从国外进口很多。我看到昨天有一个西藏自治区发布的资料，矿产局的局长，他那个西藏自治区的铜矿占整个中国整个铜矿的 50%。储藏量达到 3000 万吨以上。有报导说，西藏昌都地区的一个（矿）叫玉龙铜矿，每年的利润高达2亿多美元。这样一些大型的铜矿到处都在开采。看看这些数据和数字：

　　"甘孜州州内有富集的贵重金属、稀有金属和有色金属资源，非金属、有色金属和贵重金属60个矿种，形成矿产地1095处，其储量均十分丰富，被誉为"中国的乌拉尔"。其主要产品有黄金、铅锌矿、铜矿石、铁矿石以及大理石、花岗石、白云岩、石膏矿、云母矿、硅矿石等非金属矿产品。

　　铁矿主要在道孚县，有矿山1个；

　　铜矿主要开采区在康定，九龙等县，有矿山6个；

　　铅锌矿主要在康定、泸定、九龙、丹巴、巴塘等县。有8个有矿山；

　　锡矿主要在巴塘、康定等县，有矿山有3个；

　　金矿主要在康定、丹巴，理塘、甘孜、色达、德格等县。其中九龙里吾铜矿从94年试生产到2008年年底，累计处理原铜矿石量542.3万吨，产出铜精矿含铜量9.3万吨，实现销售收入20.56亿元，实现利税总额12.38亿元，实现利润总额达到9.71亿元，实现税金5.55亿元，创工业总产值现行价21.62亿元。

　　被誉为聚宝盆的青海柴达木盆地，共有33个盐湖，经济价值最大的是全国独一无二的锂矿区--东台吉乃尔湖和全国最大的钾镁盐矿区--察尔汗盐湖。已初步探明氯化纳储量3263亿吨，氯化钾4.4亿吨，镁盐48.2亿吨，氯化锂1392亿吨，锶矿1592万吨，芒硝68.6亿吨，上述储量均居全国第1位。其中，镁、钾、锂盐储量均占全国已探明储量的90%以上。而且，盐湖资源品位高，类型全，分布集中，组合好，开采条件优越。

　　目前共发现16个油田、6个气田。石油资源达12亿多吨，已探明2.08亿吨；天然气资源2937亿立方米，已探明663.29亿立方米。

　　矿种多，品位高，产地遍布全省各地。有色金属矿产有：铜（储量180万吨）、铅（110万吨）、锌（153万吨）、镍、钴、锡、钼、锑、汞等。黑色金属矿产有：铁、锰、铬、钛、钒等。另有贵重金属矿产金、银、铂；稀有稀土金属和稀散元素矿产锗、镓、铟、镉、锶、铍等，保有储量占全国的63%。

　　非金属矿产资源共发现矿产36种，有5种列全国第一。主要有石棉、石墨、石膏、溶剂石英石、石灰岩、白云岩、耐火石英岩、硅石、耐火粘土等。开发利用前景十分广阔。"

青海省的柴达木盆地是一个最大油田，光这个油田，1982 年勘探到的储藏量达到 121.41 亿吨。这里面，有 15 个油田，5 个天然气场。每年开采 1.2 亿顿石油。从 82 年开采到现在，包括天然气，一共开采了多少，我们都没有用金钱来计算。

另外，柴达木盆地还有 9 个铀矿，你知道铀矿吧？

北明：

我知道铀是一种矿物。

格桑坚赞：

对，污染性很重，制造原子弹的材料。有 9 个铀矿在青海这个地方。象上述这些资源，从 1982 年勘探，这么多年来一直开采到现在，一共获利多少？我们都没法用金钱来计算。而整个格尔木市已经成为汉人占百分之九十九的移民城市，藏人在这些开采中非但没有得到任何经济利益，而失去的却是自己的家园。像这样的砍伐与开实行为，对整个青藏高原生态环境的破坏，由此造成的经济损失无法用金钱来计算。

流亡政府对西藏经济状况尚缺乏系统研究

北明：

从 1950 年到目前为止，关于中央政府对藏区投资多少，拿走的、所谓支持国家建设的是多少，差额是多少，这个情况，西藏流亡政府有一个哪怕是大致的统计吗？

格桑坚赞：

我是流亡政府议会议员，不是搞研究的，没有专门研究这个问题，我只是抽时间看大陆新闻，也零零星星收集一些资料。很多有研究的藏人，他们无法用中文接受采访。流亡政府的相关研究都是零星的，除了这样一些零星数字以外，我们还没有一个详细的投入与收入的调查数据，很多数字没能汇总起来。

北明：

为什么西藏流亡政府没有进行这方面的系统研究呢？

格桑坚赞：

流亡政府自己也知道这方面需要加强。原来总是讲，西藏的宗教、文化遭到了破坏，还有藏民在中共统治下非正常死亡的人数，包括多少寺院被毁坏，这方面西藏流亡政府的调查研究比较多，而经济方面的研究比较差一点。原因是，在外面培养出来的经济人才，不熟悉里面的经济情况；而从里面出来的人，虽然比较熟悉里面的经济情况，但是都不是经济专业人员。

现在这个问题非常迫切，因为大家都知道，中共把对西藏的投资作为统治西藏合法性的最重要的工具，西藏流亡政府也知道研究这个问题的重要性。但是由于我前面讲的这些原因，不仅仅是对经济问题淡化，而且缺乏这样的人才，所以没能进行系统的研究。不过我们都知道这是最重要的一个工作。

北明：

中国中央政府一直有相当确凿的说法和数据，说明西藏是输血之地，而且很多汉人，包括知识分子，对此没有异议。我想，民众一定也希望有机会听到流亡政府自己的说法和解释，看到支持您的说法的数据和事实。

格桑坚赞：

现在我们有一个"西藏问题研究分析中心"，关于整个西藏地区矿业公司每年开采量是多少，储藏量有多少，他们都在收集。但是，每年的利润有多少，这方面没有研究。我觉得一年以后，可能会有比较具体的进一步的成果。

铁路交通主要功能：运输藏西自然资源

北明：

我还有一个问题：中央政府在西藏建立了铁路交通。一般认为铁路与经济发展有接关系。您怎么看中央修建的这些铁路的作用？这些铁路给藏民带来了经济上的好吗？

格桑坚赞：

这是个很大的话题。第一条铁路修到青海[1]。从青海再修铁路到西藏首府拉萨有几个方案，也就是所谓的"青藏方案"、"川藏方案"及"滇藏方案"。如果选择后两个方案修建铁路，那是藏人最集中的地段，那么，这条铁路对藏人或多或少带来一定的方便。但是选择青藏线，也就是从荒无人烟的那曲草原直接修到拉萨，除了将大量汉人及军用物资运进来，大量资源运出去外，对一般藏人的经济没有带来任何好处。

北明：

您是说铁路所修到的地方不是西藏人口稠密区，而是矿藏开发区？

---

[1] 据悉，从西宁到格尔木的一段铁路多年前开通，位于藏人聚居的安多地区。因此对藏人来说，那就是西藏的第一条铁路。

格桑坚赞：

就是。其实中共高层也早就说过，青藏铁路的战略意义高于经济利益，现在它要把这个铁路再延伸到日喀则，还有林芝地区，其考虑也是战略利益。

北明：

你说"战略意义"或者"战略利益"具体指什么？

格桑坚赞

你知道，整个青海，包括柴达木在内的很多地方，都是中国最大的油田跟气田所在地，开采量很大。这就是为什么青海等一些地方变成了中国的一些大的经济城市，这都得益于青海的经济资源。

从两千年开始修铁路到西藏自治区，我认为这（铁路）最主要是这种战略上考虑，而并非针对西藏普通百姓的生活和西藏的经济发展，并没有这样的一种联系。因为你知道，从青海到首府拉萨的青藏铁路沿线，很多都是荒芜人烟的地方，西藏的人最集中的地方是从四川、川藏线到拉萨。如果铁路是从川藏线修到拉萨，对整个西藏的农牧民会有些出行的方便，包括对他们土特产品的销售应该有些好处。现在他却把铁路修到日喀则，还有林芝地区。你知道日喀则是后藏最大的一个地区，而灵芝地区现在是"西藏的江南"，气候最好的地区，而且这些地区的中国人的数量现在已经远远超过了藏人。在西藏境内的藏人有句话："铁路修到家门口，我还是骑着我的毛驴去出门"。所以西藏，两百多万平方公里这么大的土地，火车从青海修到拉萨，对当地沿途的农牧民其实没有直接的关系。中共为此要花大的投资，在三十多万平方公里荒芜人烟的地方修这种铁路，我认为对当地藏民并没有带来多大的利益，不过是一些战略上的安排。

（2006 年 7 月 1 号开通的青藏铁路，从西宁至拉萨全长 1956 公里。总投资 330.9 亿元人民币。海外批评人士指出：只靠提供客运服务是不能够大幅度增加藏人的收入的。外界一直不能够理解，中国政府为什么要花巨资代价来修建这条经济价值并不大的铁路呢？据美国之音相关的报导，外界有两种说法，一种说法来自印度。《印度时报》曾经引用一些观察人士的看法认为：北京修建这条铁路的理由，主要是加快西藏与大陆之间的整合，加强中国在印度、缅甸和尼泊尔边界的军事力量，以对应边界的意外和藏独势力的扩张。另一种说法，综合了中国地质官员、中国地质专家、独立民间评论人士和达赖喇嘛的观点，认为由于铁路沿线发现大量的矿藏，铺建这条铁路是北京开发青藏资源、推动经济区域发展而作出的一项战略决定。例如根据《中国新闻社》报导：前中国地质调查局局长孟宪来曾经透露说：这条铁路的修建是国家开发青藏地区自然资源和发展经济的布局中的重要一环。《美国之音》的报导引述专家的话说，青藏铁路沿线矿藏资源勘察的突破和开发，对发挥青藏铁路优势、推动经济区域发展、缓解资源约束意义重大。也就是说，青藏铁路的修建直接目的在于开发西藏的矿藏资源。格桑坚赞先生进一步论述说，青藏铁路除了运进大量的汉人从而取代了西藏的服务行业之外，另一个作用是把大量的西藏矿产运出西藏。）

北明：

达赖喇嘛曾经多次表示担忧：中国修建西藏铁路是由于在西藏发现了大量资源，是为了开发这些资源，而不是为了造福于西藏的老百姓。您对达赖喇嘛的这个担忧有什么评价？

格桑坚赞：

其实，至尊达赖喇嘛的原意并非这样。至尊曾经肯定过修建铁路对经济命脉的作用。但是，如果你把铁路的作用用到另外一个方面，那当然是值得担心的一件事。所达赖喇嘛的这个担忧就是我们全体西藏人的担忧。你知道，整个青海，由于很早以前就通了铁路，包括柴达木在内的很多地方已经完全汉化。而且，虽然中国最大的石油田跟煤气田在大量的开采，但是青海藏人的人均年收入也只有内地（人）平均收入的一半，也就是 2600 元左右。

现在开通火车以后，这种非常便捷的、便宜的运输方式，运输进来的都是人。也就是说每年运输的人达到 200 万到 300 万。而这里面百分之七十是进来打工的。而整个西藏现在大搞基础设施建设及旅游业，这为大量的汉人涌入西藏创造了许多就业机会。这成为政府鼓励移民一个做法，大量的汉人自然可以落户西藏。同时，政府以优惠政策鼓励这种移民，比如落户到西藏的企业实行三年免税及优惠贷款，转业军人落户西藏，政府为之落实本人及家人的户口等等。而这种建设大军，包括第三产业方面的餐饮业和服务业方面汉人的技能，又优于藏人，使西藏本地的很多餐饮业，旅馆服务业受到冲击，藏人则在这种经济建设的浪潮中被日益边缘化。这是其一。

第二，现在它（火车）运出去的是什么呢？大头当然都是矿源。在西藏开的矿都是粗加工业，没有细加工业。西藏的矿，其含量非常高的，可达到 30%、40%，有些锌，据我所知道能够达到 60%几。所以都是粗矿运送出去，在内地精加工。形成一种完全从西藏运出矿源的这样一个运输线。

北明：

中国政府一直在强调说，修建青藏铁路的唯一目的是推动西藏地区的经济发展，但实际上的目的是开发西藏的资源，而且导致藏民族迅速汉化，能这么说吗？

格桑坚赞：

嗯对。另外还有这么一个用处：印藏之间的边界线很长，驻扎很多边防军。前段时间我看到一个报导，以前完全靠川藏和青藏公路运输大型军用物资好像非常困难，所以现在火车的开通解决了这个问题。

"木头财政"被迫终止后的藏区返贫现象

北明：

有没有具体的例证，说明农牧民收入并不依靠政府补贴而是依靠天然资源？

格桑坚赞：

目前云南境内的迪庆藏族自治州是一个地级别州，辖有三个县，人口 35.35 万。此地是滇西的主要林业区。以此地财政状况为例，以前这里经济维系在采伐森林、木材加工以及森林工业服务上。财政收入一度占全州财政收入的 70%以上，有的县达到 90%左右。而中央政府的财政补贴，并未达到这些自治州。

北明：

您提到过，森林开发后来由于生态环境问题被禁止了，禁止之后情况如何？，这些地区的经济靠什么维系呢？

格桑坚赞：

可以看这些数据，四川省政协的数字："2001 年邀请四川省林委、扶贫办、林业厅对甘孜州的'返贫'（返回贫困县）情况进行了跟踪调查，结果发现全州的 18 个县中，过去 9 个非贫困县已经全部沦为新的贫困县。原因在于，这些县过去是木材采伐大县，禁伐令下达后，与伐木相关的运输业、加工业、第三产业严重萎缩，农牧民的收入自然也就随之下降了。道孚县在实施禁伐令之前，全县 4 万多人口，竟有私人运输卡车七百至八百辆，平均拥有载重卡车的比率据说为全国之冠。给商业、餐饮业、旅馆业带来了畸形的繁荣。但是随着天然林的禁伐，市场一片萧条。载重卡车绝大部分限制在家门口。几万元一台的车，竟以几千元一台的价格出售。一些县的财政收入本来是七八百万元，结果国家禁止采伐木头以后，财政收入只剩下 50 万左右。甘孜州的道孚县"木头财政"的收入，1997 年、1998 年为 1073 万元和 1080 万元左右，但是到了 2000 年、2001 年，它的财政收入降到 197 万和 160 万元。道孚县农牧民人均纯收入从 1080 元，下降到 2001 年的 600 元的贫困水平。……"

北明：

您的意思是想说，这么多年中央政府对西藏的经济投资的实惠，并没有落在藏民的身上，他们的生活水平并没有因此而提高。反而是通过中央政府对西藏矿物资源的开采业和加工业才有所提高。但是，这种开采一旦被禁止，藏民生活水平就返回到贫困水平了。

格桑坚赞：

啊，对。

北明：

请告诉我，当地政府采取了什么措施缓解森林砍伐叫停后的贫困状况？

格桑坚赞：

（引述）"为了保工资保稳定，不得不挪用各种项目资金。县领导无奈地说：除了填表的钱我不敢挪用，连救灾款都挪用了。……形成了恶性循环。据统计，2001 年 6 月，道孚县已挪用各种项目款 2000 多万元。"

西藏农牧民生活依赖自然资源及其市场价格

北明：

中国官方的统计说，50 年以来，也就是 49 年以后，中央政府对西藏的投资和财政补贴累计达到 400 多亿元，您怎么看这个事情？

格桑坚赞：

我看到一些数据，证明了中共对西藏的这种投资对西藏的农牧民并没有带来多少利益。比如新华网的一个报导，是关于西藏的冬虫夏草的：西藏自治区有个农牧厅的厅长叫"坚赞"，跟我的格桑坚赞（名字中的）"坚赞"一样，他说，西藏牧民人均冬虫夏草的收入达到 1260 元，约占农牧民人均纯收入的 50%。怎么讲呢？在西藏很多地方，冬虫夏草的价格非常贵。比如 2006 年西藏虫草产量是 52.03 吨。这种冬虫夏草它是天然生长的一种草，因为它市场价格很好，开采这种（虫草），农民的收入（就）提高。

北明：

冬虫夏草的收入 1260 元，约占人均收入的 50%。您的意思是说，如果西藏人的生活水平有提高，那他们是通过冬虫夏草这一类的自然资源利用，而没有得益于中央政府的财政投资，是这样的意思吗？

格桑坚赞：

对！除了那个冬虫夏草以外，像西藏的很多地方，他第一，有一种松茸你知道吧？松茸。

北明：

哪两个字？是一种植物吗？

格桑坚赞：

对！就是那个松树的"松"，鹿茸的"茸"。一个草下面一个耳朵的耳。出口到日本，新鲜的时候价格最好的时候，一公斤能卖到 1000 人民币。整个甘孜州、整个迪庆州，包括很多地方的农牧民，他最好的（经济来源）就是松茸。有些地方的农牧民每年的松茸平均收入可以到 3000 到 4000 元。但这些都是天然的资源，由于市场价格好，所以农牧民的收入得以提高。

据 2001 年 12 月 26 日"中国食品网"报道："日前从云南省有关部门获悉，2001 年云南鲜松茸出口创汇突破 5000 万美元大关，成为绿色经济的一个亮点。"

北明：

所以……

格桑坚赞：

如果这种虫草价格不好，松茸价格不好，农牧民的收入马上会降到最低。并不是中共的这种投资给西藏的一般民众带来经济上的利益。

北明：

藏民没有其他主要的收入来源吗？

格桑坚赞：

除了这个收入以外，你知道西藏矿藏的开发，都是内地的大企业在做。藏民去采黄金，每天可以采上个六、七十元的收入，有时候好的话，采上一百多元、八十多元。当地的百姓最多可以去打工挣一些钱。所以农牧民的收入提高，并不是依靠中央政府的投资，而是依靠这些天然资源。如果虫草价格不好，农牧民的收入马上会降到最低。

北明：

藏民的经济收入，除了前面说过的，依赖于当地的矿物资源，也依赖植物资源。而这些资源一旦遇到天灾人祸或任何人为的因素，就会直接影响藏民的生活水平。也就是说，藏民的生活水平基本上不依赖于中央政府的财政投资？

格桑坚赞：

啊，你说的太准确，我就想说这些。

国家财政投入豢养地方官员，半数藏民不获益

北明：

格桑坚赞先生，藏人心目中的西藏，跟中国政府所说的西藏自治区的概念一样吗？您怎么看西藏这个区域概念？

格桑坚赞：

对西藏这个概念呢，我们应该首先澄清，中国讲的是一个西藏自治区，我们在海外的西藏，讲的是整个藏人居住区，包括青海的藏区、包括甘肃的藏区、也包括四川、云南藏区。共有一个自治区、十个自治州、两个自治县。当然也有很多所谓的藏族乡，但生活在那里的藏民从语言到文化几乎没有藏人的特征了。

北明：

李江琳女士，600 万藏人里头，西藏自治区的周边地区，就是安多、康巴地区，也就是中国所说的青海、甘肃、四川境内的藏族自治州中，藏民人口占多大比例？

李江琳：

50%左右。可能很多汉人不知道的一点是，所谓的"西藏"实际上是指的是"西藏自治区"。国家的很多财政投入是投入在西藏自治区，并不投入到周边地区，也就是没有投入到所谓的"大西藏"地区。原来的西藏山区中的康巴和安多地区，并没得到中央政府的财政投入资金。

北明：

实际上也就是说，我们从官方得到的那些信息：西藏受益于中央政府的投资和经济建设。可是这些经济建设只达到藏族人口的一半，另一半地区人口并没有受益。能这么说吗？

李江琳：

对！事实上基本上是这个样子。这些地方实际上是很贫困的。国家的财政投入对他们没有任何的直接利益。相对而言，经济上在这个国家投入上得利比较多的也就是西藏自治区。

北明：

您认为中央政府给西藏的钱都上哪儿去了？

格桑坚赞：

中央对西藏所谓的投资，从 1965 年到 2004 年，968.72 亿，这都是对地方财政的补助。西藏自治区主席向巴平措前几天有个讲话：到现在，西藏的财政收入自给率才达到 10%。所以呢，中央的大量投资，其实是供养了一个利益集团，对一般的西藏农牧民百姓民众并没有产生很大的效益。

三　西藏历史归属

采访时间： 2009 年 9 月

采访地点： 华盛顿——纽约

受访人： 曹长青，旅居美国的中国异议作家，长期关注
西藏问题，支持西藏人民的独立权利，谴责北
京对西藏的殖民统治。曾主编《中国知识分子
论西藏》一书，并着有《独立：西藏人民的权
利》、《独立的价值》、《美国价值》等专论
和专著。

曹长青肖像

西藏历史上是独立国家

北明：

一直以来，海峡两岸的中央政府都宣称，西藏是中国的领土一部分。大部分汉人对此一说法耳熟能详，从不怀疑。即便怀疑，也缺乏足够的信息进行确证。另一个引人注意的事实、和导致中藏谈判破裂的重要因素是，达赖喇嘛和西藏流亡政府即便在寻求"中华人民共和国宪法框架下的真正自治"、认可西藏目前是中国领土一部分的时候，仍然坚持不能改变西藏曾是独立国家的历史事实。你作为长期关注并研究西藏问题的专家，如何看待中国官方和西藏流亡政府之间关于西藏历史归属问题上的不同？

曹长青：

达赖喇嘛在过去十几年来一直强调"中间道路"：不追求西藏独立，承认西藏属于中国，但要求西藏高度自治，藏人治藏。北京当局则要求达赖喇嘛必须承认，西藏自古以来就是中国的一部分。而达赖喇嘛认为，历史事实不是这样。我曾在一个欧洲会议上，直接听到坐在台上的达赖喇嘛说：我是一个和尚，和尚的舌头不能说假话。他说，事实是，西藏在历史上并不是中国的一部分。

那么在这个问题上，到底是谁对、谁错？其实只要我们回顾历史，就会看到，北京当局强调的"西藏自古以来就是中国的一部分"这个说法，至少有两个错误：第一个，不符合历史的真实；第二个，不符合逻辑常识。

第一个我们来看历史真实：一般中国人都知道，中国历史上有五个大的朝代：唐、宋、元、明、清。在唐朝时期，西藏不仅是一个国家，还是一个强大的国家呢。西藏吐蕃王松赞干布兼并了各部落为统一的国家，并扩展疆土。西藏的军队还曾一度占领了唐朝的首都长安。很多中国人知道文成公主的故事，也就是把她送去给西藏国王松赞干布做妃子，寻求双方和好。唐朝和西藏，双方在长安还建了一个碑，说大家以后再也不要互相侵犯了，咱们是亲戚了。长安附近的这个碑还在呢，这些史实都证明，西藏原来是一个独立的国家！

北明：

可是后来中国政府说，这个文成公主恰恰证明了西藏和中国的密切关系，就证明了西藏属于中国。

曹长青：

我们从常识逻辑角度，你把自己的女人送给另一个国家的国王做妃子，你是强大还是软弱呀？你强大怎么把女人给送去呢？而且文成公主愿意吗？不愿意呀！去西藏高原，一个她没见过、不知道是怎么样的人，就是她丈夫了，而且是另外一个族群、另外一块土地、另外一种气候！是你被迫嘛！因为你打不过人家嘛！

北明：

这种两族的婚姻不能说明西藏的归属。

曹长青：

当然了，两族通婚怎么就是归属关系呢！今天西方哪个国家，会说我把女人送给你这个国家元首做太太，你就是我的一部分了，这是什么逻辑呀？荒唐嘛！今天中国任何一个历史学家，包括研究西藏的牙含章们，大家过来讨论一下，你说那个唐朝长安被占领，是谁占领的？西藏是不是一个国家？难道是你国家的一部分把你自己国家的首都给侵占了？有这个逻辑吗？所以这是一个历史常识的问题！

北明：

您再谈一谈忽必烈跟……

曹长青：

好。我们看五个主要朝代"唐宋元明清"，唐朝后，就是宋朝。宋朝时，西藏和中国没什么关系，历史记载也较少。宋朝完了是元朝。元朝有关系，是什么关系呢？元朝的时候，不论宋朝的领土，还是西藏，全都被蒙古人占领了！成吉思汗的铁骑遍及亚洲甚至欧洲。中国人把蒙古人在中国土地上建立的一个朝代（元朝），当成自己的一个历史朝代，这本身在逻辑上都是有点问题的。但即使这样，你怎么能说，蒙族人把两个地方都占了，你却说他们另外占领的那个地方，就是你的一部分呢？这在逻辑上怎么能说得通呢？何况蒙古人没有直接统治西藏，因为元世祖忽必烈尊奉藏人大喇嘛八思巴为整个蒙帝国的最高上师，相当于国师，让他主掌西藏政教权力，元朝时，藏人是自我管理的。今天，只有蒙族人出来说，你这两个地方都是我们的一部分，那还可能有一点点逻辑。

北明：

也就是说把蒙古人统治作为元朝，然后认为这是中国的历史，所以也就是说，蒙古人占领了西藏也就等于中国人占领了西藏？

曹长青：

如果北京当局的这种逻辑可以成立，那是不是可以说，俄罗斯是中国历史以来不可分割的一部分呢？因为蒙古人当时把大半个俄罗斯也都占领了。为什么你不说？你说不过人家嘛，人家强大嘛。你为什么说西藏是你的一部分，因为西藏在你手里，你欺负人家，不讲理、不讲历史的真实嘛！

元朝完了是明朝。明朝也跟西藏没有多少联系，跟宋朝时差不多，历史记载很少。互相有个册封呵，附庸风雅，我尊崇你是什么伟大皇帝，你尊崇我是什么上师法王，以这种方式，互相表示友好而已。

西藏和中国的关系主要发生在清朝。有四次，清朝的军队进入了西藏。干什么呢？是应达赖喇嘛的要求来平乱和抵抗外敌的：因为尼泊尔入侵，内部和尚造反等等，那么我就请你清朝来帮我们平乱，平乱以后清朝军队就回去了。为什么清朝军队做这个事呢？因为双方有特殊的关系，叫施主和被施主。这是什么关系呢？就像今天的意大利和梵蒂冈的关系似的。梵蒂冈是天主教的圣地，最高领袖是罗马教皇。意大利作为世俗世界，对我们梵蒂冈又送水、又送药、又送吃的。由于对我们的尊崇，意大利境内的天主教徒们，就会信服意大利政府，使世俗社会更稳定。打个比方说吧，当时清朝和西藏的关系就像一个村子旁有个和尚庙，这个庙宇没有宣布过独立，因为没必要；而这个村子，也不强调庙宇是我们村的一部分。这是一种互为友好、互利互惠的关系。我们的村长带领村民尊奉和尚庙的喇嘛，给你送水送吃的，做施主。尊奉喇嘛，有助于村子的稳定，因为村民多是佛教徒，庙宇的喇嘛是村民的精神领袖。这是一种施主和被施、物质和精神的互惠关系。它不是一个典型的西藏是清朝的一个省、一个州、一个下辖市的关系，它不是这样的。

我们看看满清皇帝顺治，那是清朝很强盛的时候，当时第五世达赖喇嘛，跟满清皇帝见过面的。达赖喇嘛和中国皇帝见面只有三次。第一次就是第五世达赖喇嘛和顺治皇帝见面，那是公元一六五二年。当时顺治皇帝是出城四十里迎接的。之前有汉臣说，你是一国之皇帝，而且是天下之国——全世界他都是最高中心了——你怎么可以去迎接一个喇嘛呢？但是顺治认为，达赖喇嘛是最高上师、佛教法王，为了我们大清的稳定，促使信佛教的外蒙归顺，必须迎接，给予礼遇。

北明：

当时他还为了跟这些大臣能够说得通，找了一个借口，好像是他假装出游打猎遇上的，但是实际上他是有心要去迎接。

曹长青：

对，是这样的。我们看看，在清朝最腐败、无能的时候，来了个英国特使，清廷还要人家下跪呢！而在顺治统治的清朝强大时期，皇帝怎么可能亲自出城迎接一个外臣呢？虽然说我是打猎，路遇的，但这明显是变通方法，出城四十里，就是一个顶礼迎接的方式。

再有一个就是第十三世达赖喇嘛，就是现在达赖喇嘛的上一世，也跟中国皇朝的掌权者见过面，跟谁？跟慈禧呀！慈禧太后当时垂帘听政。后来还有一个关于这个场面的壁画呢，在中国的什么档案馆保存着。中国官方学者、西藏问题专家牙含章写的那本《达赖喇嘛传》，一打开就是这个壁画照片，是慈禧太后和第十三世达赖喇嘛并排坐在金銮殿上。中国哪个皇帝允许下面的郡主、大臣、将军，甚至外国的使臣什么的，和他并排坐在金銮殿上？不可以的，都是跪在下面的。

北明：

慈禧太后是个佛教徒。

曹长青：

从这些对达赖喇嘛的特殊礼节，也可以看出，西藏并不是满清王朝的下属。它不是一个上下级的从属关系，而是一个特殊的关系，是一个佛教法王和世俗领袖的被施和施主的互利关系。这些都说明，西藏不是中国自古以来不可分割的一部分，不是这样的。

北京当局要求达赖喇嘛承认"西藏是中国的一部分"。达赖喇嘛说，Yes，承认了；要求他承认"台湾也是中国的一部分"，按道理赖喇嘛是不适合对此表态的，台湾是不是中国的一部分怎么归达赖喇嘛说呢？他们整个就是逼迫人嘛，不讲理。但是达赖喇嘛为了能够和北京政府有个谈判的机会，能够和平解决西藏问题，还是让步了。在一个场合说了，台湾是中国的一部分。那现在北京又有第三个要求了，要你承认："西藏自古以来就是中国的一部分"。达赖喇嘛说，这个我不能说呀！我是达赖喇嘛，我是上师，我是转世活佛，但我不能改变历史呀！所以他说“和尚的舌头不能说假话”。现在僵局就在这里。

西藏自 1950 年始失去独立主权

北明：

那也就是说这个西藏独立的历史是从 1950 年开始改变的。

曹长青：

是的。当时中共大军压境呵。共产党刚打败了国民党，士气正旺；另外它的军队太多了！当时解放军的兵力，超过了整个西藏的人口，这个仗怎么打呀？你全部人口还没人家军队多呢！再加上藏人多是佛教徒，佛教强调不杀生，哪有发展军队呀？怎么打呀？没法打的！

北明：

他们当时只有七千人的军队。

曹长青：

是的，同时共产党又软硬兼施，来了个虚假的方式，跟你签《十七条协议》，什么“和平进藏”呀、“达赖喇嘛、班禅喇嘛的政教领袖地位不变”呀，“不进行社会主义改造”、“一切照旧”、“不拿藏人一针一线”等等。好，等解放军进去了拉萨，就开始给你社会主义改造。拆毁寺庙呀，让你尼姑还俗呀，整个做这些，逼得藏人最后起义造反、抗议，结果被严酷镇压。

所以我说整个北京的宣称，既不符合历史真实，也不符合逻辑常识。我们今天看，全世界有哪个国家在宣称，这里那里是我们自古以来就不可分割的一部分？谁是谁自古以来不可分割的一部分呀？这个世界从来都是分分合合的，尤其是中国的历史！什么南北朝，唐、宋、元、明、清，多少朝代，都数不清了。谁是谁历史上不可分割的一部分？这种“自古以来不可分割”，这八个字本身就是一个帝国主义的想法，一个霸权的说法。但是它就可以这么说，为什么？今天无论是新疆问题，尤其是西藏问题，主要是中国没有一个讲理的地方。共产党他不讲理呀，他垄断所有的报纸、电视、电台、杂志。

西藏在民国时期完全自治

北明：

曹长青先生，还有一个问题我要问你，跟这个有关系。就是，如果说中国大陆的中央政府是极权的统治，它垄断了所有的言论，非要说西藏就属于中国。那为什么国民党政府，反对共产主义，信奉三民主义，为什么它也这么说呢？这里面还有什么其他的原因吗？请你分析一下。

曹长青：

但是现在国民党政府的政策越来越改变呵。当年在蒋介石的时候就有一个讲话，当年蒋退到台湾以后，说西藏到底怎么样，是选择独立，还是自治，由西藏人民自己决定。他有过这么一个讲法。

北明：

可是他当时也入侵过西藏？

曹长青：

那是清朝末期，清军攻进了拉萨，不久辛亥革命爆发，第十三世达赖喇嘛领导藏人，把清军全部赶了出去，再次重申西藏是个独立的国家。国民党军队没有入侵过西藏。国民政府时期，西藏基本是"事实独立"，蒋介石政府对外说西藏属于中国，但藏人完全自治，当时国民政府驻藏人数，都规定不可超过一百人。

当然，国民党也有一个逻辑问题。如果你说西藏不可分割，那么你怎么允许外蒙分割了呢？那蒙古是多大一片土地呵。而当时蒋介石政府允许外蒙古人民进行公决、公投的。为什么允许呢？有苏联在背后，苏联支持嘛，当时国民党政府惹不起苏联嘛。那后来共产党取代了蒋介石政权，建立了中华人民共和国，你怎么不跟苏联要回外蒙呢？你怎么不说那个公投是无效的，是你们苏联在背后支持造成的，怎么不敢了呢？他是强权政治嘛！当俄罗斯比你强大，你不敢了嘛。现在全部的问题是只要强权，我惹不起，所以承认了。北京当局现在怎么不说外蒙是中国历来不可分割的一部分呢？而历史上外蒙确实是和内蒙一体的。迟到二十年代才分割出去的。

西藏独立的标志

北明：

西藏在历史上作为一个独立的国家有没有一个独立的标准呢？

左上图片英文说明是："西藏 1 桑银币，日期 15-43（公元 1909 年），正面"。

左下图片英文说明是："西藏 1 桑银币，日期 15-43（公元 1909 年），正面"。

右上、右中、右下图：面值分别为 10 桑、25 桑、100 桑的西藏纸币。（截图于 2024 年，图片及说明来自 Wikipedia（英文维基百科）。（均为 2024 年截图）

曹长青：

当然有！人家有国号叫 Tibet，中国人翻译成西藏了，西藏人自己叫吐蕃，图博；人家有自己的国旗，雪山狮子旗；有自己的军队；自己的元首达赖喇嘛的产生方式；有自己的首都拉萨；有自己的货币，自己的税收；更重要的是，有自己的语言、文化和历史。不久前台湾有个展览，展出一些当年西藏人出国的护照，有其他国家盖的签证什么的。符合一个国家的这些条件人家都有呵。所以今天我们看西藏的历史，西藏是不是自古以来就是中国的一部分，事实在这明摆着的。尤其历史这个事情是谁也动不了的。不论你是列宁、斯大林、毛泽东，多少有强权的人都改变不了历史。历史是已经发生过的，谁也不可能改变的！

Snow Lion Flag

Use National flag

Proportion 5:8

Adopted 1916; 108 years ago

The Tibetan army waves the Tibetan flag at a military parade in Lhasa, 1938.

　　上图：此图英文说明是："雪山狮子旗。使用：国旗；比例：5:8；采纳：1916 年；108 年之前"（图片及说明来自 Wikipedia（英文维基百科）。

　　下图：此图英文说明是："1938 年，西藏军人举着雪山狮子旗在拉萨游行。"背景是布达拉宫。图片及说明来自 Wikipedia（英文维基百科）。

　　以上均截图于 2024 年。

1912年发行的面额1
安那雪狮邮票

1912年发行的面额2
安那雪狮邮票

1912年发行的面额3
安那雪狮邮票

1912年发行的面额4
安那雪狮邮票

1912年发行的面额一
章嘎雪狮邮票

1912年发行的面额一
两雪狮邮票

1920年发行的面额4
章嘎雪狮邮票

1933年发行的雪狮邮
票

穿制服的藏军步兵，背景为日
喀则宗山城堡。1938年。

驻守扎基监狱的藏军。驻锡金
政务官弗雷德里克·威廉姆森摄
于1933年。

英国菲利普·尼姆准将检阅藏军
的军事演习。黎吉生摄于1936
年9月。

以上图片及说明全部来自中文维基百科，均截图于2024年。

四　西藏的自治要求

采访时间：2009 年 9 月
采访时点：华盛顿——纽约
受访人：贡噶扎西(Kungs Zashi)曾任西藏流亡政府
　　　　"西藏问题研究中心"研究员和翻译员、"安
　　　　全部"分析员、"达赖喇嘛驻台代表处"秘书
　　　　长。现任"达赖喇嘛驻北美代表处·中国华人
　　　　事务及西藏问题研究"负责人。

贡噶扎西肖像

自治的要义："保护、延续西藏宗教与文化"

北明：

在解决西藏问题上，西藏的精神领袖达赖喇嘛和西藏流亡政府坚持走中间道路，争取在中华人民共和国宪法框架之下的自治。中间道路和自治主张的具体内容是什么？

贡噶扎西：

中间道路是达赖喇嘛尊者以及西藏流亡政府为和平解决西藏问题、为汉藏两族在平等互利的基础上维持稳定与和睦相处，而提出的的一个政策和立场。中间道路归纳起来，有比较重要的几点：第一个是不寻求西藏独立，而在中华人民共和国宪法框架内，寻求所有藏人实现名副其实的自治，这就是中间道路的基本思想和精神。还有一点，是西藏的政治外交与国防由中华人民共和国中央政府负责。宗教、文化、教育、卫生、生态环境等有关的事务又藏人负责。中间道路最终的目标，就是保护和延续西藏的宗教与文化及藏民族的特色。

放弃独立，寻求自治，互利双赢

北明：

您如何解读您所陈述的这种自治的利益所在？

贡噶扎西：

它有一个共同的利益。西藏问题如果获得圆满解决的话，这是符合中国国家的长远利益和藏民族的根本利益的。所以这就是中间道路的要点。中间道路，我们顾名思义嘛，它一定有两边，一边就是达赖喇嘛不寻求西藏历史上的地位，另外一边是也没有办法接受目前在西藏所实行的政治制度——即名不副实的自治。所以，"中间"呢，就是在宪法的框架内，所有藏人获得一个名副其实或真正的自治。

北明：

也就是说，达赖喇嘛和流亡政府放弃西藏在历史上是一个独立国家的这个事实？

贡噶扎西：

没有错。

北明：

另外一方面呢，也不能够认可目前西藏的现状？

贡噶扎西：

对！现状。因为目前，它虽然宪法里面明文规定民族区域自治法，民族区域自治法的条款里面呢，写得很漂亮，但是（实际）执行的与条文不一样，"名副其实"跟"真正的自治"这个词很重要。如果藏民族没有真正的自治，就不能保护西藏独特的宗教与文化。所以达赖喇嘛尊者一再强调，只要藏人获得真正的自治，我们愿意留在中华人民共和国的宪法框架内。

藏人自治主张是应邀提出的

北明：

藏人寻求自治的这个主张是在什么样的情况下向中央政府提出来的呢？

贡噶扎西：

自从 2002 年达赖剌嘛尊者的代表与中华人民共和国中央政府之间恢复直接会谈后，到目前为止共举行了八次会谈。全体西藏民族实现名副其实自治的建议，是根据中央政府于 2008 年 7 月第七次会谈期间提出的建议，在去年 2008 年的 10 月份，我们向北京政府提交的。那个意见书里面，我们所要求的自治是一个什么样的情况，我们说得很清楚了。

自治的细则及其针对性

北明：

虽然您说自治的情况，在提交的文件里说得很清楚了，我还是要请您介绍一下情况，因为这份文件在大陆是禁文，大陆人们看不到。我看这个自治的文件，里面关于藏人的基本需求及自主管理的条文里，有语文，也就是希望保留藏语。

贡噶扎西：

是。

北明：

还有文化。希望保存西藏的文化。

贡噶扎西：

是。

北明：

其次是宗教，真正的信仰的自由。

贡噶扎西：

没有错。

北明：

此外还有教育，就是希望藏人能够参与或者是决定西藏的教育体制和教育内容。

贡噶扎西：

没有错。在环境保护方面也是如此。

藏语危机

北明：

既然提出这样的愿望和想法，那就是说这样的愿望和想法目前没有实现。也就是说，这些自治的条款是有具体针对性的。那么我想知道这些具体的针对性指的是什么呢？比方藏语，现在在藏地区藏人还是能说藏语的，为什么提出这个要求呢？

贡噶扎西：

我给你举个例子：在西藏，比如说有三个名额要录取藏族干部，你考试的时候，第一个主要为主的就是汉语文，如果你用藏语，那些上级单位理都不会理。这种情况在西藏农牧地区跟乡村地区是非常的普遍。既然是在西藏的一个单位里面（录取干部），照理讲就应该以藏语为主，因为本民族的语言为，并不是如此。

"党管一切，汉人当政"

北明：

我明白了。另外我们谈一谈文化。现在强调西藏自治要保存藏族自己的传统文化。那是不是意味着，这些传统文化在藏族地区和藏人当中已经被破坏殆尽了呢？或者是遭到了大部分的毁坏了呢？

贡噶扎西：

因为西藏的方方面面与西藏的宗教和文化有密切的关系，所以我们谈到文化的时候，一个关键因素就是西藏的宗教。在《中华人民共和国宪法》的第 22 条、47 条、89 条，还有《民族区域自治法》的第 38 条中，明文规定了保护文化的条款。如果你仔细去读这些的话，这里面写得很漂亮，但是实际执行的时候，并不是如此。所以我们一再要强调，在宪法和民族区域自治法里面规定的那些条款呢，必须要把它们执行起来，就是我们所讲的真正的自治。这不光是达赖喇嘛尊者跟西藏流亡政府在讲，我相信您知道，老共产党员、曾在张闻天身边工作多年的前中国社科院日本研究所所长何方先生，在今年（2009 年）4 月出版的《胡耀邦与中国政治改革》一书中撰写的《胡耀邦与民族区域自治》一文中说："60 年来，我们一直宣告实行的是民族区域自治，但这只是表面的和对外宣传用的，实际情况却是另一回事。因为所谓自治，就得允许各民族'有自己管理自己事务之权'，但我们实行的则是'党管一切，汉人当政'。"所以我们一直在强调，必须要有一个真正的自治，原因就在这里。

寺院中的爱国主义

北明：

我再具体问您，关于宗教。对于西藏寺院的管理、西藏一般的宗教活动、师徒的关系，还有转世灵童的确认等等，这些西藏自己的佛教事务，在藏区是不是中国中央政府都干预呢？或者他们直接插手进行……

贡噶扎西：

直接插手。您知道，寺院是宗教文化的中心之一，也是修炼佛法的主要场所，但是目前在西藏的各个寺院，都由所谓的"寺管会"（全称"寺庙民主管理委员会"）控制，进行的都是爱国主义教育。在这种情况下，根本谈不上什么宗教信仰自由。寺庙被监控起来，等于剥夺了宗教信仰自由。

北明：

在文化大革命前和在文化大革命期间，六七千寺院毁得只剩下六座还是七座，而且这六座还是七座，也是半毁灭的、残缺不整的。后来呢，又修复了一些，那么这些修复行动，是不是意味着中国中央政府还是承认西藏的宗教，修正了自己的错误呢？

贡噶扎西：

不是。我刚刚讲过，寺院是宗教活动的主要场所。改革开放后，寺院成为主要的旅游资源之一。因此，中国政府屈于（迫于）国际社会的压力，在 80 年代对外开放的时候，进行了寺院的维修。但是要知道，（基本上是藏族）老百姓自己出力出资修寺庙，国家投入很少，后来国家有些投入，但出力最多的还是老百姓。我认为寺院的维修不意味着中国政府承认西藏的宗教。

北明：

那目前这些修复的寺院，内部管理状况如何？

贡噶扎西：

如果我们讲现况的话，各宗教（寺院）里面现在学习主要有六本课本，所谓"爱国主义教育"：关于宪法的、关于政治的、还有关于历史的。"寺管会"不管寺院的行政改善工作，行政管到佛事上去了。把寺院看成不稳的因素，出家男女僧侣说成是"分裂分子"。寺院的管理，目前处于非常糟糕的状态。

北明：

您是说寺院里头啊？

贡噶扎西：

寺院里头都有"爱国主义教育"，就是课本嘛。然后在各个寺院，不管大小，都有一个"寺管会"。寺管会其实就是一个中国政府在里面安排的一个机构。出家不出家其实是您的自由，但是那些寺院，你 18 岁以下的话，你不能出家。然后，一不听寺管会的下令，你就必须要离开寺院。比如说，寺管会在进行所谓爱国主义教育时，要求僧侣反对达赖喇嘛等，如果拒绝就遭到开除。

北明：

意思是把你开除了？不让你在寺院呆着了？

贡噶扎西：

对。不让你在寺院。比如说在"爱国主义教育"里面，他们列一些考卷。就是说"达赖是分裂主义的头目"、"我们承认北京认定的班禅"，"我们不承认……"，请那些出家人签名。身上穿着袈裟的出家人，去批判达赖喇嘛，那怎么可能嘛！在心灵上、感情上都没有办法做到。所以你拒绝签名的话，你就不能呆在寺院里面。因为这样的情况，前几年，2006

年、2005 年，在西藏各地发生中国政府所谓的不稳定因素，
就是他们造成的。因为有了这些情况，有些人是自杀、有些人
是哭诉、有些人是离开寺院。

北明：
您是说那些出家的喇嘛和尼姑？

贡噶扎西：
对！就是这个情况。所以在寺院里面，根本没有一个机
会去学佛法。就因为如此，每年平均 1500 到 2000 的藏人，
（注：达兰萨拉难民接待站提供的数字是平均每年 3000 人）
跋山涉水呀，从尼泊尔来到印度主要目的，就是为了求学。如
果在西藏境内，真正有宗教自由，真正能够学佛法的话，那些
小孩子为什么千里迢迢啊，离开父母，为什么流亡到异乡呢？

汉化教育

北明：
我们谈谈教育问题。目前在西藏自治区和藏人区域教育
是什么状况？藏人的儿童有机会学习他们的语言吗？

贡噶扎西：
不是没有机会学，一般中学一天有六堂课，可能有一节
或二节藏文课。那汉文（课）说不定有三节、四节。

北明：
学校教学语言是汉语还是藏语？

贡噶扎西：
据我了解，学校的教学除了藏文课之外，都用汉语。过
去 80 年代，前班禅大师跟阿沛阿旺晋美，一再强调学习、使
用、发展藏语文的重要性。有位西藏教育界的学者，叫扎西次
仁。他在 2007 年 1 月 7 日，呈给西藏自治区人大代表的信中
说：1987 年决定《实行藏汉并重、藏文为主大方针、在西藏
建立使用藏语文进行教学的教育体系》，而这个决定是邓小平
先生和两位藏族全国人大副委员长的大力支持下产生的。但时
隔十五年后，在 2005 年 5 月 22 日通过的《关于学习、使用、
发展藏语文的若干规定》和实施细则中，这一重要规定被删除
了。

2007 年 7 月，国家民委文宣司按上级有关的批示，在北
京专门为扎西次仁的《谨呈西藏自治区人大代表的谨呈西藏自

治区人大代表的信"的专家意见》中明确的表示：扎西次仁先生写给西藏自治区人大代表的信，观点十分正确。新《规定》的这种不足和负面的影响，从长远看不仅不利于西藏社会经济的稳定发展，更不利于促进民族团结、不利于构建和谐社会、不利于落实科学发展观。因此，扎西次仁先生提出的问题，是一件关系到藏民族语言与文化能否可持续生存与发展的大事，应该得到有关方面的高度重视，并根据《宪法》和《自治法》的有关精神，通过相关的法律修正案求得妥善解决。

但是到现在，西藏还是汉语文为主，并没有落实相关的规定。这也是为什么我们一直在说，为保护西藏独特的宗教与文化，所有藏人要获得名副其实的自治的原因。

北明：

那么，在汉语教学的西藏的学校当中，藏人有没有机会了解自己的历史呢？

贡噶扎西：

没有。我也是在西藏拉萨读过书的人。有历史课，没有错：中国历史。把真正的那些历史，都不教。这些教材里面，必须要符合党和政府的口气啦！如果没有这些言语的话，你的书在学校里根本不能成为教材。在统一教材里写的都是政府的版本，再加上没有新闻自由，学生接触不到其他不同的观点。这也是为什么现在的年轻一代的汉族同胞不了解西藏真实情况的主要原因。

北明：

也就是说，藏人在学校里头学的是汉人的历史，而且这些历史也是经过修改的？

贡噶扎西：

经过修改的。藏人的文化呢藏人比较熟悉。我们希望藏人能够直接参与、制定一个属于西藏自己的教育制度，我们希望在教育方面自治。因为宪法里面也有规定嘛，国家要保护公民享有的义务教育。

北明：

在去年 10 月份正式向中国中央政府递交了自治方案之后，中央政府是如何回复的？

贡噶扎西：

当时呢，中国政府用 12 个字把它反驳了，就是"独立"、"半独立"、"变相独立"、"大西藏"。

五　"大西藏"的问题

采访时间：2009 年 9 月
采访时点：华盛顿——纽约
受访人：贡噶扎西(Kungs Zashi)（同前）

西藏流亡政府否认'大西藏'有关指责

北明：

贡噶扎西先生，中国官方关于'大藏区'的指责，您也许耳熟能详。我想最直接的指责来自 2008 年 10 月 3 日中国国家总理温家宝在接受 CNN 记者专访时的谈话。针对西藏要求实现宪法规定的自治权利问题，温家宝总理回答记者时时这么说的：

"他（指达赖喇嘛）在世界许多地方到处宣传'大藏区'所谓的'自治'，就是要利用宗教干预政治，从而使'大藏区'脱离我们的国土主权。很多美国人不知道'大藏区'究竟有多大。'大藏区'包括西藏、四川、云南、青海、甘肃五个省，所以所谓'大藏区'相当于中国领土的四分之一。几十年来，我们达赖喇嘛的正醋没有改变，只要他承认西藏是中国的一部分，只要他放弃他的领土主权活动，我们就愿意跟他或者他的代表进行接触和商谈。这种商谈的结果，关键在于诚意。"

当 CNN 记者问"您希望看到达赖喇嘛什么样的诚意"时，温家宝先生回答说："其实我们已经对包括达赖喇嘛在内的个人呢，说得很清楚了，我们不仅要看他说什么，还要看他怎么做。他的诚意就应该表现在他放弃西藏的主权。……"

贡噶先生，藏人不仅生活在西藏自治区，也分布在其他的四个省份：四川、甘肃、云南、青海，这整个区域相当于中国版图的四分之一。鉴于这个事实，我这个问题非常重要：在谈及西藏精神领袖达赖喇嘛和流亡政府所提及的这个"在中华人民共和国宪法框架之下实行自治"的这个意愿的时候，汉人心里就会想，您这个"自治"，就是自我管理，这么大一个版图，人口密度这么高，如果您把这个版图拿走，中国的领土就少去了四分之一，这个情况在目前现状下很难接受。我就想知道，达赖喇嘛和西藏流亡政府在这个问题上究竟怎么想。

贡噶扎西：

是。这个问题很重要。因为现在整个华人社会，尤其是在中国大陆境内，老百姓没有一个很自由的、多方面信息去了解真实情况的一个机会。我们提出中间道路跟自治意见书以后，中国大陆没有办法用宪法的条款来反驳我们的意见书，所以他就用了"这是独立、半独立、变相独立"，另外他用"大西藏"这个概念来反驳我们。

北明：

我想弄清楚，达赖喇嘛和流亡政府在正式递交中国中央政府的有关自治意见书中，究竟有没有提出过"大西藏"的概念？

贡噶扎西：

西藏就是西藏，根据《宪法》关于少数民族自治的精神，并不存在"大"、"小"西藏之说。藏族是中华人民共和国 55 个少数民族中的一个。一个少数民族不能被分为"小""大"或"更大"。当然，如果这些自治地区改由一个自治机构管理，管辖面积肯定比现在大。但这并不意味着西藏或藏人更大、更强了。我们关心的是，中华人民共和国如何向世界阐述这一议题。

事实上，藏人要求由一个自治机构来管辖所有的藏人自治地区。但是把藏人的这些要求说成"大西藏"，听起来，人们尤其是汉人觉得好象我们要求分离，或者我们要把目前中国版图四分之一的领土划过去。其实这不是合乎实际的一个解释，这种表述让藏人感觉是在故意误导人们。

（关于"大西藏"的指控，西藏的精神领袖达赖喇嘛在 2009 年 8 月日内瓦召开的"全球汉藏讨论会"的中文记者招待会上，有过相应的响应。达赖喇嘛首先澄清了"大西藏"这个概念：它不仅是指西藏自治区，而且是宪法里明文规定的所有藏人居住区；其次，达赖喇嘛明确否认了中国官方的指控，他说："一提到西藏，特别是一提到"大西藏"，人们就感觉到这个西藏好像变得很大了，其实我们不是（人们认为的）那样，我们寻求的是宪法里面的这些藏族地区。我们也没有寻求独立跟分裂，我们是为了更好地保护西藏的宗教与文化，寻求一个真正的自治。所以这个自治是在宪法里面明文规定的，我们希望明确地去实施这个自治。"）

西藏自治是一个行政概念，而非领土或主权概念

北明：

贡噶先生，在正式递交给中国中央政府的有关自治文件中我看到有这样一条，是第五："对在中华人民共和国内的西

藏人要进行统一的管理"。这个"统一的管理"，跟版图、区域的划分有没有关系呢？跟中国中央政府所说的"大西藏"问题有没有关系呢？是什么关系？

贡噶扎西：

这两个是没有关系的。因为"大西藏"是中国政府的解释、中国政府的版本，我们的意见书里讲的就是一个行政的概念，并没有牵涉到主权的问题。

两个重要的因素，一个是"在中华人民共和国的宪法框架下"，在宪法里面的 55 个少数民族，西藏就是中国的一部分，没有所谓的那个领土的问题。这里如您刚刚谈的，除了西藏自治区以外，在四个省里面的藏区怎么办的问题，对不对？所以我们说，所有藏人，必须获得名符其实的自治，意思就是说，除了西藏自治区的藏人以外，同一个语言、同一个宗教、同一个风俗习惯、同一个民族的四个省份的藏族，也要真正的自治。所以，这是一个行政的概念。如果我一半要民族自治，一半不要民族自治，那我们怎么向藏人解释？达赖喇嘛尊者怎么跟藏人解释？

（要求中国境内的藏人居住区全部统一实行藏人自治的行政管理，不等于要求这些居住区的领土主权，不能冠之以"大西藏"的概念并刻意地曲解。为此，西藏流亡政府首席部长总理桑东仁波切在 2008 年 9 月 25 日在达兰萨拉他的办公室内接受中国宗教问题专家李江琳女士的采访时，具体阐述了自治条款中有关统一藏族区域自治这一要求的必要性，他说："我们对中华人民共和国领导人提出'民族区域自治'的概念，是针对每一个少数民族的。中华人民共和国有 55 个少数民族，西藏这个少数民族，是一个少数民族，不是十个或十五个少数民族，因此，我们必须有一个自治区。这也就是我们放弃分离和独立的原因。"他说，"当我们接受留在中华人民共和国之内，我们的民族区域自治必须适当地建立。也就是说，我们应当有一个包括全体藏民族的民族区域自治。这不是一个领土问题，也不是什么其他问题，只是一个有关人民的问题。"）

北明：

贡嘎先生，我再跟继续您咬文嚼字一下。在自治的文件里头，第二条是"尊重西藏民族的同一性"，说的是"抛开现行的行政区域，所有藏人作为同一的民族，统一居住的现实必须得到尊重"，这是什么意呢？

贡噶扎西：

现在居住在西藏自治区的人，有自治区政府来管，阿坝藏族自治州跟甘孜藏族自治州由四川省来管，青海省的自治由青海省来管理，没有一个统一的管理，而且有些地方没有自治条款。所以我们认为，因为这几个地方的文化是一个文化，民族是一个民族，语言是一种语言，文字是一种文字。所以，这些同一个民族、同一个语言、同一个风俗习惯、同一个宗教的人，必须要在一个自治机构管理。

（西藏流亡政府总理桑东仁波切 2008 年 9 月 25 日在达兰萨拉他的办公室内接受李江琳的访问时，论述了统一藏区行政管理在管理和民族团结方面的优势。他说："如果藏人有一个统一自治区，中央政府跟自治区打交道就会容易得多，反之亦然。语言保留、文化认同将会一次性实施，而不是分许多层次，这样将会有助于藏人与其他人民、其他民族以及中华人民共和国感情上的团结，这就是我们这方面的理由。"）

"我们是要求统一，要求与中华人民共和国融合"

北明：

也就是说，在行政上，所有有藏人的地区都要统一保留藏族的文化、语言、风俗环境、宗教等等？

贡噶扎西：

没有错。

北明：

但是这些地区仍然是在中华人民共和国的领土的范围之内，也就是说在主权上，安多和康巴区仍然是属于中华人民共和国的领土，只是在行政管理上实现自治，不存在什么"大西藏"的领土问题，是这样吗？

贡噶扎西：

是。不存在"大西藏"跟把这些藏区从中国脱离和划分的问题！

（不仅不存在脱离中国或独立的问题，而且相反，桑东仁波切在指出统一藏区行政管理在管理与民族团结方面的优势之后指出："我们并不要求分离，我们是要求统一，要求与中华人民共和国融合。就此而言，区域的大小根本就不是个问题"。桑东仁波切重申说："根本不存在领土问题"。）

"'大西藏'不是我们制造的一个术语"

贡噶扎西：

"大西藏"不是我们制造出来的一个术语。那个是中国政府的一个解释，所以我也希望广大华人朋友能够了解这一点。

（言及西藏民族区域自治的可行性时，桑东仁波切在接受前述李江琳的访谈中说，中国有些少数民族是散居状态，他们适合宪法中规定的民族自治；而藏族属于聚集状态，因此宪法规定的民族区域自治符合藏人情况。据此，他明确地说："要求区域自治不等于要求领土主权。"他说："那只是如何实行自治行政的问题。自治行政总是在中央政府、中央国会和共产党的控制之下的，所有的这些都不会缺少。我们只是要求实施中华人民共和国宪法的条款，因此并不存在领土问题。"）

北明：

所以说，这"统一居住的现实必须得到尊重"的意思，仍然是一个行政管理的概念。

贡噶扎西：

对。并不是一个领土的概念。没有说把四川省的两个藏族自治州、青海省的六个藏族自治州，还有云南、甘肃几块地像搬东西一样我搬到哪里去呢？所以，尊者达赖喇嘛一直在强调，我们不应该争论历史的问题。因为历史是各说各话，如果你再去追历史的话，有一段时间西藏就是一个独立的地位。所以达赖喇嘛不去、不愿意讨论这个问题，他在向前看。不管历史是怎么回事，我们现在是愿意在中华人民共和国的框架下获得真正自治，我们愿意跟十几亿的中国人民在一起。

"中国领导人缺乏信任与自信"

北明：

贡噶先生，对"大西藏"这个话题您还有什么需要补充？

贡噶扎西：

谢谢北明女士！藉此机会，我想强调两点。这两点是导致达兰萨拉和北京认知差异的根源。

一是中国领导人缺乏信任与自信。北京总用怀疑的目光看待一切，总害怕考虑达兰萨拉提出的任何建议或要求都会带来灾难性后果或有损颜面。所以，任何微小的话题他们都会视为潜在的分裂威胁。鉴于北京的这种心态，达兰萨拉无法获其信任，无论藏人方面多么真诚地信任中华人民共和国领导人，也无论我们的要求多么合情合理。

二是中国领导人缺乏寻求解决西藏问题办法的政治意愿。北京的领导人总是担心，他们在西藏问题上采取的任何措施都会带来更多问题，甚至会失去西藏。因此，双方无法以积极正确的方式沟通。我认为这两个问题，是为什么藏中关系裹足不前的主要原因。

六　达赖喇嘛要求自治是种族隔离吗？

采访时间：2009 年 10 月
采访地点：华盛顿——加拿大卡尔加里
受访人：朱瑞：黑龙江人，小说作家，曾任《西藏文
学》编辑，居藏多年。曾前往印度达兰萨拉，
采访达赖喇嘛和流亡藏人。出版论文集《倾听
西藏》、《略述达赖喇嘛尊者对西藏文化和人
类的贡献》，诗集《秋天的情绪》，散文集
《撩开神秘的面纱》等，现居加拿大。

朱瑞肖像

"大西藏"概念的由来及其误导性

北明：

最近网上流传着一篇文章，题目是：〈达赖大西藏自治在本质上是种族隔离〉，作者署名"寒竹"。根据这篇文章的陈述观点，我查阅了西藏流亡政府和达赖喇嘛有关西藏自治的正式表述，就是去年达赖喇嘛的代表与中共中央政府第八次谈判中，应邀正式递交中国中央政府的《关于西藏民族实现名符其实自治的建议》。在这个建议中，我没有看到任何种族隔离的要求。我也试图在这个建议书中找到"寒竹"这篇文章中引述的那些词汇和观点，比方说"大西藏"、"大西藏自治"，还有"以种族集团划分地区"。按照一般的行文规则我们知道，在文章中打引号的那些字是引文，它应当其来有自。朱瑞女士，您是西藏问题专家，您了解西藏自治的主张，您也写过大量介绍西藏情况的文章，请问您对这篇文章的观点和引述的方式如何看呢？

朱瑞：

达赖喇嘛所寻求的藏区名符其实的自治，就是希望真正获得在中国宪法中赋予少数民族的那些权利。具体地说，他希望藏人能在自己的家园里享受祖辈留下来的传统的生活方式、信仰自己想信仰的宗教，并且希望自己的家园不被掠夺，希望自己的语言不再丢失。这和此文章中所说的"种族隔离"或者是"以种族划分地区"简直是南辕北辙，风马牛不相及。此文中那些引号的运用，不过是别有用心地误导读者，一种虚设。给人一种引自于某篇文章的感觉。事实上，在流亡政府的任何官方文件里和达赖喇嘛的历次讲话中，从来都没有这个含义。

北明：

那么，文中打引号的"大西藏"这个概念，是从哪里来的呢？

朱瑞：

签定〈十七条协议〉的时候，毛泽东和周恩来明确地承认了藏区存在的合理性。甚至在 1950 年成立"西藏自治区筹备委员会"的时候，还设立一个以藏人桑杰益西为首的委员会，专门研究如何将整个西藏纳入一个统一的自治区。后来由于康区的民主改革，引发了西藏各地的抗暴，把藏区纳入统一的自治区的工作，就中断了。1965 年，西藏自治区成立以后，西藏三区就被分为青海的六个藏族自治州、甘肃的甘南藏族自治州、四川的两个藏族自治州、还有云南的迪庆藏族自治州。这十个藏族自治州加上西藏自治区，就是中国政府法定的十一个藏族聚居地。事实上，这就是中共所说的"大藏区"。这个"大藏区"，应该说，是中共自己划定的，而现在又说是达赖喇嘛在寻求"大藏区"。达赖喇嘛不过是寻求在这些叫做"自治区"的地方，能够实现真正的自治。再说，藏区就是藏区，是现实，是历史的延续，没有大小之分，把藏区前面加上"大"字，其目的就是在撩拨中国人的民族主义情绪，最后达到孤立藏民族，消灭藏民族，让西藏问题消声匿迹的目的。

北明：

按照化名"寒竹"的文章的逻辑是说，如果藏人要求大西藏，就是要求以种族集团划分地区。这个结论是否正确且不说，那现在我们看到的是藏人并没有要求大藏区，也就是说，他的逻辑前提本身就错了。能这么说吗？

朱瑞：

对。我前面说过，在西藏流亡政府的各种文件中，都没有提过"大西藏"这个词，不知道这篇文章中打了引号的"大西藏"从哪里而来？！或者是从中国共产党体制内的媒体当中借用来的，然后对人们进行误导。尤其是对那些得到西藏信息很有限的境内的中国民众，简直可以说是一种愚弄，是一种把西藏问题复杂化的阴谋。

达赖喇嘛的"五点和平建议"与"种族隔离"指责南辕北辙

北明：

这篇文章还说，"达赖喇嘛为了保证'大西藏'——又是引号——的种族的纯净，提出了两个具体的措施"：一个是"禁止其他民族向藏人居住的地区移民"，第二个是"把已经在川、青、甘、滇生活了若干代的汉人迁出去"。就您所知，是不是确有其事呢？

朱瑞：

这是很怪诞的说法。第一，达赖喇嘛从来没有要求过"大西藏"，我在上面已经提到了，"大西藏"不过是中共官媒为了挑起中国人的民族主义情绪的一种别有用心的措词；第二，达赖喇嘛也从没有要求过所谓的"种族纯净"。这是一个不争的事实。尊者只是希望能够使西藏的文化延续下来，继续对人类有益。另外，这位化名作者说达赖喇嘛提出两个具体的措施，这种说法，使我想起不久前杨洁篪，我们的杨外长说过："达赖喇嘛提出，要在中国四分之一的土地上建立他所谓的'大藏区'，要赶走居住在那里的中国军队、要赶走世世代代在那里生活的其他民族的中国人"。我就觉得这位化名作者的说法和杨洁篪的的说法完全一样……

北明：

但是我问您，达赖喇嘛有没有这样的想法？有没有这样说法？有没有这样主张？

朱瑞：

达赖喇嘛在不久前，也就是在 2008 年 12 月 4 日欧洲议会上还重申过，尊者说："我们清楚地表明了我们的目的，不是要驱逐非西藏人，我们关注的是大规模进藏的汉族，当然也有些其他民族，反过来让西藏人在自己的家园边缘化，并威胁到西藏脆弱的自然资源。"西藏高原自然资源的枯竭，事实上是对整个亚洲的威胁，因为亚洲诸大河流的源头都来自于西藏高原。这和让汉人迁出去的说法，有天壤之别。就是在斯特拉斯堡讲演中，也就是这位化名作者提到的五点和平建议中，达赖喇嘛也明确地提出了——我把原话念一下："在和会召开，中立化和非军事化达成之前，中国可在西藏维持有限的军队和措施"，并且达赖喇嘛在五点和平建议中，特别地强调了把西藏的外交和国防交给中国。

所以说，这个人，也就是这位化名作者在引述达赖喇嘛话的时候，经过了一个扭曲的过程，不仅没有引用原话、而是把他自己的语言说成是达赖喇嘛说的。所以说在此文里，这位作者所有的论点和论据都是虚设的，是一个圈套，要把那些不明西藏问题实质的人，或者得到西藏信息有限的人，圈进一个误区，进行愚弄和诱导。这也是一种洗脑方式。

750 万汉族移民对西藏文化、生态形成威胁

北明：

听到您刚才引用的达赖喇嘛在欧洲议会上的讲话，还有其他的讲话，我也想起来，我在四处寻找这篇文章中这些观点的引文出处的时候，仔细地看了西藏流亡政府提交给中国政府的自治建议书。这建议书是关于西藏自治的正式的表达，是西

藏流亡政府新闻部出版的，这是一个权威的表达。但在这个权威的表达里，我也没有看到任何他所引述的那些字句以及观点。我看到的是相反的观点。相反观点是在自治条款第四章第十款"管理外来移民方法的制度"中，表达是这样的："我们并没有将定居西藏或长期留居西藏的其他民族成员驱走的想法"。这是非常明确的一个表述，这让我想起刚才您所引述的达赖喇嘛在其他地方的一些讲话，这些说法都是非常一致而且非常明确的。他所表达的，是藏人的担心。这种担心就是：如果鼓励以汉族为主的其他民族成员大量移民西藏，结果就会改变西藏现有的社会结构，西藏民族将因此成为少数民族而被边缘化，脆弱的西藏的自然生态环境将遭到无可挽回的破坏。这是西藏自治条款所表达的一种担忧。我想知道，您认为这种担忧是不是合理的呢？这种表述有什么依据呢？

朱瑞：

这种担心当然是合理的。现在西藏人在他们的土地上就已经被边缘化了。他们不能正常地信仰自己的宗教，不能正常地承继祖辈留下的精神财富。比如，很多西藏的宗教节日都被禁止庆祝。并且，现在中共已经派出了 750 万汉人移民西藏，远远地超过了西藏的 600 万人口。这种估计还不包括约有 30 万或 50 万的中国军队驻扎在西藏。藏人在他们自己的土地上，连自己的语言都不能说，自己的节日都不能庆祝，甚至自己的帐篷都不能呆，被迫移民到贫瘠的土地，被迫同化……这是当今人类史上最可怕的悲剧。美国麻省理工学院语言学家肯•黑欧(Ken Hale)说过："每一种语言的消失，就像往卢浮宫里投入了一个炸弹。"那么一个民族的消失，会给人类带来怎么样的损失呢？这种担心不仅是合理的，而且正在发生。

民族问题源自何处？

北明：

我再问您一个问题，既然达赖喇嘛和流亡政府反复地强调他们不要独立，他们是要在中华人民共和国宪法的框架之下的自治，而且中国政府也希望人家不要独立，可是为什么一定要说人家是要独立、闹分裂？一定要说人家是种族隔离？还有一个问题，您一会儿回答我：既然中国所有的宣传工具说达赖喇嘛要独立，那你为什么不把达赖喇嘛要独立的文件和盘托出来让别人去了解、让别人去甄别呢？这样比你自己说来说去要有力得多？为什么不这样做呢？

朱瑞：

中共政权，依我看，非常清楚达赖喇嘛的真实意图，就是希望要在中国的宪法框架下解决西藏问题，寻求藏区名符其实的自治。但是他们不想解决这个问题，还想把这个责任推给别人。所以说，他们就贼喊捉贼。也就是把他们正在做和计划做的事推给达赖喇嘛尊者。这也是中国共产党政权一贯的做法，轻车熟路了。所以说像你刚才提到的这位化名叫做"寒竹"的人，就是这些匿名人所提供的信息，基本上没有什么可信度。其实，这些为中共辩护的匿名人，他们没有任何风险，不会受到任何打压，还要拿着共产党的工资，却不敢暴露自己的真实姓名。可想而知，他们给我们信息的可信度就是零。他们的主要任务和五毛党大同小异，就是协助中共媒体误导人们，扭曲真相，挑起民族主义仇恨、挑起大汉族主义情绪。我们都知道达赖喇嘛尊者，他是诺贝尔和平奖获得者，是美国国会金奖的获得者。这些奖项不是一个玩笑，它不会给一个主张种族隔离的人，它不会给一个与人类为敌的人。

北明：

好，朱瑞女士，非常感谢您回答我这些问题。关于我们刚才谈到的这个话题，您有什么想要补充的？

朱瑞：

我觉得非常清楚了，达赖喇嘛尊者他所寻求名符其实自治，就像拉达克之于印度似的，居住在拉达克这些人，他们也从来没有想到过要自治，因为他得到了真正的自治。而西藏人为什么要求名符其实的自治呢？因为他们从来就没有得到过自治。这就是这篇文章的化名作者回避的问题，达赖喇嘛尊者所要求的民族区域自治不过是挽救正在濒临灭绝的西藏文化，让一个被压榨和苦难深重的民族享受最基本的人的权利。如果说把这种努力说成是种族隔离，那就等于把主张平等说成是歧视、把寻求和谐说成是制造混乱、把渴求和平说成是制造战争一个道理。这就是为中共失败的民族政策寻找一种理由，实质是在强词夺理，也是一种精心设计的、挑拨民族之间矛盾的阴谋。

七　藏民族是怎样一个民族？

采访时间：2009 年 10 月 6 号
采访地点：华盛顿——达兰萨拉
受访人：桑杰嘉（Sangjey Kep），汉藏问题专家。西藏
　　　　　安多人，西北民族学院（现西北民族大学）藏
　　　　　语系藏语言文学学士。1998 年大学毕业，1999
　　　　　年流亡印度，2000 年进入西藏流亡政府工作。
　　　　　"西藏之页"中文编辑，西藏流亡政府外交与
　　　　　新闻部中文组负责人。

桑杰嘉肖像

一个以身体丈量大地的民族

北明：

请简要概括一下，藏人与其他民族，比方说汉人，有什么不同之处？最重要的不同是什么？

桑杰嘉：

西藏民族是一个生活在高原的宗教民族。在历史发展中形成了这个民族独特的生活方式：以西藏本地的本教文化为基础，以印度传入的佛教为主线的西藏文化养育了西藏民族。西藏民族基本上全民有信仰，除了绝大多数的佛教徒外，还有本教徒，穆斯林以及基督教徒等。

自从佛教传入西藏后，西藏民族的绝大部分时间和精力都用在发展佛教事业上，因此，对世俗的政治以及国家的发展不是很重视。特别是在佛教传入西藏后，佛教不仅在藏区广为传播，而且得到空前的发展。据二十世纪四十年代的研究发现，当时，在全球的梵文佛教经典有三分之二是在西藏保存下来的。当然，翻译成藏文的更多。当今世界唯有西藏人继承和弘扬佛祖释迦牟尼的佛法经典。尽管中共文化大革命焚烧了无数的古书经典，有幸逃过洗劫的少部分经典，仅仅是目录，编了四十年还没有编完。藏人是世界上唯一一个完整继承佛教的民族，对人类的贡献是非同一般。

藏人对信仰的虔诚其他民族是不可思议的，他们可以用身子丈量数千公里的大地，（磕着长头）前往圣地拉萨朝拜。西藏人毫不犹豫地把一生积攒的钱财献给寺院或上师等，同时也为保护佛法付出一切代价。

与汉民族比较，宗教融入西藏民族的日常生活。对于藏人来说，钱财和地位都远远比不上宗教信仰重要。藏人为宗教信仰而献出生命的事例很多，从中共入侵西藏至今，藏人仍然为宗教信仰进监狱，遭打压，甚至献出生命。比如说，中共入侵西藏后，在西藏搞所谓的"民主改革"时，政府把藏人赶出他们的家，没收了房子，没收了他们爱不释手的刀枪藏人都忍了，没有反抗。但是，当中共开始抓僧人，破坏寺院时，就开始引发藏人全面的反抗。这说明藏人对精神生活非常重视。

由于佛教文化的熏陶，西藏民族更具有善良、同情和慈悲心。而且，天生开朗豪爽、诚实、热爱自由并且关爱众生。虽然他们会经商、从政、征战，但不会痴迷于此。升官发财也不是藏人的最终追求，众生解脱才是藏人终究的追求。藏人承认佛教的因缘观，尽量会避免做违背良心的事。另一方面，他们也因宗教信仰而具有很强的心理承受能力。

北明：

藏人除了是一个依靠信仰，而不是权利、金钱生存的民族，文化上还有什么其他特征？文学艺术上有什么特殊建树？

桑杰嘉：

在男女平等问题上，西藏社会本是个非常开明的社会。在历史上，西藏妇女从来没有像印度妇女一样戴面纱，也从来没有像中国妇女缠小脚。而且，西藏男女都有接受教育的权利。男人可以出家，女人也一样可以一辈子在寺庙内学习佛法。

在文学上，西藏民族创作了世界上最长的诗史---《格萨尔王传》，是西藏文化宝库中一颗璀璨的明珠。在建筑史上，西藏人靠自己勤劳的双手和智慧修建了世界上著名的布达拉宫、桑耶寺等建筑。西藏还有世界艺术殿堂里耀眼的艺术作品---唐卡等等。

西藏民族虽然是个小民族，但是个非常勇敢的民族。如，中共靠庞大的军事力量占领了西藏。但是为了自由、尊严，西藏境内外的藏人对极权共产政权的反抗从来没有停止过，六十年来从未向专制政权低头，一直到今天。

将一个民族定性为：愚昧、落后的民族是没有任何根据的。因为，不同的民族有自己不同的文化，不能用某一个民作的文化标准去衡量另外一个民族。如果以中国文化为衡量标准，认为西藏文化是个落后的文化，西藏民族是个愚昧的民族，那么，以西藏文化为标准去衡量，藏人也可以认为中国文化落后，并且可以认为他们不信仰佛法，很愚昧，很野蛮。

一个以头颅叩击神圣的民族

北明：

一个老藏人在传统的生活方式中一天的日子怎么过呢？

桑杰嘉：

49 年以前，藏人的生活方式可以分成：放牧，务农，手工业和经商等。以祖传的地域范畴为生活地域，以各地的本波

（"头人"之意。是西藏各地方民间领导人，相当于汉族乡村的乡绅。——北明注）为领袖，大的领域有西藏政府领导，其他的各自为政，所有的问题由当地本波处理本波无法处理的问题将由噶厦政府出面解决。

西藏老人起床较早，一醒来先坐起来念诵"唵嘛呢叭咪吽"---三宝保佑，感谢三宝等。起床洗脸后，点酥油灯，供水，煨桑（一种火烧檀木等的供养方式）。有的会出去转经，有的在家中。然后，家人将茶端上，有时会在茶中加糌粑---吃图玛。喝完茶老人们开始念诵祈祷文，有的老人念很久，一直到家人做完早餐，再和家人一起吃早餐。早餐后，家人去做事。家中如有小孩，老人会带小孩一起去附近的寺院或庙中朝拜，绕寺院转，转嘛呢（经轮）、磕头。

北明：

一天要磕多少次头？

桑杰嘉：

每天一般会磕头的次数大概 500 次到 1000 不等，看自己所能。然后，一般会和同村的老人们聊天，谈论他们年轻时的事情。老人们会对某个村民的不良行为也提出批评。有时也为一些事情争论不休。如果，某个家庭举行宗教活动，老人们自觉地去帮忙或一起诵经。寺院或庙宇的僧人们会提供中午饭。中午饭后老人们会继续转经轮或磕头或念诵经文。太阳快下山时，老人们带着孩子返回家，帮家人看牛羊等。天黑后，老人一般不会在外面活动，进入厨房帮家人烧火，并在火灶前烤火默默念诵祈祷文。或者手持经轮不停的转经轮。家人将晚饭第一个盛给老人。晚饭后，老人会和家人一起聊天，晚辈会谈一天的工作情况，请教一些问题，并寻求老人的意见。晚辈一般都会听从老人的建议。商量完家事后，全家老小一起念诵经文一个小时至两个小时。然后，老人们回寝室睡觉。

如果是本地有声望的长者，将要担负村子或部落中的领导和顾问的角色，解决纠纷、调解矛盾、连亲说媒、教育晚辈等等。如果是很有佛教修行成就的长者，他在晚年会收徒带弟，传承他一生的修行诀窍法门，为佛法的弘扬做出贡献。

一个以经文编织未来的民族

北明：

你的父母亲会念诵经文吗？

桑杰嘉：

是，每天早上一起床就会念经文。

北明：

睡觉以前也会念吗？

桑杰嘉：

是的，睡觉前一定要念。

北明：

加起来会念多少个小时呢？

桑杰嘉：

大概早上要念三个小时，然后，晚上两个小时。

北明：

所以加起来五个小时？

桑杰嘉：

对，一般会念五个小时。

一个以轮回收发生命的民族

北明：

达赖喇嘛强调说西藏民族是一个"宗教民族"？请提供一些数据说明这个定义。

桑杰嘉：

中共入侵西藏之前，西藏有六千二百五十九座寺庙，有五十九万两千五百五十八名僧尼。而且，当今的西藏人百分之九十八以上的人是有宗教信仰的人，当然，包括信仰基督教、伊斯兰教还有其它教的。但更重要的是，不管西藏人信仰什么宗教，他的文化是以西藏佛教文化为根基的。所以，从这个意义上讲西藏民族确实是个"宗教民族"。

北明：

当时西藏的人口有多少呢？

桑杰嘉：

当时的西藏人口是六百万。

北明：

接近十分之一，也就是说差不多十个西藏人里面就有一个僧人？

桑杰嘉：

对，大概就是这样。而且，多数出家者是从四五岁开始出家的，也有一部分是成人后出家的，但数量相对而言较少。

北明：

也就是说四五岁到十几岁这些年龄的都有出家的可能？

桑杰嘉：

对！而且，一般大家都会较选择早出家。因为，要系统的学习西藏佛教文化，必须要很小开始学习。这样才有可能一生修完西藏佛教主要理论经典。更主要的是：僧尼是西藏知识分子的主要来源。而且，寺院兼学校、博物馆、文化和经济中心、宗教活动场所等。对于西藏民族来说宗教不仅仅是一种信仰，而且，西藏文化的各个领域都有宗教融于其中。宗教是西藏文化的基础和主线，对于藏人来说宗教是一种精神信仰，也是生活的重要组成部分。宗教引导着藏人的精神和世俗世界。

北明：

宗教引导着藏人的精神生活这是可以理解的，那么，宗教是怎样引导藏人世俗生活的呢？或者说藏人世俗生活中持有什么样的价值观念呢？

桑杰嘉：

总的来说，藏人的价值观与西藏佛教的价值观息息相关，相信因果报应，相信六道轮回。所以，藏人对升官发财等的追求不是非常极端，生活中具有很大的知足心。对发生在身边的任何事件都可以用比较平和的方式思考。因为他们相信因缘观。

在西藏文化中很少有"人不为己天诛地灭"、"升官发财"、"便宜不占白不占"之类的思想。相反，传统西藏价值始终会警告你，钱财乃身外之物，如草尖的露水。倡导知足，众生为母的思想，提倡布施。同时藏人喜欢平等自由的生活，通常不会去欺负和打压弱小群体。另外，藏人对死亡看得非常平淡，死时多半比较安详，没有恐惧感，认为死不是生命的终点，而是再次生命的开始。

从藏人的群体性事件也可以看出藏人关注的焦点在哪里：近五十年，特别是近几年中国发生的群体事件都与经济有关。比如占用土地、工人抗议等与经济有关。但是，在西藏发生的每一件群体事件都与宗教压制、迫害有关。这说明藏人的价值观与宗教有密切的联系。

丢失的西藏，1959 年

北明：

这样崇尚精神生活的民族在现代化的社会里如何养活自己呢？藏人喜欢经商吗？

桑佳嘉：

很多人对西藏传统社会一个常见的误解是：以为传统西藏社会只有所谓的"农奴"和"农奴主"。事实上西藏传统社会结构中除了农民、牧民、贵族和僧侣之外也有手工业者和经商者。中共入侵西藏前有为数众多的藏人经商者，也有规模较大的商家。如邦达家族等。他们通过马帮从事国际间的贸易，从印度的大吉岭进口物资到西藏，这些产品是来自世界各地。所以，49 年之前在拉萨可以买到各种各样的国际产品。总体而言，藏人的宗教意识比其他民族强。不过藏人已经融入了现代社会中，成为了现代社会的组成部分。藏人不仅输出了价值观，同时也受到现代社会的影响，吸收着现代文明的精髓。

比如，流亡小区西藏的寺院也开设科学知识课程，而且，也和西方科学界举行定期交流。寺院也用计算机，电视等现代科技产品进行教学。流亡藏人在世界各国如同这些国家的人民一样，进行各行各业的工作。其中也有工程师，教授，学者，医生等专业人才。藏人当然可以在现代社会里与世界人民同步发展，五十年来的流亡社会实践，已经证明了这一事实。总之，藏人五十年的流亡生活证明了西藏人民完全可以与世界六十亿人民同步发展，并且完全可以按现代生活方式生活。

北明：

60 年过去，大陆的中国人和台湾的中国人，在价值观念、生活习惯上形成了很多不同。你觉得你流亡之前和已经流亡藏人之间，有没有不同？

桑杰嘉：

我们小时候，我们村子的小孩都不会讲汉语。但是，现在的藏人小孩和我这个年龄的藏人已经不能说一句完整的藏语了。我出来之前，用藏语数到二十后，就无法继续用藏语数下去，就很习惯的（用汉语）数"二十一"、"二十二"……。语言的汉化问题非常严重。

北明：

刚到达兰萨拉的时候，你习惯这里的生活方式吗？

桑杰嘉：

　　流亡到印度之后，我才发现我身上根本没有西藏传统文化的痕迹，如早上一般藏人都会祈诵的经文，我都不会，但是，达兰萨拉的小学生都可以非常流利的背诵那些祈祷文。当时觉得非常丢人，二十多岁的人站在小学生前，一句经文不会！而且，小孩们吃饭的时候会很自然的按西藏传统方式先念祈文，然后才会吃。我们根本没有那样的概念，拿上碗就开始吃。发现小孩们还在诵祈文时，感到无比的羞愧。感到我们之间的区别很大。

　　还有些事情，让我觉得难堪：在西藏时，村子里的小孩看到一条虫子，他们就毫不犹地去杀死它，似乎这是很自然的事。看到一只美丽的小鸟，他们的第一个反应，也是去拿弹弓打，想方设法去捕杀。但是，流亡小区达兰萨拉的小孩们，如果看到小虫子，会很自然地去把它小心地捡起，或想办法把小虫用纸包上，送到草丛等安全的地方。当我站在这些小孩面前时，我感到无比的惭愧，因为我从来没有想到过这样做。

西藏价值是人类价值

北明：
你现在还害羞吗？你会念经文了吗？

桑杰嘉：
我一直在努力，现在基本上会念那些最简单的早晚祈诵的经文。所以我妈妈知道后也很高兴，自己也感到非常高兴。

北明：
你认为西藏的宗教文化对人类和未来有什么价值？

桑杰嘉：
西藏宗教文化将对人类未来的共存与和平有巨大的价值。因为，西藏佛教提倡和平，慈悲和爱心。她对单独的个人具有平和心灵的功能，个人的这种平和将会创造平和的社会，平和的社会将会造就一个和平的世界。而且，这种和平并非来自强制，是来自每个人的心灵深处，所以是永久的，是真正的和平。这一观点得到了西方精神学家、情绪学家和大脑研究者的证实。

汉化大趋势教会藏人主权和人权意识

北明：
关于西藏民族特性问题，还有什么要补充的？

桑杰嘉：
我想补充的是，中共入侵前，西藏人对国家、主权并不非常关注，只要自己能按自己的生活方式过日子就满足。中共对西藏的入侵和强迫改变西藏人的生活方式，使藏人开始对国家、主权等产生新的认识。因为中共不考虑藏人需求，去破坏藏人传统的生活方式，使藏人重新认识国家及主权的重要性。事实上，西藏人的国家以及民族主义情绪可以说是被中共逼出来的。

而且，中共仍坚持错误的对藏政策，不解决西藏问题。西藏人的反抗运动将永远会持续下去，这一事实 2008 年得到了证实。其实，让藏人按自己的生活方式生活，尊重藏人的信仰、文化传统。西藏人和任何其他民族都可以很和谐地生活。

八　达赖喇嘛是怎样一个人

采访时间：2009 年 10 月 12 号
采访地点：华盛顿——北京
受访人：唯色（Woeser），全名茨仁唯色（Tsering
　　　　Woeser）。文革时期出生在拉萨，曾在西藏东
　　　　部及中国汉地生活、学习多年。前拉萨《西藏
　　　　文学》杂志编辑。因出版《西藏笔记》被当局
　　　　认为有"政治错误"，书遭查禁，人被解除公
　　　　职。此后有多部关于西藏的著述如《杀劫》、
　　　　《西藏记忆》、《名为西藏的诗》、《看不见
　　　　的西藏》、《鼠年雪狮吼》、《听说西藏》在
　　　　台湾出版，并被译成多种文字。

唯色肖像

深孚众望，一言九鼎

北明：

请描述一下，达赖喇嘛在藏人心中是怎样的？重要到什么程度？请举例说明。

唯色：

这是一个非常重要的话题。有一次，在接受英国电视四台的采访时，我转达了境内藏人对达赖喇嘛的深厚感情。我是这么说的：达赖喇嘛作为藏人的宗教领袖，让我们从信仰上皈依他；作为藏人的民族领袖，他在全世界的声望让我们深感自豪！当时，我刚结束在多卫康的旅行，有足够的事实这么说。在全藏地，无论走到何处，无论见到的是市民、农民和牧人，还是僧侣、教师和学生，甚至体制内的许多藏人，每每说到流亡中的达赖喇嘛总是激动不已，无比虔诚。

这里，我想说一个故事。2006 年初，达赖喇嘛在佛陀成道的菩提树下举行法会时，批评在西藏境内出现的买卖和穿着珍稀动物皮毛的行为，讲话传到境内西藏各地之后，在藏人当中引起强烈震动，成千上万的藏人一把火就把昂贵的豹皮虎衣给烧了。直烧得共产党的官员们火冒三丈，甚至在红头文件上宣布："一定要夺回被达赖夺走的人心。"其方式是，不准烧皮子，不但不准烧，还得大张旗鼓地穿。于是，在藏地的各种节庆上，穿不穿皮子成了某种像征和分野。凡是民间节日，没有人再穿豹皮虎衣；可只要是官方组织的节庆，就必须得穿豹皮虎衣，否则会挨行政处分甚至更重的惩罚。

焚烧豹皮虎衣的行为既是出于环保，其实更主要的是表达了藏地民众对达赖喇嘛的信仰，我在不同的地方多次听到藏人们吐露真言："如果连嘉瓦仁波切的话都不听，那还听谁的？"而当局为之恼怒的也恰在于此，半个多世纪以来对全藏各地的强硬统治并未收服民心，一位手无寸铁、远在千万里之外的老人，只说了几句话就能够激起这么大的反响，难怪有国际媒体报道，焚烧皮毛"凸显藏人对达赖喇嘛的信服，只要达赖喇嘛一声令下，藏人无不遵从。"

又比如，在藏地，每年都有成千上百的藏人，包括小孩子，冒着被中国边防军警枪击和逮捕的危险，跋山涉水，风餐露宿，翻越连绵起伏的喜马拉雅雪山，逃往远离故土的印度，最主要的愿望就是朝拜达赖喇嘛。

2007 年震惊世界的"襄帕拉枪击事件"发生之后，自由亚洲藏语部采访过几个枪口余生的逃亡藏人，其中一位 23 岁的僧人土登次仁说，不为别的，就想见嘉瓦仁波切，从小就信仰他，如果见了他，明天后天死都可以。

至于像我这样的藏人，从小接受的是共产党的洗脑教育，并作为党的接班人来培养，可谓一帆风顺，只要顺从，就会有很好的前途。当然，我也从来没有亲眼见到过尊者达赖喇嘛，可是，就像是身体基因里本来就有着对达赖喇嘛的信仰，自然而然地，当我在成长之后拥有了独立思考的能力与判断力，早已深入血脉的信仰和情感便复苏了。事实上，正如去年的西藏事件所显示的，绝大多数走上街头抗议的人，都是在所谓的"解放"后出生的一代，这些在共产党的五星红旗下长大的藏人，不论男女，不分僧俗，举着达赖喇嘛的画像，向统治者呼喊"让我们的达赖喇嘛回家"。

我写过一些献给达赖喇嘛的诗和歌词。其中有一首歌词《在路上》，这里我想朗诵它，我希望有一天，它会变成一首歌，在藏地、在更多的地方传唱。

在路上
啊，在路上
我热泪盈眶
怀抱人世间最美的花朵
赶在凋零之前
快快奔走
只为献给一位绛红色的老人

他是我们的益西洛布
我们的衮顿
我们的贡萨确
我们的嘉瓦仁波切

在路上
啊，在路上
我热泪盈眶
怀抱一束最美的花朵

献给他，献给他
一缕微笑
将生生世世系得很紧

中国官方妖魔化达赖喇嘛助长藏人的愤怒和离心力

北明：

外间关心西藏问题的舆论基本认为，中国官方控制的媒体对达赖喇嘛本人的评价是不公正的。在这种情况下，上述至尊地位，在大陆藏区藏民心中是否有些变化？为什么？

唯色：

中共对达赖喇嘛的妖魔化，从 1959 年达赖喇嘛被迫离开西藏之后，就没有停止过。在中共强悍的宣传攻势中，达赖喇嘛被赋予"最反动的分裂主义分子"的形像，而且被固定、被强化、被灌输。多少年来，无论文革时用漫画丑化，还是今天动辄斥责世界上凡是欢迎达赖喇嘛的国家和领导人，中共从未放弃过对达赖喇嘛的攻击，而这只会助长藏人的愤怒和离心。

前几年，中国的官方媒体发布所谓对藏族人民做的调查，宣布说藏族人民根本不信仰达赖喇嘛，都认为他是"分裂祖国"的"坏分子"。中共的西藏官员们也对世界说"西藏的老百姓并不欢迎达赖回来"，企图给世界这样一个信号：在今天的西藏，达赖喇嘛已经完全丧失信誉；在今天的藏人心中，达赖喇嘛已经成了最不受欢迎的人。然而，这个就像烟幕弹一样的信号却是最大的谎言，也是最无耻的谎言。

当然这个谎言对于西藏人并不陌生，从 1959 年达赖喇嘛被迫离开自己的土地，成为最令世人尊敬的流亡者，整整半个世纪，这个弥天大谎就像一张大网笼罩在藏人的头上，虽然令人窒息，却也无人相信。并且，更加坚定藏人对尊者的信仰，甚至不惜以生命来捍卫这份信仰。

北明：

请举了例子说明这种不可抑制的崇敬。

唯色：

比如 2007 年 10 月 17 日，美国国会向达赖喇嘛颁发金质奖章。当这个消息传到藏地，如拉萨，尽管连日来，所有的党政机关、企事业单位以及各寺院、各学校、各居委会，已经大会小会严厉禁止各种庆祝活动，违者必究，可是在这天清晨，身着节日盛装的藏人们在拉萨各条转经路上，以传统的庆祝方式点燃香草、抛洒糌粑，以至拉萨城的上空桑烟弥漫。许多藏人还去各寺院朝拜，供奉酥油灯盏，颂赞达赖喇嘛。布达拉宫广场人流如潮，即使拉上了警戒线，藏人们依然向布达拉宫磕头。拉萨最大的寺院——哲蚌寺的僧侣用传统的庆贺方式，重新粉刷佛殿外墙，结果信众被军警驱逐、殴打，寺院被封锁，僧人被软禁。

一位用藏文和中文写作的藏人作家，在这天写了一篇绝无可能在中国发表的文章，其中写到："我和我身边所有知道这一喜讯的同胞都感到无比自豪和喜悦……这也是继诺贝尔和平奖后，世界对达赖喇嘛卓越贡献的又一肯定，它不止是达赖喇嘛的荣耀，更是境内外西藏人民的荣耀，是西藏历史的荣耀！这荣耀的火把不仅点亮了西藏的自由之路，更点亮了所有在黑暗中寻找自由的人们！"而在中国内地学习的年轻藏人，也在网上激动地谈论着。有人说："我是一个普通的藏人，我不在乎我们的嘉瓦仁波切得到了什么奖，我只有个美好的心愿，希望他能回到圣地拉萨！"

2008 年，西藏高原爆发震动世界的抗议，令世界为之震撼，认识到藏民族对于中共五十年的统治并不接受、并不认可。而那么多的农民、牧人、市民、学生、僧侣，甚至体制内的藏人，自发地、普遍地做出这样的选择，表达的是分布在中国行政区划中五省区藏人休戚与共的愿望。在抗议中，最多的呼吁就是"让我们的达赖喇嘛回家"、"与至尊达赖喇嘛对话"、"祈祷达赖喇嘛长寿"，许多藏人被捕、甚至被打残、被枪杀，是因为在军警的搜捕中，不愿意被军警逼迫着把达赖喇嘛的法像扔到地上用脚去踩。

就在昨晚，我的一位年轻的藏人朋友传给我一首歌，都是从未亲眼见过达赖喇嘛的年轻藏人写的、唱的，是献给尊者的歌，赞颂他是慈悲的英雄。其中唱到："当漂泊的灵魂迷失方向的时候，就如闪电般的智慧穿越了黑色的轮回，这真理渐渐洞开了心灵的窗口……当苦恼的众生告别快乐的瞬间，就如阳光般的慈悲温暖了朦胧的沙漠，这真理渐渐缝补了难愈的伤口……哦，多么伟大的上师、多么慈祥的上师，你是我们心中的太阳。"

舆论宣传误导，国人误解甚深

北明：
作为一个常驻北京的藏学者，作家，您认为达赖喇嘛在大陆普通汉人的心中是怎样一个人？

唯色：

去年 3 月的西藏事件，在西藏历史上具有难以估量的意义。它不但成为藏人集体记忆中重要的一页，也第一次很清楚地凸现了藏民族在中国的地位问题。由于在中共强大的话语权的控制、遮蔽和曲解下，许多中国人受到当局的那种妖魔化、标签化、污名化的宣传影响，对西藏对藏民族尤其是对尊者达赖喇嘛，产生了非常错误的认识。

我见过一个中国有名的医学专家，她的西藏印像至今停止在被意识形态的宣传全然固化的文革年代，因为她说：西藏现在还有蝎子洞吗？我们当年就听说了，布达拉宫有个蝎子洞，农奴主动不动就把农奴给扔进去，让蝎子活活咬死。而在"西藏今昔"的展览上，一位汉族老人指着达赖喇嘛的照片告诉幼小的孙子："他是坏人"；在"西藏民主改革 50 年"展览的留言薄上，一个中年女子奋笔疾书："叛乱分子太可恶了，就应坚决平叛！"

这里，我再讲一个我经历的故事，说来荒诞。去年的一天，在西单的一家曾经销售印度服饰的小店，因为没看见印度的东西，我就问那个化浓妆的服务员是什么缘故。猜猜她的回答是什么？她居然说："就是因为那个达赖跑到印度去了嘛，现在那边打仗，货都发不过来了。"我又好气又好笑，在经历了 2008 年之后，我们的尊者达赖喇嘛，看来是多么地深入普普通通的中国人心啊。

实际上，许多中国人不但不了解尊者达赖喇嘛，也缺乏起码的尊重，不但在口头上很无礼地直呼"达赖"，轻易挫伤藏人的内心，在网络上的表现更是全无教养和修养，令人感慨这个国家的国民素质竟然下滑到这样的地步，五千年文化中的优秀品德几乎丧失殆尽。

当然，在中国，也有不少秉持良知与正义而发声的知识分子。比如在去年的西藏事件发生之后，3 月间，有 30 名中国知识分子联署签名"处理西藏局势十二点意见"，呼吁中国政府妥善解决西藏问题，严厉批评中国的治藏政策，继而有两百多人联署签名。随后又有 21 名中国律师联署签名，公开声明将依法为被捕藏人提供代理、辩护等法律服务。在互联网上，讨论西藏问题成为热烈的话题，不少汉人写的文章令人宽慰，对于尊者达赖喇嘛以及中间道路的认识，以平等的情怀和真诚的心愿，从不了解到逐渐了解，其意义非同小可。

"我们应像兄弟姐妹一样一起生活"

北明：

根据您的了解，达赖喇嘛自己如何看待、如何感受中国百姓对他的看法？

唯色：

尊者达赖喇嘛素来对中国人民抱有期望，并且总是向中国人民示好。比如，尊者有一段开示是令人非常难忘的，我曾经抄录下来贴在计算机后面。尊者说："……如果我们选择与中国呆在一起，我们应像兄弟姐妹一样一起生活。如果我们选择分手，我们应该做一个好邻居。无论如何，与中国持长久的友好关系应该是西藏一项根本的原则。"所以尊者经常要求藏人与汉人交朋友。

尤其是在藏中第八次会谈失败之后，达赖喇嘛多次在公开场合表示对中国政府的信心越来越淡薄，但对中国民众并没有失去信心。

也正因为如此，尊者达赖喇嘛每次出访世界各地时，总是要花很多时间和心血，与在各地学习、生活的各界华人见面、交流，袒露心扉，直抒胸臆，打动和感化了许多华人。

只是遗憾的是，由于中国当局素来对言论自由的控制，对真实信息的限制，大多数中国人无法了解得到达赖喇嘛的真实思想，也就容易受官媒那种妖魔化宣传的影响，对达赖喇嘛的错误认识，其实是不容乐观的。在这一点上，生活在中国境内的我深有体会，这无疑令人伤感。

"他表达了藏民族最深厚的慈悲和坚忍"

北明：

请具体概述一下达赖喇嘛的成就。

唯色：

在拉萨的时候，我曾经听一位僧人对我说，他遇见一位来寺院朝拜的西方人，赠给他一张达赖喇嘛的照片，并且告诉他，1959 年对于你们藏人来说是不幸的，因为你们失去了很多；但是对这个世界来说却是幸运的，因为达赖喇嘛的被迫流亡，使得世界认识了西藏，使得世界上许多人因此获得学习西藏宗教和文化的宝贵机会。

1959 年 3 月起，24 岁的达赖喇嘛被迫离开故土，从此在漫长的流亡岁月里奔走呼告，劳心力瘁。而每一位藏人，无论境外的还是境内的，无不承蒙着他的绵长恩惠。我曾经写过：虽然藏人不幸，在于生为藏人而不是别的什么人；但藏人有幸，在于藏人因为有了达赖喇嘛，世人才知道了藏人的苦难和善良。从一个民族的角度来说，达赖喇嘛的伟大，在于他表达了这个民族最深厚的慈悲和坚忍。这是我们共有的因缘赐予我们最大的幸运和恩情，感谢三宝，从未放弃我们！

在藏人的观念中，达赖喇嘛是像征大慈大悲的观世音菩萨的化身，对待所有众生都慈悲为怀。而在流亡异国的岁月里，达赖喇嘛大力推动流亡西藏社会的民主化，人人生而平等、保障人的权利等民主理念，与佛教的利他精神构成尊者的人生智慧。事实上，评说达赖喇嘛的贡献与成就的文章已经非常多，无论藏文、中文或英文。在这里，我想要概括地说，十四世达赖喇嘛是西藏历史上最伟大的人物，他对西藏、对藏民族、对世界、对人类的贡献，以及他作为佛教领袖，在佛法的修行与实践方面的成就，非笔墨所能形容。

自我人认同是"比丘"

北明：

据您了解，达赖喇嘛如何看自己，定义自己？

唯色：

多年前，仔细想想，也有十多年了。在拉萨的我，很不容易借到了渴望很久的一本书：达赖喇嘛的自传《流亡中的自在》。记得我当时激动得手都在发抖。要知道，在拉萨，读达赖喇嘛的著作，听达赖喇嘛的录音，看达赖喇嘛的视频，只要被秘密警察发现，那都会出事的。有些藏人被捕就是因为这么简单的理由。

因此，我从达赖喇嘛自传上读到的第一段文字，可谓刻骨铭心。而这段文字，即是尊者达赖喇嘛对自己身份的介绍。是这么写的：

"'达赖喇嘛'的意涵，言人人殊。有些人认为我是大悲观世音菩萨的化身，也有人视我为'法王'。然而在一九五〇 年代末期，我却是中华人民共和国人大委员会副委员长。随后我出走西藏，展开流亡生涯，即遭诟诋为反革命分子与寄生虫。无论上述称谓如何，均非我本意。我认为'达赖喇嘛'是一个示现个人职务所系的头衔。在下仅是一介凡夫，一个不经意间走上僧途的藏人。"

寥寥数句，意味深长。从宗教那至高无上的位置，到政治那充满诡谲的多变，最后回到非常简单的自我认定，西藏当代史的风云变幻已然披露无疑。而尊者达赖喇嘛，作为得大成就的大自在者，并不在意名义上的繁文缛节。所以我们常常可以看见他的签名很简单，仅仅是在名字前写上"格隆"，意为比丘，接受了佛法戒律的普通僧人。

北明：

关于"达赖喇嘛是什么样的人"这个话题，您有什么要补充的？

唯色：

西藏问题并不是达赖喇嘛一个人的问题，也并非有一天，达赖喇嘛圆寂就就会带走藏人和藏文化的生命力与创造力。达赖喇嘛会乘愿再来，藏人也会在浓缩佛教精神的藏文化这一精神支柱下继续奋斗。也许将来会有一段非常困难的时期，就像尊者达赖喇嘛在 1959 年流亡印度，最初也有一段很困难的时期。但只要藏人团结起来，承担起身为藏人的责任，

藏人中流传的漫画。图画车上藏民："皈依你"。脚下路标："独立"。落款是"洛顿南林，93 年"　　　　　　　　　　（唯色提供）

就没有不可能实现的梦想。当然，那样的明天必须靠努力才能得到，如果认为可以靠国际或中国的恩赐而获得，认为一切会很快或者很容易就能实现，那才是不可能的。

近年来，在藏人的知识分子和年轻学子当中流传着达赖喇嘛的教导："坚持佛教慈悲与智慧以及真诚和善意的信仰，坚持以宽容和耐心让敌人成为亲人，坚持以沟通和平等换取信任和理解"。达赖喇嘛的这句话是谆谆期望，更是中间道路，而我们要走的正应该是这样的道路。在年轻的藏人中间还流传一幅令人心酸的漫画：达赖喇嘛艰难地拉着一辆在泥泞中缓慢前行的车，坐在车上的藏人冲着他的背影双手合十，口诵祈祷。

年已七旬的达赖喇嘛是西藏人的精神之父，作为他的孩子，我们理应尽自己的本份为我们的父亲分担，让他不要太辛苦，衰老得慢一点！我们更应该以各自的方式去努力，让我们有早日团聚的一天！

北明：谢谢。

后记

　　早先，"西藏"之于我，就像于汉语世界大多数人一样，是一个无关痛痒的词语，一个微不足道的存在，直到有一天，我读到十四世达赖喇嘛丹增嘉措对中国人的最初印象。他说："我看到的是三个身穿灰色制服，头戴鸭舌帽的人，夹在我的那些身穿红色和金色袍子的官员们中间，他们显得灰沉暗淡，无足轻重。"这让我睁大了眼睛：原来藏人对我们的感觉跟我们对他们的看法如出一辙！

　　丹增嘉措描述的是中华人民共和国建国两年时他的感受，那时的汉人世界中，我还没出生，距离后来山西省话剧院的一次演员诗歌朗诵比赛，也还差三十年时间。在那次朗诵比赛上，大学刚毕业的我作为后进，朗诵了一首自己写的诗，获了头奖。诗的题目是："我骄傲，我是中国人"。

　　丹增嘉措很快就在红色中国制造的西藏灭顶之灾中，发现他的感受"无疑只是一个幻觉"；而在读到他的那个幻觉之前很久，我对这个红色国族的感受就变成了"我悲哀，我是中国人"。从上个世纪五十年代开始，中国在"灰色制服"里，一边以最理想的主义自我喂养而膨胀，一边开始以最卑劣的手段自我阉割而堕落。即便如此，达赖喇嘛的感受——无论如何修正——仍然使我感到惊讶。

　　在写下这些字时，我把自己的惊讶放在案头，仔细审视，想找出原因。而后发现：对中国专制罪恶的认知，并不能够等于对西藏命运的了解，对中国民间灾难的感受，也无法覆盖藏人的苦难。面对红色袈裟和彩色藏服，我始终保持一种类似面对出土彩绘的感受，而我对考古并无兴趣。想不到出土的彩绘竟用"灰沉暗淡，无足轻重"描述它面临的世界！这个世界正是我们，可是这些出土文物竟是谁？既然他们如此评价他人世界，那么他们自己如何自我解读？为什么他们对中国这个庞然大物的感受，从最初就如此准确？他们所处的世界边缘真的微不足道吗？

　　我仍然不能说清楚丹增嘉措对汉人那八个字的描述带给我的微妙感受和启迪，但毫无疑问的是，从此我知道，汉人如果不走进西藏，就缺少对西藏的发言权。我说的是，把对中国宣传机器免疫力装进背包，亲自走进西藏。

　　丹增嘉措寻求与中国民间接触的努力，使我获得了一个机会走进西藏——流亡西藏，而不是中国中央政府控制下的汉化严重的西藏。我了解到的不仅是西藏六十年的苦难遭遇，还有他们在灭顶之灾中凤凰涅槃的史诗般的故事。前者作为内陆西藏的厄运，在中国苦难历史中加上了同样血腥而残暴的一笔；后者是流亡西藏的自我救赎与变法，让我对这个 600 万人口的民族陡生敬意和尊重。

　　关于揭露苦难之于重建良知二者的关系，我尊敬的一位兄长曾经说：没有真相，走不出黑暗；只有真相，找不到光明。正如无辜者未必人格高尚，反抗奴役未必能赢得自由，此言是六十年大陆在苦难中挣扎的真实写照。流亡西藏在暴政的血渊骨岳中，守住了人的尊严与高贵，拒绝与奴役者在行为上和精神上一同沉沦为兽，拒绝在方法和手段上与之同流合污，这使我深受触动。在远离了奴役却鲜见光亮的、海外中国的黑森林中，我确切看见了流亡藏人点燃的光明。所以，这本书的产生，不是出于对他们的同情，不是要向被蒙蔽者诉告他们的苦难——尽管这很重要，而是出于对他们的敬意，希望表述他们作为一个整体，在苦难中的坚韧和悲悯、在反抗奴役中避免让仇恨毒害心灵和避免以牙还牙的高贵精神，以及在继绝存亡时没有让民族主义占领自己的家园，没有对人类的理性精神关上自己的大门——我相信这更重要。有这样的流亡西藏的存在，"马沙达永远不会再沦陷！"废墟上的重建属于他们。

　　这本书分两部分，后部分是"流亡西藏访谈"，以"自由亚洲电台"我主持的"华盛顿手记"专题"走进西藏"系列专访为基础整理而成。这一部分，针对大陆流行的关于西藏的官方宣传，瞄准西藏问题种种，让海外的汉、藏两族专家、学者、作家发言。由于言论封锁，他们过去一直无法出声，他们的观点和看法始终没有机会与大陆公众见面。通过这些访谈，读者可以粗略了解西藏六十年来社会、经济、宗教、文化等方面的真实情况。我相信，这一部分内容，有助于辨认和解读党国宣传部统理下的大陆"媒体"关于西藏的一贯说法。这本书的前一部分是"达兰萨拉启示"，在真实西藏历史与现实基础上，记述我对流亡西藏社会与人物的观察、感受与思考。这部分比较个人化，根据 2009 年夏季我的达兰萨拉之行的笔记充实、整理而成。在这一部分文字中，我试图寻找流亡藏人在异国他乡重建西藏文明的动力和源泉，我相信我找到了它。

如果不是藏人朋友提议在达兰萨拉出版那些访谈录，这本小书不会诞生。

本书诞生的另一个原因是一种歉疚心情：面对流亡藏人脸上深凹的皱纹、悲苦的眼神、善意的沉默，我发现自己内心深处涌动着深深的歉意，歉意的背后，是为自己同胞六十年残暴对待藏人而生的羞耻与愧疚。我是一个汉人，面对苦难西藏，我只有这一个身份。一百万捍卫自己生存权、信仰权的藏人死于汉人枪炮虐杀之下，对我而言，这种愧疚无法用"普通汉人不能对当权者的残暴负责"这个事实消弭。这种愧疚之情和对藏人自我救赎的敬意，交替徘徊在我整理"流亡西藏访谈"和书写"达兰萨拉启示"之间，是这本书敝帚自珍的道德基础和写作动力。

我在本书中使用和贯穿"流亡西藏"这个概念。流亡西藏是一个事实，这个事实已经存在了五十年，获得了国际社会的广泛认可和同情，应该进入汉语世界了。书欲问世，阵痛先行。然而我深信，在中国实现民主自由之前，流亡西藏是西藏全民及其文化的诺亚方舟，是他们的精神载体和心灵家园。我也相信流亡西藏的存在及其坚守的价值，对中国当今和未来，具有启示意义。

最后我要感谢达兰萨拉的桑杰嘉先生、纽约的贡嘎扎西先生和其他藏人朋友，感谢我的汉族同胞丁一夫先生、子仲先生和其他海外华人朋友：在我疲于奔命的日程中，是因为他们的具体的帮助、鼓励和支持，这本书避免了半途而废的命运。

北明谨识

2010 年 8 月 22 日于美国弗吉尼亚州

附录一： 书评

达兰萨拉观访指南·推荐北明《藏土出中国》

胡平

从 3 月 14 日到 24 日，我和苏晓康应邀前往印度的达兰萨拉流亡藏人社区进行参观访问。就在动身的当天，收到了北明女士的新书《藏土出中国》，于是我带着这本书上了飞机。在旅途上，在宾馆里，我和苏晓康轮流翻阅，受益匪浅。北明这本书简直就象是为我们这次达兰萨拉之行专门写的一部观访指南。我建议今后谁要去参观访问达兰萨拉，请务必带上北明这本《藏土出中国》。

《藏土出中国》一书分上下两篇。

上篇是〈达兰萨拉启示〉。2009 年夏季，北明和学者李江琳、史学家朱学渊、诗人兼编辑一平以及两位来自大陆的学者易崴、齐越，应邀参观达兰萨拉流亡藏人社区。期间，作者一行访问了宗教领袖、流亡政府官员、普通民众和学校里的儿童。〈达兰萨拉启示〉记述了作者此次达兰萨拉之行的观察、感受和思考。

下篇是〈流亡西藏访谈〉，收录了八篇访谈，涉及到有关西藏问题的一系列重大问题。受访者包括西藏流亡政府现任首席部长桑东仁波切，达赖喇嘛驻北美代表处兼对华人事务负责人贡嘎扎西和流亡政府外交与新闻部中文组负责人桑杰嘉，以及历史学者李江琳，评论家曹长青，作家朱瑞和现居北京的藏族女作家茨仁唯色。

达兰萨拉是印度北部喜马偕尔邦西北山区的一个小城镇，背靠终年冰雪覆盖的喜马拉雅山。1959 年 3 月，在反对中共当局的抗暴斗争失败后，达赖喇嘛带领数万藏民逃离西藏，进入印度。时任印度总理的尼赫鲁把达兰萨拉的一片地方划给藏人居住。五十二年来，流亡藏人筚路蓝缕，备尝艰辛，在达兰萨拉修建了寺院与学校，建立了流亡政府，接纳了一批又一批不堪中共暴政而舍命逃亡到这里的藏民。如今的达兰萨拉，基础设施齐备，市面熙熙攘攘，管理井井有条。它不但是流亡藏人的新家园，而且早就成为举世闻名的观光热点和朝拜圣地。

　　《藏土出中国》这本书，简明扼要地叙述了西藏问题的来龙去脉以及流亡藏人社区的成长过程与现状。作者拥有文化人类学的学术根底，兼有新闻记者的敏感，再加上多年流亡海外的生活体验。在她的笔下，既有对整体的准确把握，又有生动的细节描写，叙述客观，分析冷静，评论中肯，时而是热情的礼赞，令人感动，时而是悠长的慨叹，启人深思。有时，作者会插进几段貌似题外的闲话，例如同行之间的一点小争执小故事以及在新德里在达兰萨拉的一些小见闻小花絮，有意无意之中还告诉了我们去达兰萨拉观访的若干注意事项。即便从旅游的角度，这本书也有指南的意义。

　　毫无疑问，从 1959 年开始并一直持续至今的藏人大流亡，堪称当代历史上最伟大的一场集体流亡。其艰苦卓绝，英勇悲壮，可歌可泣与灿烂辉煌，就是和古代以色列人出埃及记相比也未见逊色，或许还有过之。而藏人在流亡社区的建设，他们在保持传统并拥抱现代等方面所做出的卓有成效的努力，也是举世少见的。这些都是值得世人，尤其是值得我们汉人认真了解认真思考的。

胡平：学者、《北京之春》主编、
七十年代著名论文《论言论自由》作者
原载：《纵览中国》2011 年 4 月号

生长的圣土·读北明的《藏土出中国》

一平

一

每当谈到达赖喇嘛和他率领的流亡藏人，我就会想到《圣经》中，摩西带领以色列人走出埃及的故事。当然，摩西带领以色列人是出走埃及，他人的国土；而达赖喇嘛带领藏人是逃出自己的祖国；然而他们都是为了逃出奴役处境。

以色列是个奇迹般的民族。在两千多年的迁徙、逃亡、飘泊中，他们没有祖国，到处遭驱赶、迫害、歧视，可谓受尽屈辱。二战中，六百万犹太人惨遭屠戮，近乎其人口一半，可谓 1948 年以色列复国的血祭。尽管"犹太人"不是个好词，但举目四望，以人口比例，不能不承认，以色列乃是当今世界优秀之民族。不说别的，基督、伊斯兰两大宗教均源于犹太教，当今人类文明各领域，犹太人的贡献也都首屈一指。作为一个有同样古老文明传统的中国人，我们不能不对之敬慕。

孟子说"生于忧患，死于安乐"。犹太人是饱经苦难、屈辱的民族，而也正是在两千多年的"流亡"中，他们始终保持其宗教、信念、传统、语言，而成就了犹太人文明的成就。文明不一定有祖国，甚至不一定依靠权力、军队和财富，所有的文明都起源于流亡和旷野——无所依靠的生存绝境，文明即是人之物种置死地而后生。

1959 年达赖喇嘛带领数万藏民逃离西藏，流亡印度，是被迫的，然而却是正确的抉择。当时，达赖喇嘛做出逃亡的决定异常困难，这意味他将失去他的国家和人民，在绝望中，他接连几次启用降神仪式，祈问神喻，最终结果是：走。现在看来，达赖喇嘛幸亏逃亡印度，这才挽救了西藏的文明——他们的尊严、宗教、精神和文化。

从五十年代初至七十年代末，西藏文明在大陆遭到毁灭性的破坏；而达赖喇嘛率领流亡的藏民，在印度的偏荒之地，不仅保存了西藏文明，并使之更新，在世界得到发扬和传播。终有一天，这支文明会回到西藏，并在大陆广泛传播。

想想五十年来，这一队藏人爬山涉水，从封闭的雪域逃到印度，许多人死于路途中，许多人死于异乡的困苦、疾病，他们曾不得不把一批藏族儿童送到西欧国家寄养……。然而，他们存活下来了，并保持了他们的宗教、语言和传统。如今，达兰萨拉已是一宗教圣地，安宁、祥和，游人络绎不绝，西藏文明在这里扎下了根，在世界文明之园中升起了旗幡。数个世纪以来，多少文明或悲怆、或呜咽、或默默地消失，而西藏古老文明，却在这里获得保存和新生。可以说，这也是人类现代文明进展中的一个奇迹吧。

二

《藏土出中国》上篇的标题是：达兰萨拉的启示，这部书有一句献辞："献给全体藏民的精神载体和心灵家园：流亡西藏"。为什么"流亡西藏"是全体藏民的心灵家园？启示，对谁的启示？一批批藏人男女、儿童逃离中国，翻越雪山荒野，来到达兰萨拉；无数的信众，不分国籍、种族，从世界各地来到印度这个偏荒的小镇；为什么？达兰萨拉作为一个精神的圣地不是没有缘由的。

作者在前言说："我了解到的不仅是西藏六十年的苦难遭遇，还有他们在灭顶之灾中凤凰涅槃的史诗般的故事。""我尊敬的一位兄长曾经说：没有真相，走不出黑暗；只有真相，找不到光明。……我确切看见了流亡藏人点燃的光明。所以，这本书的产生，不是出于对他们的同情，不是要向被蒙蔽者诉告他们的苦难——尽管这很重要，而是出于对他们的敬意，希望表述他们作为一个整体，在苦难中的坚韧和悲悯、在反抗奴役中避免让仇恨毒害心灵和避免以牙还牙的高贵精神，以及在继绝存亡时没有让民族主义占领自己的家园，没有对人类的理性精神关上自己的大门——我相信这更重要。有这样的流亡西藏的存在，'马沙达永远不会再沦陷！'废墟上的重建属于他们。"

这些话是这部书的灵魂。记述西藏的文字很多了，但这却是一个新的角度，新的精神的高度。作者对达兰萨拉的拜访、采访，以及这些文字的记述，实乃是其自身所经受的精神洗礼，是她对文明的仰慕，对高尚理想的一次身临其境的追寻和学习。"废墟上的重建属于他们"，这句话很重要，是作者的肺腑之音。

作者成长于文革时代，举家下放农村，之后当过兵，做过工人、政府职员。文革后，上大学，学艺术，之后作记者、编辑、作家，参加了八九运动，并曾入狱，后流亡美国。可以说，她是新中国"成就"的一个典型的自由知识人。她在想什么？追求什么？她观看事物的角度及取舍是怎样的？如果我们想得深入一点，就会发现，作者对文明有着深重的焦虑和祈望，其实这也正是中国文明的处境。

当今，人们有关中国的谈论，多是经济的腾飞，国势日新月异。但是，人们却忽视了事物的另一端，那就是中国文明的废墟状态。1949 年以来，中国文明遭到了彻底的摧毁，在林立而起的大厦之下，是文明的碎片，这就是中国经济奇迹的基础。由此，我们就不会奇怪，为什么中国经济腾飞，而人性和社会反而恶化。人不是物，人是人性之在，人与人的共生。在达兰萨拉，流亡的藏人每年都要都要向印度政府申请签证，其经济状况也仅仅是勉强唯生，但是他们却安宁、祥和。这和中国恰是两个极端。作者也就是在这两级的反差中，看到文明的意义和希望，我们可以在字里行间中，感到她对中国文明现状的痛心，以及对其重建的期望。

三

在简化字的汉语陈述中，西藏尚是禁忌话题，主要因由自然是中国的言论控制。但不仅如此，其后还有一层，那就是国人不当的民族情绪，似乎为藏人说话，敬重达赖喇嘛就是叛国。

国家、种族间的矛盾和冲突是人类现实，难能避免，但是在此之上，还有：佛法、上帝，人类共生之道——公义，以及人性之本：悲悯、仁爱。再说，五十年代西藏所发生的事情，并非是民族冲突，而是世界性的共产灾难之一部分；汉民族同样遭遇了这场灾难，甚至更深重。一个民族之伟大在于它的疆界吗？古罗马与基督教、佛法与成吉思汗，谁更强大呢？

作者写道："本书诞生的另一个原因是一种歉疚心情：面对流亡藏人脸上深凹的皱纹、悲苦的眼神、善意的沉默，我发现自己内心深处涌动着深深的歉意，歉意的背后，是为自己同胞六十年残暴对待藏人而生的羞耻与愧疚。这种愧疚之情和对藏人自我救赎的敬意，交替徘徊在我整理'流亡西藏访谈'和书写'达兰萨拉启示'之间，是这本书敝帚自珍的道德基础和写作动力。"作者在"达兰萨拉的启示"的开篇引用了一首诗："我是一个寻找灵魂的汉人，我循着古道蹄音，来到神山之王的岗仁布钦，遇到了一个一辈子凿刻嘛尼石的藏民"（杨志军《敲响人头鼓》），可谓意味深远。

一个"强大的中国"是国人近两百年来的梦想，但中国的失败一场接着一场。"新中国"似乎是终于强大了，但是我们付出了什么？大跃进、大炼钢铁是为了强大，结果是饿死了几千万的农民；抗美援朝为了显示强大，实则是做了俄国的炮灰。当初，全中国人民，包括知识阶级，支持毛政权的一个根本的动力，就是建立强大的中国。当今中国强大了，但强大的苏联在一夜间崩溃；而中国三十年的经济成就，也可以在崩溃的瞬间化为乌有。中国需要发展，但更需要文明。建立强大的中国，还是一个文明的中国，这是中国命运的抉择。我们需要反省。一个国家真正的强盛，取决于其民族、每个成员的文明的质量。

当作者说到：悲悯与愧疚、良知与尊严，她就回到了文明的起始。由是"我骄傲，我是中国人"转为"我悲哀，我是中国人"，这种悲哀就是"人"的恢复、文明的恢复，因为其所面对的是头顶的星辰，及身后的暴行。她说："我试图寻找流亡藏人在异国他乡重建西藏文明的动力和源泉，我相信我找到了它。"是的，她找到了，同时也找了重建自己的动力和源泉。中国文明的重建也是如此，中国需要有一次愧疚，需要悲哀，需要一次忏悔、洗礼，需要重新回到悲悯、仁爱、公正和天下、万物之心，由宗教来说，那就是佛法。

四

从达兰萨拉到各流亡藏人居住点，最让我感动的是他们的学校和孩子们。就我参观的一所中学，其校园的规模和建筑，远好过八十年代北京的一些大学，令我惊讶。"藏人按照联合国标准在印度、尼泊尔、不丹建立起了教育思想和体系完备的 80 所学校，为 3 万流亡藏人的后代和远离父母逃亡的儿童难民提供国际化水平的教育。"流亡藏族学校，不仅吃、住、用、教均免费，并且每十几个孩子还有一位专职"妈妈"照管他们的生活。要知道，流亡藏人很是拮据，政府议长的月工资也只有 300 美金，他们是倾囊办教。

　　请注意作者的这句话："这里的升学率胜过了印度本土教育的升学率。——背水一战，先得要津，面对内陆藏区严重汉化、世俗化、虚无化情势，流亡西藏的知识界、教育界知道自己责任重大，他们必须从教育着手，完善藏传文化，并使之适应现代化需要。"看一个国家、民族之未来，重要的是看教育，特别是中小学教育——之内容之质量。如果，中国大陆每个孩子都能有这样的教育该多好。是的，我羡慕流亡西藏，敬重他们，面对他们的学校和孩子，我感到是那么地愧疚、悲哀，无地自容，汉人怎么会到了这种地步？不说贪污，每年几千亿的公款吃请、"考察"、豪车、洗浴……，这些钱可以建立多少学校啊。如果将这些钱用于良好的教育，三十年，中国民族将会成为一个焕然一新的文明之民族。

　　我深感，这些流亡的藏族孩子们很不幸，但是他们又是很幸运、很幸福。想想我们童年经历的文革，批斗教师，砸毁学校；想想中国山村大批失学的孩子们，那些被阻挡在校园外的农民工子女、留守儿童、黑砖窑童工……；我的心一阵阵发痛。中国一向自称五千年的文明，称少数民族为"蛮"，但是文明与蛮在哪里分界呢？我们不该睁开眼睛再仔细看看、想想吗？

　　此次赴印度，我有幸和北明同行。在一所小学，北明仔细地抄录了校园墙壁上的箴言，这里我摘录几条："真正的教育在于发掘内在于你的最好的部分；教育是生活的准备；改变事物观念的能力是成功的秘密；乐观主义者视每一个困难都是一次机会；世上无完人，我们从错误中学习成长；来学习，去服务……"西藏流亡议会颁布的教育政策是："尊崇自立、宽容、和平、智慧、助人的教育思想"；"同时着重西藏传统精神文化价值和现代科技需要，二者并行，不悖不废"。作者评论说"流亡西藏不仅以人道主义教育思想保留了自己传统精神的火种，而且演变为一部打开的经典，成长为一个接纳世界文明的开放民族。"

　　如果将传统打开，不将其视为教条，而是文明之精神，那么它就将是涌泉之水，具有无限的活力和容纳。这就是作者说的：敞开的经典；而艾略特将传统比喻为不断融汇的河流。流亡藏族学校教授藏语、印度语、英语、世界史、计算机、自然科学，也有喇嘛讲授佛教，西方、东方；古老、现代，和谐地融会在一起，流入孩子们的心灵和大脑，他们不是变得分裂，而是丰富。这就是西藏文明的新生，而失去传统的民族必干涸。

　　我在美国多年，对其未来有忧虑。新教传统是美国的立国之本，虔敬、勇敢、自律、勤奋、节俭，但这一传统在六十年代后，在逐步消失。在商业的鼓动下，孩子们远离先辈们的传统，青年一代过于放纵，享乐为尚，一个勤奋、创造的美国正在成为一个消费、享乐的美国。这使美国不可避免地走向衰落。我对流亡西藏之教育的敬意，包含着我对美国大众文化的失望。

五

　　在达兰萨拉，我们一行有幸拜见了达赖喇嘛，聆听了他的教诲。是啊，西藏人民是幸运的，他们有这位圣者的带领。西藏没有祖国，没有军队，也没有现代产业，但是他们有达赖喇嘛，不要以为他是个人，他就是西藏文明本身。从灵童到圣者，西藏民族就是如此来培养自己的领袖的，这是西藏文明古老的传统。今天，我们可以看到这种古老的智慧和传统是何等的重要，在危难之时，达赖喇嘛挽救了西藏民族和文明。

　　达赖喇嘛是西藏民族的领袖，他当然要维护其民族的权利和尊严，保护其宗教、文化、传统，数十年来，他竭力为之奋斗。但是他的意义不仅仅在此，他也代表佛教之精神。由此来说，达赖喇嘛也属于人类，是人类文明的一份财富。作者引用了达赖喇嘛的一段话："每天清晨醒来时想：今日我是幸运的，我能醒来，我还活着，我拥有弥足珍贵的人生。我不会浪费这生命。我要用我全部能力发展自我，开放心灵，为一切生命的利益追求启蒙。我将以善念对待他人，我不会让愤怒所俘虏或把人往坏处想。我会尽最大努力为他人谋求福利。"这段话印在达赖喇嘛的一张像片上，上面有他亲笔签字。从印度回来后，我将这张像片送给了儿子，至今放在他的书桌上。

　　的确，如作者所说"有生之年，他未必能够看见西藏获得的自由，临终之际，他也未必能回到自己的故乡。他把西藏命运背在自己身上，……一切个人荣辱对于达赖喇嘛而言并不重要。世世代代达赖喇嘛转世往生，只有一个目的，就是普渡众生，解救苦难。从佛教观点看，他们是来到人世间的'道成肉身'，传播宇宙之爱、人类大同、生命之平等尊严是他们到此世间的唯一使命。……身在五行中，意在三界外，他的生命植根于宇宙之永恒存在而不是人生数十载的时空……"

最后，我以作者自己的一段话来结束这篇文章，因为那片圣土也在我的心中："归程中，汉藏共同栖息的星球再次缓缓出现机翼下方的苍茫天宇间，河流婉如骊歌，山川隐约如诗，大海苍茫如画。在万尺高度上，回眸达兰萨拉之行，我发现自己心中的世界版图已然生长出一片不可或缺的圣土，一阕精神寄存的空间，一种庄严的期盼。"

2010 年 12 月 31 日零点　于伊萨卡

一平：诗人、思想家、《中国人权》编辑
原载《明报月刊》2011 年 6 月号

流亡、旅游、探索与追寻

北明《藏土出中国》读后感

廖文杰

徐吁曾说过，有两种文章最容易写，也是最难写，他也最怕写，这就是游记与自传。

徐吁以为当代的自传恐怕有很多会与事实不尽不实，吹牛撒谎太多；至于游记，如果只是记载城市沿革、河流历史、建筑物高度，有那些名人曾去过观光及题诗题词之类，不如去读旅游指南好了。如果富商出国开会、名人被邀观光或什么作家协会的董事出席什么会议的记游，写今天什么市政府请吃饭，明天与什么名人照相握手，后天在会场中发表什么意见等，则往往肉麻作有趣而已，所以历史上很多大人物都不会写游记的。

自己很同意徐吁的说法，虽然他晚年曾到过北欧如列宁格勒、芬兰、斯笃荷姆等地，也写过几篇很出色的游记散文如〈列宁格勒的诗〉、〈在列宁格勒照相〉、〈芬京一瞥〉等发表在报章上，可惜没有结集出书。近数十年来写得最成功出色的游记，我读过的只有吴鲁芹的几本而已，其他吸引人阅读的游记就不多了。

另外旅行往往有主动与被动的两种，被动的旅行是因为生活所迫或者环境需要而要远赴外地到陌生的地方去；主动的旅行则是想到那里去玩，意图则往往对某地某景慕名已久，处心积累地想去观光一次。前者不应说是旅行，说是流浪或流亡更贴切。中国自共产政权成立以来，陆陆续续有不少人离开故国，到异地流亡作客。徐吁五〇年代离开生长的故国，来港后他也自言是过客，布海歌觉得流放的生活使徐吁如枯池之鱼，如果他的根不是离开了生他育他的土地，他可以成为一棵叶茂枝繁的树。而反右、文革及六四以后，离开、流亡或逃亡的中国人就更多了！后者则是处心积虑的观光旅游，或者探索、追寻，寻找未来的一片未知。

刚好这两种行程都给北明遇上了！她也写了两本很出色的书。前者是《告别阳光——八九囚禁纪实》（台北万象图书公司，1993 年 3 月），写于她在六四流亡之后。六四前北明曾间接直接在天安门广场担任义工，介入广场中的学生之间担任主持广播、帮忙编辑稿件、写广播稿等工作，更主要是在社科院帮助包遵信编辑新闻快讯，六四之后被囚禁过也被迫逃亡，经历过三年多后，重重险阻，才能与作家丈夫郑义一起经香港逃亡到美国去。到现在二十二年了，他们在美国出生的女儿也接近十八岁，即将进入大学，时光飞逝，真令人唏嘘感叹！

到了美国后，北明在「自由亚洲电台」主持美国东方语言媒体一个叫《华盛顿手记》的节目，多属报导有关中国种种为人忽略的事物。二〇〇九年夏天她同几个朋友到印度的达兰萨拉旅游，在十多天的行程中，去寻找流亡西藏人在异国他乡重建西藏文明的动力和源泉。这本有关藏人逃亡到印度达兰萨拉去的纪实最近出版了，书名：《藏土出中国》（香港田园书屋，2010 年 12 月）。本书上篇〈达兰萨拉启示〉，便是记述她在这十多天在达兰萨拉的旅游，对流亡西藏社会与人物的观察感受与思考。后篇〈流亡西藏访谈〉，是她在「自由亚洲电台」主持华语节目《华盛顿手记》专题「走进西藏」系列，专访西藏流亡领袖及西藏问题专家、学者和作家等记录。

如果说《藏土出中国》的上篇是游记也不大确切，〈达兰萨拉启示〉是游记又不尽属游记，北明是到西藏人民流亡之地的印度达兰萨拉去追寻、探索、观察和寻找他们在异国的生活生命根源。汉藏本一家，北明是六四以后被迫逃亡到美国的中国人，自然更能明白了解藏人被迫流亡的心路历程，沧桑感觉，她以中国人的苍凉去印证西藏人的苍凉。因此，北明的感情感受自然更特别沉重深刻，这些感情感受她从字里行间表露出来，达兰萨拉的西藏政府和人民令她感慨感动，她的文字与感觉也感动了读者。有感、有表达，再传达给读者，这才是真正的文学，我觉得在这点上，北明真的能做到了。

正如她在书的序中开宗明义第一段便说：早先西藏之于她，就像于汉语世界大多数人一样，是一个无关痛痒的词语、一个微不足道的存在。想来我们也是一样吧？许许多多在国内、香港、外国或者台湾的中国人也是一样吧？许多西藏的消息与新闻对我们都无关痛痒，事不关己也不劳心，对西藏，就如同一个陌生的名词而已。但读了本书以后，我才知道自五十年代起，西藏就有少量人离境，到了六十年代，陆陆续续有更多人出走。现在大约已有十万多西藏人流亡到印度了，主要是在印度一个一般人称之为「小西藏」的达兰萨拉的地方建立自己家园，到其他的地方也有。我也敬重当时一九六〇年的印度总理尼赫鲁，他能将这地方交给达赖喇嘛，允诺他在该地建立流亡政府。西藏人逃离中国的大迁徙，是当代最伟大的群体性精神事件，是三千多年前摩西领导以色列人出埃及的当代翻版，比之文革、六四以后许多中国人逃离中国更令人震撼。但许多人对西藏事件都淡然处之，或者这书的出版，对大家明白了解个中事实会有帮助吧？

北明原是记者，也是诗人与音乐家，有敏锐的感觉和诗人乐人的激情，文字写得细致敏锐而有感情，处处看出她的灵敏触觉，也很有幽默感，书中多处令人忍俊不禁，因此读这本属于游记，也不属于游记的书本却毫无枯燥感觉。〈达兰萨拉启示〉全篇以美国作家约翰·艾夫唐写的一本书《雪域境外流亡记》，描述一个西藏人单巴次仁及其一家流亡的经历为经纬而贯穿。单巴次仁的种种悲惨生涯，从小全家逃亡，跨越喜玛拉雅山脉逃到印度边境，经历尽家人的生老病死，沧桑忧患，北明以单巴次仁的经历，来回穿梭印证此行旅途中种种所见所闻所思，可以看出作者用心良苦也细致深刻，作者的感情脉络思潮，如交响诗来回往复，穿梭时空，情感收放时扬时止，时高时低，令人唏嘘低徊，感慨不已。

从第三章〈隔代孪生兄弟的故事〉开始，北明来到德里一间西藏难民小区医院探访，里面的藏人牙医诺布宁愿留在月薪低微的诊所为藏人牙齿服务，而没有把诊所开在印度富贵小区赚更多的钱。看到诺布的坚持，北明就想到单巴次仁，单巴逃亡来到印度，长大以后目睹亲人一个个不治而亡……，他最大的梦想是能够成为一个医生，治病救人，后来因为向援助组织申请不成功才被迫放弃了这个理想。北明想着如果单巴次仁能成为医生，一定如诺布一样，欣然服务于他逃亡的同胞而不会计较报酬……，由此展开对《雪域境外流亡记》一书及单巴次仁生涯的开始描述，以后十多天的旅程，他们到西藏的流亡政府达兰萨拉与外交部长、总理、议长以至达赖喇嘛，噶玛巴等见面及讨论……，参观藏经楼、藏人流亡村、难民接待中心、学校、庙宇等，和同行的汉语翻译桑杰嘉细谈后，北明又在藏人身上发现了单巴的影子，对身为难民又没有祖国的情怀，许多藏人如出一辙。西藏流亡历史蹒跚跟跄五十年，他们一如刚从孤独、苦闷中站起来，内心家国的一体痛楚依旧……在流亡政府西藏儿童村的幼托园里，北明又想起单巴十一岁时在幼托园里面的种种经历……，思潮如此来回往复，绵延不断。最后北明从达兰萨拉返回新德里，在烈日下游览凭吊甘地陵，在一代伟人甘地祭坛前鞠躬拜祭作结。时空穿梭交替，飘摇、交织在现实、记忆、过去和现在的缅怀里，而将来，将来又如何去追寻探索那一片渺冥未知的苍茫？

最后一章〈归程〉，北明登上客机，再度飞越太平洋返美。她如此写道：「归程中，汉藏共同栖息的星球再次缓缓出现机翼下方的苍茫天宇间，河流婉如骊歌，山川隐约如诗，大海苍茫如画。在万尺高度上，回眸达兰萨拉之行，我发现自己心中世界的版图已然生长出一片不可或缺的圣土，一阕精神寄存的空间，一种庄严的期盼。」

北明给我们的最后讯息，是她在写完本书后，有了单巴次仁的下落。桑杰嘉从达兰萨拉回话告知她，单巴次仁现在是西藏流亡政府驻新德里办事处的代表，后来娶了达赖喇嘛的妹妹为妻。可惜北明此行没有机会见到单巴次仁及与他详谈，以北明对《雪域境外流亡记》一书及单巴次仁生涯了解的深刻，如果他们能坐下细谈他们对人生，对家国，对流亡的种种经历经验与看法，相信一定是十分精彩和令人感动的文字。

如果西藏和西藏人民都对我们陌生，我们也不了解西藏人民、达赖喇嘛与中国共产政权数十年来的纠纷瓜葛，读读北明这本新书或者可以令我们更能了解多些，也对事情更有认识吧？否则西藏对我们或者仍是一个陌生的名词而已。多年以来西藏都有些上师和仁波切来香港弘扬佛法，但因为政治问题，达赖喇嘛始终没有来过香港。据我所知，香港有些佛教团体也曾组队去达兰萨拉观光礼佛及在那里的佛寺庙宇居住一段时间的，但对此报导的文字却不多见。比较关心西藏问题的应该是以前曾在中国修业，后来赴美的作家李江琳，她是西藏问题专家，北明的朋友，也是北明这次达兰萨拉之行的组织者，她曾经写过几本有关探讨西藏问题的书，这位作家大情大性，从北明的描述和李江琳在西藏儿童村搂抱她收养的七岁西藏小孩图片便知一二。此外谈论西藏问题的文章也有一些，只不知这些数据报导、书本文章，追寻和探索，在这茫茫大海中能激起多少浪花微澜而已。

书的下篇是〈流亡西藏访谈〉，如前所述，是北明在《华盛顿手记》她一个电台节目专题「走进西藏」系列，专访西藏流亡领袖及西藏问题专家、学者等记录，更详细报导种种有关西藏的资料情况。我较感兴趣的是北明访问藏人唯色的一篇，唯色近年很为人注意，因为她写了很多有关西藏问题的书，又被当局查禁撤职，所以摄影集与文集只能在台湾出版并被译成多种文字。她文革时期出生在拉萨，从小接受共产党教育却竟然未有被他们洗脑，血脉奔流的信仰，感情的寄托还是只有达赖喇嘛而已。相信跟她有同样思想感情的藏人肯定也有很多吧？以一反三，不难知道佛教和达赖喇嘛才是西藏人民的血脉根源。唯色又在节目中朗诵她献给达赖喇嘛的诗和歌词，从这点又可看出西藏人的热情、爽朗、正直、纯真与毫无机心之处了，与东方人的收敛含蓄，回然不同。

北明在书前的扉页献辞如此写着：「献给全体藏民的精神载体和心灵家园：流亡西藏」。

感谢她，也祝福西藏的同胞。

二〇一一，六，四。六四二十二周年

廖文杰：散文家、文学评论家、香港出版界编辑。

一本西藏启蒙手册·北明《藏土出中国》荐言

苏晓康

　　西藏对中原现代汉人的意义是多重的：大一统的、殖民的、地理的、资源的、旅游的、音乐歌舞的、边疆文学的、喇嘛教的、农奴的，等等，在大众传媒（"文革"积淀最深厚）也即市井的层面，歌舞的和旅游的"西藏"大概是最"深入人心"也霸权最大的一个意义。它的源头，我们可以追溯到那首"北京的金山上"，由才旦卓玛演唱，是"文革"中音量最大的几首歌曲之一，它甚至已经代换成汉人的"崇拜"仪式，虽然这首歌是借藏人的歌喉，把北京说成神山，把毛泽东说成神——借藏传佛教的艺术来塑造汉人的"现代迷信"，也是一种"洋为中用"吧？我们可以发现，自由化的八十年代，西藏乃至整个边陲的声音，在中原是颇为沉寂的，那其实是一个正常现象。到九十年代，那声音又"洪亮"起来，领头的一首歌，是李娜唱的"走进西藏"：

　　　　走进西藏，也许会发现理想。
　　　　走进西藏，也许能看见天堂。
　　　　呀拉索，走进雪山，
　　　　呀拉索，走进高原，
　　　　呀拉索，走向阳光……

　　意义空洞、徒然的高亢，它只剩下一个"西藏"的包装外壳，却风靡神州。那是一个"旅游西藏"正在勃兴的时期，患有"意义失重"的汉人青年，大部分只被地理意义上西藏的广漠、巨大所震慑，或着迷藏传佛教的奇异，或沉醉于边陲风情（"香格里拉"），这些都不妨去配合对西藏的征服、掠夺甚而灭绝。我们要问的是，为什么陷入了灭顶之灾的藏族，在现代汉人的意义世界里，却好端端地留下一派浪漫歌舞和壮丽河山呢？

　　"走进西藏"——你是在走进哪个"西藏"？这是一个最简单的意义。对于汉人来说，西藏在文明、宗教的意义上，一如她的地理躯体，也是广漠、巨大的，凭借"旅游"是不可能简单逼近的。更大的困难，还在于现代史的篡改、阉割和掩埋，使汉人基本上完全失去接近真实西藏的所有通道。你永远在"走进"一个汉人虚构的"西藏"。

今年三月间，我与胡平应邀访问达兰萨拉，乃是我的第一次"走进西藏"，虽然是去印度北部的那个小镇。在藏传佛教的意义上，达赖喇嘛在哪里，西藏就在那里，所以才会每年大批藏人翻越喜马拉雅山。我对西藏的一无所知，是我的一个旅途苦恼，胡平因此向我推荐一本书，一路上我读着这本书"走进西藏"，我到了达兰萨拉后才获得印证，这本书把我引进了原汁原味的西藏，也让我最大限度的接近了尊者达赖喇嘛。这本书就是北明的《藏土出中国》。

没有宗教信仰的汉民族，自是不易懂得藏民族，一如懂犹太民族也很难（这本书借后者的"出埃及"来隐喻前者）。但这个基础的鸿沟，可以通过一座桥梁去逾越，即直接聆听达赖喇嘛，那是广大的欧美人民跟西藏沟通的一个渠道，只要你没有"民族沙文主义"心态。那甚至是一个纯美的境界。但是别忘了，在汉文的语境里，中共给达赖喇嘛戴了一顶帽子"披着羊皮的狼"——这个党曾是一个"帽子公司"，但自文革以后基本不再生产"帽子"，但还是特别订制了这么一顶，供出口之用。所以，对汉人需要作"达赖喇嘛"的重新诠释，这也是北明书中颇具匠心的两章：《悲圣苍凉菩提心》、《遗失的桂冠》，恰似一组缠绵的二重赋格曲。因为北明是从普世价值出发，去诠释一个全球意义上的"达赖喇嘛"，那是人类所共有的一个菩萨，已经超出西藏的范围；而这个达赖喇嘛，有他的一个现代来源，即圣雄甘地，及其"非暴力主义"。北明的笔，在钩沉这些宏大意义的来龙去脉之间，从容穿插，不疾不徐。在这个普世的层面，我们比较容易接近达赖喇嘛和藏传佛教，从远处眺望藏民族。达赖喇嘛在西方的魅力，也只是他博大精深的一个浅表层。

西藏是什么？你若对现代史上的藏人苦难一无所知，你只能跟一个"地理的西藏"相遇，而李娜歌词里的所谓"天堂"，恰是藏人的地狱。在"大一统"话语泛滥的汉文世界里，我们几乎听不到丝毫藏人的呻吟。也许就是这个缘故，北明对藏人的苦难史，有一种书写上的不遗余力，因为她不可能像廖亦武那样沉入汉人的"底层"或边陲，去寻访那里俯拾即是的"苦故事"，西藏的苦难还是被深深埋在地下的遗物和化石。北明从她所遇到的每一个藏人身上挖掘苦难，比如她写单巴次仁，五九年随达赖喇嘛逃离西藏的五口之家的最后幸存者，其故事源头来自英文的《雪域境外流亡记》，接着又穿插出现在对流亡总理的采访中，第三次再出现在描述汉语翻译桑杰嘉气质的章节中。自然，北明也不会放过西藏儿童村里的一个镜头：一个女孩鼓起勇气来到摄像机前，刚说出一句"我想我的爸爸妈妈"，就噎住了跑开，如此三番，竟不能完成一句她要说的话——苦难依然是西藏的主题。

西藏真相是最不易接近的领域，汉民族尤其困难，因为她连自己的现代史都被取消了，她弄不清曾被饿死过多少人、有多少反抗者被监禁和处死、独裁者施行过多少祸国殃民的政策，自然也不清楚这个"国家"对国际强权履行过多少"丧权辱国"的勾当，更遑论怎样欺负过弱势民族了。自从五十年代以来，这个汉人强权在西藏作的孽，至今也跟"八九六四"的大屠杀一样，被彻底密封着。吊诡的是，恰在"六四"前后流亡海外的中国汉人，开始追讨西藏真相，作为追讨中国真相的不可分割的一部份。一些先行者（曹长青、朱瑞、李江琳）做了艰难的拓荒，他们的著述对汉民族而言，称得上是一种"西藏的启蒙"；北明又邀请他们，再加上一些藏人专家，到"自由亚洲电台"《走进西藏》专题里来，谈论西藏真相的一些基本问题（本书第二部分），集中而清晰，我便是一路阅读它而来到喜马拉雅山南麓，已然获得了对西藏的一个轮廓性认识。

本书对达兰萨拉和西藏流亡社会的描写，是写意式的，首尾贯通着作者的一种虔诚，不仅在向读者介绍一个真实的西藏，甚至在向我们传授一种如何接近西藏的态度。给我印象很深的，一是"康巴汉子"的素描，司机噶玛丹达"每到一地，只要有佛殿，他就进去恭拜，每次恭拜，必叩长头"，他在大钟寺"一身素缟"作长叩，"最美丽也最意味深长"；再就是"眼睛会说话"的桑杰嘉，北明描写他对流亡的锥心痛彻、对任何歧视的敏感，最传神的，是他对达赖喇嘛尊者的那种远远的敬畏和心疼。我觉得最重要的是，北明写出了藏民族的尊严，一种溶入血液的民族气质，因为来自信仰的超越性，便在文明劫难、民族危亡和流亡艰辛中，屡经试练而越发纯正、坚毅。

苏晓康：作家、《民主中国》前主编、
八十年代著名电视纪录片《河殇》总撰稿人之一
原载：《民主中国》2011 年 8 月 15 日

附录二：历史文献

附录二：历史文献

1．西藏政府向联合国的申诉书（1950）[1]

（一）A/1549 号
1950 年 11 月 11 日于卡林邦

目前世界的注意正集中在韩国，那里侵略行动被国际力量所抵挡。在遥远的西藏，类似的事件却在不受关注下发生了。依于在任何地方侵略不会在毫无阻挡下进行和自由不会不受保护的信念，我们奉命向联合国组织报告目前在西藏边境地区发生的事件。

正如你们所知，现时西藏问题已是非常危急。此一问题并非由西藏自己做成，而主要是无阻拦的中国人的野心，要把弱国置于其有力的统治的版图内之结果。西藏人长期以来在他们遥远的群山之间过着与世隔绝的生活，疏离和超然于世界其他地方之外。除了就公认的佛教会领袖达赖喇嘛宗座对其他国家来的信众赐与加持和接受他们归依而言。

在 1912 年以前的年代，中国皇帝和达赖喇嘛宗座之间在个人方面确有紧密的友好关系。此种联系根本是从共同信仰的信念所诞生，同时应该正确地描述为上师俗家弟子的关系，这里没有政治含意。作为依止于佛教教义的人民，西藏人长久以来已戒绝了战争技艺，奉行和平与宽容，并依赖地理位置和对其他国家事务的不介入来保卫他们的国家。曾经有些时候西藏向中国皇帝寻求保护，但却很少能得到。然而，中国人出于他们对扩张的自然要求，完全曲解了中国和西藏两个邻邦之间存在的友好联系和各自独立的意义。对他们来说，中国是宗主国，而西藏是藩属。这种主张在西藏心中首先生起了有关中国对其独立地位的阴谋的法理性理解。

中国人在 1910 年的远征时的所作所为令两国关系完全破裂。在 1911 至 1912 年间，西藏在十三世达赖喇嘛的管治下，宣布完全独立。甚至尼泊尔亦同时废弃对中国的效忠。当 1911 年中国辛亥革命推翻了满清皇朝的末代皇帝，亦断了西藏和中国在感情和宗教上的最后联系。西藏自此即完全倚靠其与世隔绝，对佛陀智慧的信念，和偶然地借着英印政府的支持来保护自

---

[1] 源自《西藏之页》：http://xizang-zhiye.org/b5/hhdl/lhg.html

己。毫无疑问地在此等情况下、后者亦同样可以要求对西藏的宗主权。西藏虽然时时刻刻在中英两国的影响下，依然保持其独立存在。要证明此事可以指出，西藏在国内能够维持安宁和秩序，而亦与世界保持和平。西藏继续与中国人民维持邻邦的亲善和友谊，但从不应允中国在1914年提出的宗主权要求。

英国的劝导令西藏签署了一项条约，其中加诸于西藏中国名义上（不干涉的）宗主权，同时藉此中国获给予在拉萨维持一个代表团的权利，虽然它被严格禁止插手西藏内部事务。除了此一事实，由于中国人并没有在 1914 年的条约上签字，甚至西藏对中国勉强承认的名义上的宗主权亦并不可以实施。从西藏保留与其他邻国，例如印度和尼泊尔等的独立关系可见一斑。再者，不顾友善的英国建议，它并没有在自己的立场上作出妥协，在二次大战投入自己的军队去支持中国。因此它维护和保存了自己的完全独立。1914 年条约依然指引着西藏和印度间的关系，而由于中国。并非签约的一员，故可被视为放弃了条约中所给予其的利益。西藏的独立由是再次取得法理上的地位。

当中国经历再一次革命，而成为一个完完全全的共产国家；西藏与中国在 1911 年辛亥革命后保留的脆弱联系变成不再恰当。中国和西藏各自采纳的背道而驰的信仰之间不可能有任何血缘关系或一致性。预见到未来的纠纷，西藏政府断绝与中国的外交关系，并在 1949 年七月驱逐中国在拉萨的代表离开西藏。自从那时起，西藏甚至没有与中国政府和人民保留正式关系。它决定要独立存在，不为高度唯物义教条的病毒所污染。但是中国决心不容许西藏和平地生活。自从中华人民共和国成立，中国人就恶狠狠地威胁要解放西藏，并利用诡计多端的方法去恐吓和中伤西藏政府。西藏认识到没法去反抗。因此它同意与中国政府谈判好条款。

不幸地，西藏派往中国的代表团不能离开印度。这并非是他们自己的过失，而是由于要取道香港，故需等待英国签证。在印度政府的好意干预下，中华人民共和国屈尊容许西藏代表团与刚在九月抵达新德里的中国驻印度大使展开初步谈判。当此等谈判在德里进行之际，中国部队没有事先提出警告，或是无缘无故地，在 1950 年月 7 日，在多个地点横渡长期以来作为西藏领土边界的金沙江。在很短的时间内，重要的战略性地点如多玛、吉塘、德格、察雅、热扎卡、打箭炉和马尔康，相继陷落中国人手中。在康区的西藏边防要塞，它并非为带有任何侵略意图被保留，而只是作为一种名义上的保卫设施，也全部被扫除。共党部队从五个方向集结大军包围康区首府昌都，此地很快被攻陷。无人知晓西藏政府派驻当地的大臣的命运。

此一偷偷地进行的侵略，外界所知不多。在侵略行动发生后很久，中国向世界宣称它是被请求进军西藏。这种没有根据的侵略行动不单干扰了西藏的和平，亦同时完全罔顾中国向印度政府作出的郑重保证。同时它在西藏创造了一个严重的处境，最终将会不剥夺西藏长期争得独立。秘书长先生，我们可以向你保证，西藏不会未经战斗便屈服。虽然一个献身和平的国家根本没有希望抵抗一群受训战士的野蛮行动，但我们明白联合国决定制止任何地方进行的侵略。

通过纯粹的武力为西藏纳入共产中国版图而武装侵略西藏是一宗很清楚的侵略事件。只要西藏人民仍是在违背他们的意愿和同意而被武力所威迫而成为中国的一部分，西藏现时之被侵略将会是以强凌弱的最严重事例。我们因此通过阁下向世界各国申诉，请为我们调停和约制中国的侵略。

问题十分简单。中国人宣称西藏是中国的一部分。西藏人感觉到在种族上、文化上和地理上，他们都与中国人远远分隔。如果中国人发现西藏人对他们的勉强要求并不接受的反应时，他们可以通过其他文明的方法来确定西藏人民的看法。或许，此事件可单纯矛循法律解决。他们可在一个国际法庭内公开寻求纠正此一事端。中国占领西藏只会扩大地区矛盾和加增对其他亚洲国家独立和稳定的威胁。

我们一群阁员，被达赖喇嘛宗座批准，将在危急情况中的西藏问题托付给联合国的最终裁决。希望世界的共识不会容许我国受到类似森林法则的方法所瓦解。

嘎厦（内阁）和西藏国民大会，
西藏代表团，萨格巴办事处，卡林邦。
拉萨藏历铁虎年九月二十七日
（公元 1950 年 11 月 7 日）

2. 达赖喇嘛向联合国秘书长申诉书 (1959)[1]

秘书长阁下
联合国
纽约

尊贵的阁下：

　　查照 1950 年 11 月 24 日星期五举行之联合国大会常务理事会会议，会中议决为给予有关方面达至和平解决之机会而搁置讨论萨尔瓦多抗议"外国武力侵略西藏"。本人怀着深切的悲痛知会阁下，此侵略行动实际上扩展至整个西藏均在中国武力占领下之结果。本人与我方政府作过多次寻求和平与友好解决之申诉，但至今此等申诉均被完全漠视。在此等情况下，监于西藏人民所遭受之为违反人道和宗教之非人待遇和罪恶，本人恳请联合国立即介人并由常务理事会讨论被搁置之对西藏事件之初步行动。关于此事本人及我方政府强调，当西藏之领土完整被中国军队在 1950 年侵犯时，西藏乃一主权国家。

　　西藏政府提出下列各点支持此一争论：

　　（一）　自从十三世达赖喇嘛在 1912 年宣告独立以来，中国政府从未在西藏境内或对西藏行使过任何权力。

　　（二）　在此一时期西藏之主权地位可从西藏政府直接在这些年间缔结了多达五项国际协议之事实获得确定证据。

　　（三）　1914 年英藏协议承认西藏之主权地位并赋与西藏全权代表和大不列颠及中国代表同等地位，西藏以此为根据。此一协议无疑亦对西藏外主权施加了若干限制，但此等并未剥夺其对内地位。再者此等限制在印度国内权力移交后已失去其效用。

　　（四）　并无任何有效及现在存之国际协议，其中西藏或其他国家承认中国之宗主权。

---

[1]　源自《西藏之页》

（五）西藏之主权地位从在二次大战期间，西藏坚持中立及只容许非军事物品从印度通过西藏输往中国之事实同样被证明。此一立场为大不列颠和中国政府所接受。

（六）西藏之主权地位同样被其他国家承认。在 1948 年西藏政府贸易代表团访问印度、法国、意大利、联合王国和美国期间，西藏政府签发之护照被此等国家之政府所接受。

阁下，本人及我方政府同样恳请联合国在人道立场上立即介入。自从他们侵犯西藏之领土完整后，中国军队已违反普遍接受的道德法则犯了下列罪行：

（一）他们充公了数以千计的西藏人的财产，并剥夺了他们谋生的所有资源，因此驱使他们步向死亡和冒死反抗。

（二）男人、女人和儿童被强迫加入劳动队及进行军事建设工程，而没有任何报酬或只是得名义上之酬劳。

（三）为完全灭绝西藏民族而对男人和女人采用残忍和不人道的方法施行绝育。

（四）数以千计的无辜西藏人被野蛮地屠杀。

（五）有多宗事例有关西藏领导人被无缘无故或无根据而被谋杀。

（六）千方百计破坏我们的宗教和文化。数以千计的寺院被夷为平地，圣像和宗教器物被彻底破坏。生命和财产不再有保障。国家首部拉萨现今已成为死城。我的人民所遭逢的苦难真是罄竹难书，故此迫切地需要将此种任意和残忍的谋杀我的人民的行动立刻结束。在此等情况下本人向阁下及联合国申诉，并确信我们的申诉必会得到所需的关注。

达赖喇嘛敬上
新德里
1959 年 9 月 9 日

3. 达赖喇嘛致邓小平函（1981）[1]

邓小平先生阁下：

我同意并相信共产主义的理念就是寻求全体人类和普罗大众的福祉，也相信列宁的民族平等政策。同样的，我也很高兴曾与毛主席讨论过有关民族的理念和政策。

如果相同的理念和政策被实施，将带来敬佩和快乐。不过如果要说到过去廿年来的进展时，经济和教育这两项使人快乐的基础却嫌不足。而且由于各种无法忍受的扰乱所带来的困难，党和群众、官员和群众、官员之间、和群众之间都失去了信任。

彼此之间透过错误的假设和传播互相欺骗的结果，使得达成目标有了很大的误差和耽搁。不满的迹象现在当然从各方面滋生，明确地显示目标并未达成。

谈到西藏的情形，可惜的是一些西藏官员既没有促进同胞基本快乐和短程及长程福祉的智慧和能力，复又逢迎不懂西藏、只管个人眼前名声的中国官员，共同捏造一些令人满意的报告。事实上西藏人民不仅身受无法估量的痛苦，而且有很多人还死于非命。西藏古老的文化遗产更是在文化大革命中受到无情的摧毁。这些令人遗憾的事情应该已成过去。

在总结过去的错误经验之后，现在有一个新的政策叫做「从事实中找真理」，还有一个现代化的政策。在西藏问题方面，我很高兴而且赞同胡耀邦同志在访问过拉萨之后，尽一切努力承认并改正过去的错误。

你可能了解，在过去廿年中，我们流亡在外的西藏人除开试图保存我们的民族认同和传统价值之外，还教育我们的子弟，让他们能透过有关正确的行为、正义和能使西藏社会更好的民主原则等知识来决定他们的前途。

简单的说，如果考虑我们住在外国的事实，我们应该会对我们在世界难民史上的成就感到骄傲。在政治方面，我们在争取西藏人民的合法权益时一直遵循着真理和正义的道路。我们从未扭曲、夸大或是批评中国人民。我们也未对他们抱持恶

---

[1]　源自：《西藏之页》

意。最重要的，是我们一直秉持真理和正义的道路，没有与任何的国际政治势力挂钩。

一九七九年初，嘉乐敦珠接受你的邀请访问中国。你透过他传话说，我们应该跟你维持联系。你并且请我们派出考察团前往西藏。我们后来派出的考察团发现了正面和负面的情形。如果藏人的身份认同获得保持而且如果他们真正的快乐，就没有理由抱怨。不过在事实上，九成以上的藏人在忍受心理和生理上的痛苦，而且活得很不快乐。这些悲哀的情形并不是因为天灾而起，而是出于人为的行动。因此我们必须以合理的方式根据现实努力地解决这些问题。

为此我们必须改善中国和西藏、以及西藏内外藏人间的关系。我们必须设法在真诚和平等的基础上透过未来更深的了解，建立起藏人与华人间关系。现在已到了紧急运用我们的共同智慧，以容忍和宽大来使藏人获致真正快乐的时机。

在我的这一部份，我仍然为全体人类的福祉贡献我的心力，尤其是穷苦老弱的人，尽我的全力而且没有国界之分。西藏的人民对我寄予很大的信任和希望，我愿意把他们对目前和未来的希望和理想转达给你。

我希望你能告诉我们对以上事务的看法。谨致我最高的敬意和尊重。

一九八一年三月廿三日于印度达兰萨拉

（原为藏文）

4.　达赖喇嘛致邓小平和江泽民的备忘录（1992）[1]

一九九二年六月廿二日，中共中央统战部长丁关根在北京与嘉乐敦珠会晤，他重申邓小平一九七九年的保证说，除开独立之外，中国政府愿意与我们讨论和解决任何的问题。丁关根还说，在中国政府看来，「达赖喇嘛还在从事独立的活动」，但只要我放弃藏独，中国政府愿意立即开始谈判。中国政府过去曾再三说过的此一立场，显示中国的领导阶层还是不了解我们对藏中关系的看法。因此我利用这个备忘录来说明我的立场。

一、西藏和中国过去是两个不同国家，是一个既定事实。不过由于对西藏与元朝和清朝间独特关系的误解，导致西藏与国民党和现在中国政府间的争议。中国政府于一九五一年与西藏政府签署「十七条协议」，就明确地显示中国承认西藏的独特地位。

二、我于一九五四年访问北京时，得到的印象是大部份中国官员都很诚实、直率而且心胸开放。尤其是毛泽东，他曾数度告诉我说中国人入藏只是为了帮助西藏人开发其天然资源，并且利用这些资源来开发西藏，张经武和范明两位将军是在西藏帮助我和西藏的人民，并不是要统治西藏，所有的中国官员都是帮忙，而且将在西藏开发后撤离。任何不如此做的官员将会被送返中国。毛主席还说他已经决定不将西藏纳入中国政府所设「军政委员会」直接管辖，而以设立「建立西藏自治区筹备委员会」取代。我在离开中国前最后一次与毛主席见面时，他对我详细说明民主的意义。他说我必须提供领导，而且还教我如何接近民意。他说话很温柔，很客气，很令人感动。

我在北京的时候向周恩来总理说，我们藏人完全了解我们必须在政治、社会和经济上寻求发展，而事实上我们已经在如此做。

我在回西藏的路上对张国华将军说，我在去中国之前心中对西藏的前途充满疑问和焦虑，但现在回去的时候则是充满了希望和乐观，并且对中国的领袖有非常好的印象。我心中亟于服务我的同胞，尤其是贫病孤独者，西藏和中国互相合作和

---

[1]　源自《西藏之页》

发展友谊的前景使我感到希望和乐观。这是我当时对藏中关系的观感。

　　三、西藏自治区筹备委员会于一九五六年成立，为了双方的利益，我们只有努力合作。不过这时中国已经开始使用令人难以想象的暴力手段在西藏实施共产主义。藏人对中国的政策日益不满，结果酿成公开的抗暴运动。

　　由于我在中国时毛泽东曾对我信誓旦旦，我不相信他会下令实施这种高压的政策，因此我连发三函，向他解释当时状况，并希望他停止这种高压政策。令人遗憾的是没有人回信给我。

　　一九五六年底，我前往印度参加浴佛节的庆典。当时有很多藏人劝我不要回中国去，就留在印度继续与中国谈判。我也觉得我应该暂时留在印度。我在印度时还碰上周恩来，我跟他说我对于假「改革」之名对西藏人民进行军事迫害感到非常的哀伤。周恩来说他认为那些都是中国官员所犯的错误，在西藏的「改革」应该按照西藏人民的意愿进行，而事实上中国政府已经决定要把西藏的改革推迟六年。他然后建议我尽快回到西藏，以避免暴乱再度发生。

　　印度总理尼赫鲁说，周恩来曾经告诉他说中国「不把西藏视为中国的一个省」。西藏的人民与中国的人民不同。所以中国视西藏一个自治区。尼赫鲁说他向周恩来保证西藏人民会尊重这个自治，并因此建议我促成与中国合作实施改革。这时西藏的情况已经又危险又紧急，但我决定回到西藏，给中国政府一个实行改革的机会。我经过亚东、江孜、日喀则回到拉萨，跟西藏和中国官员进行多次谈话，我告诉他们汉人入藏不是去统治藏人，藏人不是汉人的子民，而且中国官员承诺西藏自治，让藏人享有完全的内政自由，大家要一起努力。我强调，中国的领导阶层曾经向我保证，所有在西藏的中国官员都是去帮助我们的，如果他们不帮助我们，就是违抗他们政府的命令。我相信我在尽力促成西藏与中国之间的合作。

　　四、然而由于中国在西藏东部进行严苛的军事镇压，数以千计的西藏人民无法忍受这种生活，都逃到拉萨来避难。中国的行为使西藏人民焦虑，并且开始对中国的承诺丧失信心。这造成普遍的不满和情势的恶化。无论如何，我继续要求我的同胞忍耐，设法取得和平的解决方法。我冒着失去同胞信任的可能性，全力维持与中国驻拉萨官员的联系。然而情势继续恶化，一直到一九五九年失控，迫使我逃离西藏。

面临这种绝望的情势，我没有其他选择，只好向联合国求助。联合国在一九五九、一九六一和一九六五年连续通过三个决议案，要求中国「停止剥夺西藏人民包括自治权在内的基本人权和自由」，并责成所有会员国尽一切努力达成此一目的。

中国政府并不尊重联合国的决议。后来文化大革命爆发，解决西藏问题更是遥不可及。我们连找一个可以共事的中国领导都不可得。

五、虽然我与中国政府的交往甚感失望，不过鉴于西藏和中国将永远毗邻而居，我深信我们必须找出一个和平相处、互相帮助的方法。我相信这是值得我们努力的。由于这个信念，我在一九七一年三月十日致西藏同胞书中说：「虽然西藏人民要反对共产中国是事实，但我永远无法仇恨其人民。仇恨不是力量，而是弱点的象征。佛祖常说，以恨不能止恨，他这句话代表人生的现实。因为仇恨所取得的，必不长久。在另外一方面，仇恨反而会制造问题。对于处身于如此悲惨环境中的西藏人民而言，仇恨只会带来更多的镇压。还有，我们怎样去恨一个不知道他自己在做什么事情的人呢？我们怎样去恨千千万万没有权势而且无助地被统治的中国人呢？我们甚至于不能去恨中国的领导阶层，因为他们为了国家和他们的理想受尽艰辛。我不相信仇恨，但我一直深信，真理和正义有一天会胜利。」

针对中共所说西藏在被「从三大封建地主手中解放」之后，西藏人民成为「国家的主人」，而且享受「空前的进步和幸福」，我于一九七三年三月十日发表声明说：「藏人流亡在外斗争的目标，就是要谋求西藏人民的幸福。如果在藏的西藏人民真的在中国统治下真的很快乐，我们就没有理由流亡。」

我在一九七九年三月十日的演说则对邓小平的「以实践检验真理」，给中国人民他们渴望已久的人权，和每个人都要了解他错误和短处等的说法表示欢迎。我在赞扬这些是诚实、进步和开放的迹象之余，表示：「中国现在的领导阶层应该放弃过去教条式的狭隘心胸和害怕丢脸，并且了解目前的世界局势。他们应该接受他们的错误，接受事实，接受所有人类都有平等和幸福的权利。不只要在纸上接受这些，还要付诸实施。如果接受并严格实施，所有的问题都可以以诚信来解决。」基于这种信念，我重新敲定了我推动西藏和中国和解和友谊的努力方向。

六、邓小平于一九七九年邀请嘉乐敦珠赴北京，并且告诉嘉乐敦珠说，除完全独立之外，所有的问题都可以讨论，都可以解决。邓小平更进一步对嘉乐说，我们彼此必须恢复连络，而且我们可以派遣考察团进入西藏。这当然使我们对和平解决西藏问题充满了希望，而且开始派代表团进入。

一九八一年三月廿三日，我致函邓小平说：

「三个考察团都看到好的和坏的情形。如果西藏人民的传统文化得以保存，如果他们真的快乐，那我没有话说。但在事实上，九成以上的西藏人民都在心理或是生理上受到迫害，而且生活在水深火热中。这些悲惨的情况不是因为天灾，而是因为人祸而起。因此我们必须全力按照现况以合理法解决这个问题。

「为解决问题，我们必须改善西藏与中国，以及西藏境内和流亡在外藏人之间的关系。我们要以真理和平等为基础，设法在未来透过彼此了解建立藏人与汉人间更好的关系。以我们的共同智慧，在容忍和宽宥的精神下为西藏人民谋求真正的幸福，已经到了刻不容缓的地步。在我这方面，我还是要为所有人类的福祉而努力，不分国界，尽我全力。

「我希望你让我知道你对上述数点的看法。」

这封信没有回信（音）。到一九八一年七月廿八日，胡耀邦总书记给了嘉乐敦珠一份文件，「对达赖喇嘛的五条方针」。这让我感到惊讶和失望。我们不断与中国政府沟通的目的，就是为让六百万世代住在中国旁边的西藏人民得到真正长久的快乐。可惜中国领袖选择不理会我们，并且试图将整个问题导入我个人问题的方向，以及在毫无解决真正问题意愿情况下让我回到西藏的条件等。

虽然如此，我还是对邓小平的从实践中找真理和他的自由化政策存有信心。我派出一些考察团前往西藏和中国，以及有机会说明我们的立场并透过讨论促进了解的任何地方。按照邓小平开始时的提议，我还同意从印度派遣藏裔教员改善西藏人的教育。不过由于各种原因，中国政府没有同意这件事。

这些接触导致四个考察团前往西藏、两个代表团赴北京、以及流亡藏人的返乡探亲。不过由于中国官员不遵从邓小平的政策，而且立场僵硬，因此这些步骤并未带来任何解决问题的实质进展。

七、我还是不放弃希望。我在一九八一、八三、八四、八五年的三月十日演说中都有做以下表示：

「过去的历史已成过去。更重要的是将来必须透过与中国发展良好关系而取得真正的和平和快乐。如果如此，双方都必须努力，互相容忍谅解，开放心胸。（一九八一年）」

「表达和实行一个人意见的权利让人类得以有开创性和进步，并使人类社会迅速进化并得以享有真正的和谐。无论是以强制或其他手段剥夺别人的言论自由都是绝对专制而残暴的迫害。

「全球人类不只是反对，而且要谴责这种行径。因此，六百万藏人必须有权维护并增强他们的文化和信仰自由，有权决定他们自己的命运并管理自己的事务，有权不受任何人干涉而有表达的自由。这合理而且公平。（一九八三年）」

「无论经济发展到何种程度，贫富有多悬殊，大陆、国家、社会、家庭、和所有的个人的生存和福祉都要与别人依存。每一个人都希望幸福，没有人喜欢受苦。明白这点之后，我们必须建立互助互爱，和基本的公平观。在这种气氛之下，我们可以希望国家和家庭的问题可以逐渐解决，人人可以活在和平与和谐之中。相反的，如果大家都自私、好嫉妒和好支配，则大至世界，小至个人都永远不会有和平与和谐。因此我相信根于互助和互爱的人际关系是人类幸福的基础。（一九八四年）」

「为使任何人类社会真正的幸福，思想的自由是极端的重要。思想的自由只能靠互相信任、互相了解和互相没有畏惧而获致。西藏与中国也是一样，除非我们除去互相畏惧和互相不信任，除非我们可以发展真正的友谊和善意，我们今天所面对的问题还会继续存在。

「我们彼此互相了解是很重要的。现在中国要按照现代的新观念和新原则来行动，要有开放的心胸，而且要全力了解藏人的看法和真正的感觉。以怀疑或敌意的态度来因应异议是不对的。意见的不同必须公开检查和讨论。当不同的论点被公开陈述并经过公平合理的讨论之后，因而产生的决策或协议才是真正而且对所有各方都有利的。只要有思想和行动上的矛盾，就永远不可能有真正而有意义的协议。

「所以我觉得目前最重要的事就是维持密切接触，来坦诚表达我们的意愿，来全力彼此了解。然后透过人际关系的真正改善，我相信我们的问题可以满意的解决。（一九八五年）」

我用各种方式明白地表达我的看法，可惜我如此委曲求全，却没有响应。

　　八、既然西藏对中国所有的交流都没有结果，我觉得有必要把我对于取得根本问题的解决方法所需做的步骤公开。一九八七年九月廿一日，我在美国提出了五点和平方案。在导言中我说为了让这个问题有一个真正的和解和最后的解决，我愿意走这第一步。我希望这个和平方案将来会有助于促进所有邻国间的友谊和合作，这包括中国在内。五点和平方案的基本要素是：

　　1. 将整个西藏变成和平非暴力区；

　　2. 停止中国的人口迁徙政策，这项政策威胁到西藏人的生存；

　　3. 尊重西藏人民的基本人权和自由民主；

　　4. 恢复并保护西藏的天然资源，停止中国在西藏生产核武并弃置核子废料的行为；

　　5. 开始就西藏未来地位，以及藏中关系展开严肃的谈判。

　　做为对于这项提议的响应，阎明复于一九八七年十月十七日会见了嘉乐敦珠，并且提出一项五点声明，指责我的和平动作，并指控我策动一九八七年九月廿一日的拉萨示威事件并且从事违反藏人利益的活动。

　　此一响应丝毫不考虑我的和平提议，是自贬身份而令人感到失望的。

　　虽然如此，我还是于一九八七年十二月十七日以一份详尽的十四点意见说明我的看法。

　　九、我于一九八八年六月十五日在斯特拉斯堡的欧洲议会两度说明我的五点和平方案。为透过谈判取得西藏人民的基本权利，我建议中国继续负责西藏的外交，在西藏设置有限的军事防卫设施，一直到地区和平会议召开，将西藏转变为中立的和平区为止。我这项提议受到很多藏人的指责。我的想法是在设法取得西藏人治理他们自己的国家的同时，让西藏和中国能够保有长久的友谊。我深深地相信西藏如果成为一个非军事化的和平区，将有助于西藏和中国以及四邻和整个地区的和谐和和平。

　　十、一九八八年九月廿三日，中国政府宣布愿意与我们谈判，并表示谈判的时间和地点将由达赖喇嘛决定。我们欢迎北京这个宣布，并于同年十月廿五日回复，建议于翌年元月在国际承认的中立地点日内瓦展开谈判。我们宣布已组成谈判小组，并将小组的名单公开。

中国政府于一九八八年十一月十八日表示反对日内瓦，并建议在北京或香港举行会谈。他们并且表示我们的谈判小组不应该包括有「外国人」，而且都是「年轻人」，他们说谈判小组应该有年龄较大的人，而且要嘉乐敦珠在内。我们解释说那个外国人只是一名法律顾问，而并非谈判小组的成员，而且嘉乐敦珠也是谈判小组的顾问。

我们以弹性而开放的心胸接受了中国政府的要求，同意派遣代表赴香港，与中国政府代表举行初步会谈。不幸的是，双方都同意以香港为初步谈判的地点之后，中国政府却突然拒绝任何进一步的沟通，而且他们自己所提的谈判建议从此也无疾而终。

十一、虽然我这些建议已经提出来两年多，但没有任何迹象显示中国政府考虑过这些建议，连承认都没承认过。

因此我在一九九一年三月十日的文告中被迫声明，除非中国政府在近日内提出响应，否则我将认为我自己不受任何我在法国所提建议之约束。

我所提有关解决西藏和中国问题的建议既然无效，我只有另觅他途。一九九一年十月九日在耶鲁大学演讲时，我说：「我在考虑尽快返乡探视的可能性。这种返乡有两个目的。

「第一个是亲自现场了解西藏的情形，并与我的同胞直接对话。我这样做还可以帮助中国的领导阶层了解藏人真正的感觉。因此中国派出高阶领袖，还有包括记者在内的外界观察员陪同我返回西藏是很重要的。

「第二，我想建议并说服我的同胞放弃暴力抗争。我与藏人对话的能力可能是获致和平解决的重要因素。我的返乡可能是促进了解和造成谈判解决基础的一个新契机。」

不幸的是，这些建议很快就被中共否决。那一阵子我常常被新闻界问到，既然我宣布斯特拉斯堡发言无效，是不是转而支持西藏独立。我对这些问题的回答都是不愿置评。

十二、中国政府时常充满怀疑地形容我们在搞「封建社会」的复辟，这是不合西藏人民利益，而只有利于达赖喇嘛个人的地位和利益。

我从幼年起就知道现在的西藏体系有很多的问题，而想改革这些问题。那时我已着手在西藏进行改革，后来我逃到印度之后，就在流亡小区内逐步施行民主，并再三教诲人民遵循民主的道路。结果是目前我们的流亡小区所实施的民主完全符合国际的民主原则。

西藏想要回到旧式的系统是完全不可能的。我在西藏的努力是否一如中国政府所称，是为我个人地位和利益，可以从我再三声明无意在未来西藏政府中占据一官半职而得到证明。还有，西藏流亡宪草和我于一九九二年二月廿六日所提出的「西藏未来政治和宪法基本特性纲领」中，对此都说得很明白。

我在这份纲领的结论中说，西藏不应受到其他国家政策或思想的影响，而应该成为一个不折不扣的独立国家。西藏应该与其邻国在平等互利的原则上维持和睦的关系。西藏应该与所有国家维持热诚的关系，而没有任何的敌意。

同样的，我在一九九二年三月十日的文告中说，「当西藏和中国建立真正密切的关系之后，将使我们不仅可以解决两国间的争端，还可以让西藏人贡献我们丰富的心境平和文化遗传给千千万万个中国的年轻人。

我设法与中国领袖建立个人关系，包括透过中国驻印度大使馆于一九八〇年下半年建议与中共总书记胡耀邦在他出国访问时的任何地方见面。一九九一年十二月当中国总理李鹏访问新德里时，我又提议与他在新德里见面。这些努力全属白费。

十三、仔细研究上述各点，可以明显地看到我的观念，和一贯谋求让西藏人和中国人可以和平相处的解决方案之努力。中国说，邓小平一九七九年所做有关西藏问题的说法仍然有效，而只要「达赖喇嘛放弃他的分裂主义活动」，谈判可以展开，在知道上述这些事实后，中国政府立场就很难了解。中共一再重申这些立场，对我的建议却置若罔闻。

如果中国要西藏留在中国之内，则中国必须制造必要的条件。中国人必须显示出来藏人和汉人可以和平相处的方法，中国人必须详细而逐步说明有关西藏的根本地位，如果有这样明确的纲领，无论协议是否可能达成，我们藏人就可以决定是否要与汉人生活在一起。如果我们藏人满意地取得我们的基本人权，则我们不会看不出与汉人共同生活所可能带来的好处。

我相信中国领导阶层的远见和智慧，希望他们会考虑目前的国际政治变化，以及和平解决西藏问题、促进两个毗邻而居民族之间长远友谊的需要。

——一九九二年九月一日，印度达兰莎拉

（原为藏文）

5. 十四世达赖喇嘛的国际影响[1]

一，出版著作

达赖喇嘛出版的著作迄今为止超过 72 部，有的是他自己撰写的，有的是他口述、别人整理的，还有根据他的演讲记录整理的。这些著作的内容可分为四大类：

第一类是他个人的回忆录和西藏的历史；比如他在流亡后不久口述的回忆录《我的土地、我的人民》，还有大约在十年前出版的《流亡中的自在》。

第二类有关宗教、哲学、科学。如《佛陀释迦摩尼的忠告》、《论佛教四圣谛》、《时轮金刚箴言灌顶仪式》等。

第三类涉及现代社会中的人生价值，和心灵、精神建设，如《世界责任与慈悲心》、《慈悲与智见》、《人类与世界和平》等。

第四类有关西藏问题和前途，如《西藏的佛教和中间道路》等。

达赖喇嘛的著作被译成多种文字（多少种，还真无从查询——明注），在世界各地出版发行。仅翻译成英文出版的著作就有 73 部。2005 年出版的第 73 本英文著作《单一原子中的宇宙-科学与灵性的趋势》，2004 年，出版的第 71 英文著作是《涅槃之路》，印度企鹅书局，等等。

二，获奖

截止 2007 年，达赖喇嘛总共获得世界各国家政府、机构、团体、基金会等颁发给他的奖项 42 项。其中涵盖了那些世界最著名的人文奖项，如诺贝尔和平奖、美国国会金奖、英国和平非暴力奖、希尔顿人道主义奖、人类尊严与自由奖、自由之光奖、患难时期不懈成就奖、国际和平与和谐奖、卓越和平领导奖、国家最高荣誉国会金质勋章等等。

2009 年 10 月达赖喇嘛访问美国华盛顿期间，获得美国国会颁发给他的"兰托斯人权奖章"。他是这个奖项的第一位获

---

[1] 2009 年 10 月贡嘎扎西整理。

奖者，他表示："这个奖章鼓励了我，它认可了我微小的服务。我们应该继续在世界各地提倡人道价值、同情弱者、平等、以及基本人权，不只在西藏、也在中国、台湾、非洲、拉丁美洲，甚至在美国。"

三，获荣誉学位

截止 2007 年，达赖喇嘛共获得的来自世界各地各著名大学的各类荣誉学位或称号 40 项。其中包括神学博士学位、法学博士学位、佛学博士学位、艺术与文学博士学位、人道学博士学位、宗教哲学博士学位等等。

颁奖和颁发荣誉学位的国家囊括欧、美、澳、亚四大州东西方各民主国家国家：美国、英国、德国、法国、意大利、瑞典、挪威、俄罗斯、加拿大、波兰、澳洲、以色列、印度、菲律宾、巴西、日本、韩国、波多黎各、巴西等。

四，出访

达赖喇嘛是世界上出访国家最多，朋友遍及世界的精神领袖。他的足迹涵盖八十多个国家，会晤过几乎所有重要国家的总统、首相和国王，并与各种宗教的领袖和诸多国际知名科学家进行过宗教与科学的关系等内容的交谈。

6. 达赖喇嘛获誉一览[1]
（截止到 2007 年）

1957
文学博士(Doctor of Letters)
贝那勒斯印度大学(Benares Hindu University)·印度
1959
麦格塞塞小区领导奖
(Ramon Magsaysay Award for Community Leadership)
麦格塞塞委员会(Ramon Magsaysay Committee)·菲律宾
1959
李察·柏德纪念奖(The Admiral Richard E. Byrd Memorial)
国际救援会(International Rescue Committee)·美国
1969
林肯奖(Lincoln Award)
美国研究院(Research Institute of America)·美国
拉凯特奖(Lakett Award)
挪威难民会议(Norwegian Refugee Council)·挪威
1979
特殊勋章(Special Medal)
亚洲佛教和平会议(Asian Buddhist Council for Peace)·蒙古
1979
神学博士(Doctor of Divinity)
沃克雪卡洛学院(Carroll College, Waukesh)·美国
1979
佛教哲学博士(Doctor of Buddhist Philosophy)
东方研究大学(University of Oriental Studies)·美国
1979
人文学博士(Doctor of Humanities)
西雅图大学(The Seattle University)·美国
1979
自由火炬(Liberty Torch)
鲁西亚西藏之友会(Gilbert di Luchia Friends of Tibet)·美国
1984
博士学位(Doctor Degree)

---

[1] 源自《西藏之页》

巴黎大学(University of Paris)·法国
1987
史怀哲人道主义奖(Albert Schweitzer Humanitarian Award)
人类行为基金会(Human Behavior Foundation)·美国
1988
利欧波德·卢卡斯奖(Leopold Lucas Award)
杜宾根大学(University of Tuebingen)·德国
1989
华伦博格荣誉人权奖
(Raoul Wallenberg Congressional Human Rights Award)
人权基金会(Human Rights Foundation)·美国
1989
逆境中的勇士表扬奖
(Recognition of Perseverance of Times of Adversity)
世界管理会议(World Management Council)·美国
1989
纪念奖(Le Prix de la Memoire)
密特朗基金会(Foundation Danielle Mitterrand)·法国
1989
诺贝尔和平奖(The Nobel Peace Prize)
挪威诺贝尔委员会(Norwegian Nobel Committee)·挪威
1990
神学博士(Doctor of Divinity)
瓦拉纳西西藏大学(Central Institute for Higher Tibetan Studies)·印度
1990
荣誉博士(Doctor Honoris Causa)
卡纳塔克大学(Karnatak University)·印度
1991
1991 史罗马尼奖(Shiromani Award 1991)
史罗马尼学会(Shiromani Institute)·印度
1991
1991 杰出和平领袖奖(Distinguished Peace Leadership Award' 91)
核时代和平基金会(Nuclear Age Peace Foundation)·美国
1991
促进人类自由奖(Advancing Human Liberty Award)
自由之家(Freedom House)·美国
1991
和平团结奖(Peace and Unity Award)
国家和平会议(National Peace Conference)·印度

1991
联合地球奖(United Earth Prize)
卡拉斯·诺贝尔联合地球组织(Klaus Nobel United Earth)·美国
1991
生命之轮奖(Wheel of Life Award)
了解寺(Temple of Understanding)·美国
1992
宗教哲学博士(Doctor of Sacred Philosophy)
拉法叶大学(Lafayette University)·美国
1992
史罗马尼奖(Shiromani Award)
史罗马尼学会(Shiromani Institute)·印度
1992
法学博士(Doctor of Laws)
墨尔本大学(University of Melbourne)·澳洲
1992
荣誉博士(Doctor Honoris Causa)
里约热内庐大学(University of Rio de Janeiro)·巴西
1992
荣誉教授(Honorary Professor)
卡尔梅克州立大学(Kalmyk State University)·苏联
1992
荣誉教授(Honorary Professor)
新西伯利亚州立大学(Novosibirsk State University)·苏联
1993
国际自由斗士奖(International Valiant for Freedom Award)
自由联盟(The Freedom Coalition)·澳洲
1994
研究员(Fellow of University)
希伯来大学(Hebrew University)·以色列
1994
人文学博士(Doctor of Humane Letters)
伯瑞亚学院(Berea College)·美国
1994
人文艺术文学博士(Doctor of Humane Arts and Letters)
哥伦比亚大学(Columbia University)·美国
1994
世界安全年度和平奖(World Security Annual Peace Award)
纽约律师联盟(New York Lawyer's Alliance)·美国

1994
罗斯福自由勋章(Franklin D. Roosevelt Freedom Medal)
罗斯福伉俪学会(Franklin and Eleanor Roosevelt Institute)·美国
1995
文学博士(Doctor of Letters)
那格波尔大学(Nagpur University)·印度
1995
佛教哲学博士(Doctor of Buddhist Philosophy)
立正大学(Rissho University)·日本
1996
卓越人士总统勋章(The President's Medal for Excellence)
印第安纳大学(Indiana University)·美国
1997
格雷哥里亚斯奖(Paulos Mar Gregorious Award)
格雷哥里亚斯委员会(Paulos Mar Gregorious Committee)·印度
1997
社会科学博士(Doctor of Social Sciences)
国立中山大学(National Sun Yat-Sen University)·台湾
1997
荣誉博士(Doctor Honoris Causa)
国立中山大学(National Sun Yat-Sen University)·台湾
1997
荣誉博士(Doctor Honoris Causa)
科罗拉多大学(University of Colorado)·美国
1997
荣誉博士(Doctor Honoris Causa)
瑞奇士大学(Regis University)·美国
1997
国际外交学博士(Doctor of International Diplomatic Science)
特里斯特大学(University of Trieste)·意大利
1998
朱丽叶·赫里斯特奖(Juliet Hollister Award)
朱丽叶·赫里斯特基金会(Juliet Hollister Foundation)·美国
1998
人文学博士(Doctor of Humane Letters)
布兰代斯大学(Brandeis University)·美国
1998
神学博士(Doctor of Divinity)
艾莫里大学(Emory University)·美国

1998
法学博士(Doctor of Laws)
威斯康辛大学(University of Wisconsin)·美国
1998
荣誉博士(Doctor Honoris Causa)
塞顿希尔学院(Seton Hill College)·美国
1999
荣誉博士(Doctor Honoris Causa)
巴西利亚大学(University of Brasilia)·巴西
1999
荣誉博士(Doctor Honoris Causa)
布宜诺斯艾利斯大学(University of Buenos Aires·阿根廷
1999
神学博士(Doctor of Theology)
佛罗里达国际大学(Florida International University)·美国
1999
菩提奖(Bodhi Award)
美国佛教会议(American Buddhist Congress)·美国
1999
终生成就奖(Life Time Achievement Award)
美国犹太复国妇女协会
(Hadassah Women's Zionist Organization of America)·以色列
1999
获娃丽班国际和平和谐奖
(Diwaliben Mohanlal Mehta Award for International Peace & Harmony)
获娃丽班慈善基金会(Diwaliben Mohanlal Mehta Charitable Trust)·印度
2001
第三十届国际高山团结奖(30th International Alpine Solidarity Award)
平佐洛登山团体(Pinzolo Mountaineering Community)·意大利
2001
亚莉珊卓·托尔斯泰人道主义奖(Alexandra Tolstoy Humanitarian Award)
托尔斯泰基金会(Tolstoy Foundation)·美国
2002
孟达菲和平了解人道主义奖(Robert and Margrit Mondavi Humanitarian
Award for Peace and Understanding)
第十六届酒乡影展(16th Annual Wine Country Film Festival)·美国
2002
2002 年度国际人权奖(Annual International Human Rights Award 2002)
格拉茨大学(University of Graz)·奥地利

2003
防御人类尊严与自由勋章(Medal in Defence of Human Dignity and Freedom)
西格推纳基金会(Sigtuna Foundation)·瑞典
2003
荣誉博士学位(Honorary Doctoral Degree)
旧金山大学(University of San Francisco)·美国
2003
国际人权联盟年度奖(International League for Human Rights' Annual Award)
国际人权联盟(International League for Human Rights)·美国
2003
希尔顿人道主义奖(Hilton Humanitarian Award)
希尔顿基金会(Hilton Foundation)·美国
2003
詹姆布内人权促进奖
(Jaime Brunet Prize for the Promotion of Human Rights)
詹姆布内基金会(Jaime Brunet Foundation)·西班牙
2004
荣誉法学博士(Honorary Doctor of Laws)
英属哥伦比亚大学(University of British Columbia)·加拿大
2004
荣誉法学博士(Honorary Doctor of Laws)
西蒙菲莎大学(Simon Fraser University)·加拿大
2004
荣誉法学博士和国际苏西库麦和平奖
(Honorary Doctor of Laws & International Archarya Sushil Kumar Peace Award)
多伦多大学(University of Toronto)·加拿大
2004
荣誉研究员(Honorary Fellowship)
利物浦约翰摩尔大学(Liverpool John Moores University)·英国
2004
韩福瑞奖(Christmas Humphreys Award)
伦敦佛教学会(Buddhist Society)·英国
2004
荣誉人文学博士(Honorary Doctorate of Humane Letters)
迈阿密大学(University of Miami)·美国
2004
金色勋章(Gold Medal)

国立墨西哥大学(National University of Mexico)·墨西哥
2004
荣誉博士学位(Honorary Doctorate Degree)
伊比利亚美洲大学(Universidad Iberoamericana)·墨西哥
2005
黑森和平奖·德国
2005
韩国万海和平奖·韩国

2006
和平非暴力奖·英国
白莲花奖最高荣誉·俄罗斯卡尔梅克共和国
2007
加拿大荣誉公民奖·加拿大
2007
总统杰出教授(Presidential Distinguished Professor)
埃默里大学(Emory University)·美国 (据 Emory University 网站)
2007
国家最高荣誉国会金质勋章
美国国会·美国

7. 十四世达赖喇嘛出访行踪一览[1]
（不完全统计）

阿根廷/澳大利亚/奥地利/比利时/巴西/加拿大/中国/匈牙利/爱沙尼亚/以色列/爱尔兰/意大利/哥斯达黎加/法国/捷克/丹麦/立陶宛/芬兰/捷克斯洛伐克/加蓬/德国/希腊/智利/墨西哥/保加利亚/印度/印度尼西亚/拉脱维亚/尼泊尔/哈萨克斯坦斯坦/列支敦士登/马来西亚/日本/蒙古人民共和国/荷兰/新西兰/尼加拉瓜/前苏联/挪威/波兰/俄罗斯/伯亚特/卡尔梅克/图瓦/新加坡/斯洛伐克/南非/西班牙/瑞典/瑞士/台湾/葡萄牙/泰国/特立尼达托巴哥/英国/美国/委内瑞拉/土耳其/斯洛文尼亚/克罗地亚/波多黎各/萨尔瓦多/危地马拉/约旦/卢森堡/巴勒斯坦/秘鲁/哥伦比亚/尼日利亚/冰岛

阿根廷
第一次 1992 年 6 月 10 至 16 日。
第二次 1999 年 4 月 7 日至 11 日。
第三次 2006 年 4 月 30 日至 5 月 3 日。

澳大利亚
第一次 1982 年 8 月 8 日至 21 日。
第二次 1992 年 4 月 25 日至 5 月 13 日。
第三次 1996 年 9 月 14 日至 30 日。
第四次 2001 年 5 月 18 日至 26 日。
第五次 2007 年 6 月 6 日至 16 日。
第六次 2008 年 6 月 11 日至 15 日。
第七次 2009 年 11 月 30 日至 12 月 4 日。
第八次 2009 年 12 月 7 日至 11 日。
奥地利
第一次 1973 年 11 月 5 日至 6 日。
第二次 1983 年 6 月 3 日至 9 日。
第三次 1986 年 5 月 11 日至 14 日。
第四次 1991 年 8 月 31 日至 9 月 4 日。
第五次 1992 年 7 月 25 日至 26 日。
第六次 1993 年 6 月 13 日至 16 日；
第七次 1995 年 6 月 25 日至 28 日。
第八次 1998 年 6 月 9 日至 12 日。

---

[1]　源自《西藏之页》

第九次 1998 年 6 月 17 日至 19 日。
第十次 2002 年 10 月 11 日至 11 月 25 日。
第十一次 2006 年 5 月 13 日至 5 月 16 日。
第十二次 2007 年 9 月 17 日至 9 月 21 日。

比利时
第一次 1973 年 10 月 9 日至 10 日。
第二次 1990 年 4 月 23 日至 27 日。
第三次 1994 年 6 月 7 日至 10 日。
第四次 1999 年 5 月 4 日至 5 月 7 日。
第五次 2006 年 5 月 29 日至 6 月 8 日。
第六次 2008 年 12 月 2 日至 5 日。

巴西
第一次 1992 年 6 月 4 日至 10 日。
第二次 1999 年 4 月 4 日至 7 日。
第三次 2006 年 4 月 26 日至 29 日。

加拿大
第一次 1980 年 10 月 10 日至 27 日。
第二次 1990 年 9 月 26 日至 10 月 2 日。
第三次 1993 年 6 月 19 日至 27 日。
第四次 2004 年 4 月 18 日至 5 月 6 日。
第五次 2006 年 9 月 8 日至 9 月 11 日。
第六次 2007 年 10 月 28 日至 11 月 1 日。
第七次 2009 年 9 月 26 日至 10 月 3 日。

匈牙利
第一次 1982 年 9 月 26 日至 27 日。
第二次 1992 年 7 月 20 日至 25 日。
第三次 1993 年 6 月 16 日至 19 日。
第四次 1996 年 10 月 27 日至 28 日。
第五次 2000 年 10 月 11 日至 14 日。

爱沙尼亚
第一次 1991 年 10 月 3 日至 4 日。
第二次 2001 年 6 月 18 日至 20 日。

以色列
第一次 1994 年 3 月 20 日至 25 日。
第二次 1999 年 6 月 12 日至 15 日。
第三次 1999 年 11 月 20 日至 25 日。
第四次 2006 年 2 月 15 日至 19 日。

中国
第一次 1954 年 7 月 11 日至 1955 年 6 月 29 日。

爱尔兰
第一次 1973 年 10 月 9 日至 10 日。
第二次 1991 年 3 月 22 日至 23 日。
第三次 2000 年 10 月 20 日至 21 日。

意大利
第一次 1973 年 9 月 29 日至 10 月 1 日。
第二次 1980 年 10 月 8 日至 10 日。
第三次 1982 年 9 月 27 日至 28 日。
第四次 1982 年 10 月 16 日至 25 日。
第五次 1986 年 10 月 25 日至 30 日。
第六次 1988 年 6 月 12 日至 14 日。
第七次 1990 年 5 月 23 日至 6 月 3 日。
第八次 1991 年 8 月 29 日至 31 日。
第九次 1991 年 10 月 25 日。
第十次 1994 年 6 月 11 日至 17 日。
第十一次 1996 年 5 月 16 日至 21 日。
第十二次 1997 年 9 月 8 日至 12 日。
第十三次 1999 年 5 月 13 日至 17 日。
第十四次 1999 年 10 月 19 日至 29 日。
第十五次 2000 年 6 月 5 日至 7 日。
第十六次 2001 年 6 月 27 日至 7 月 2 日。
第十七次 2001 年 11 月 29 日至 12 月 4 日。
第十八次 2003 年 11 月 25 日至 28 日。
第十九次 2004 年 6 月 4 日至 7 日。
第二十次 2005 年 7 月 29 日至 8 月 1 日。
第二十一次 2006 年 10 月 12 日至 10 月 15 日。
第二十二次 2007 年 12 月 05 日至 12 月 17 日。
第二十三次 2009 年 2 月 08 日至 10 日。
第二十四次 2009 年 11 月 16 日至 20 日。

哥斯达黎加
第一次 1989 年 6 月 25 日至 30 日。
第二次 2004 年 9 月 26 日至 29 日。

法国
第一次 1982 年 10 月 4 日至 16 日。
第二次 1986 年 5 月 21 日至 6 月 1 日。
第三次 1988 年 6 月 14 日至 16 日。
第四次 1989 年 4 月 17 日至 22 日。
第五次 1989 年 12 月 3 日至 5 日。

第六次 1990 年 10 月 7 日至 8 日。
第七次 1991 年 8 月 20 日至 29 日。
第八次 1993 年 10 月 24 日至 11 月 16 日。
第九次 1994 年 9 月 18 日至 20 日。
第十次 1994 年 12 月 5 日至 7 日。
第十一次 1996 年 10 月 23 日至 25 日。
第十二次 1996 年 10 月 28 日至 31 日。
第十三次 1997 年 4 月 16 日至 21 日。
第十四次 1997 年 4 月 25 日至 5 月 1 日。
第十五次 1998 年 6 月 15 日至 17 日。
第十六次 1998 年 12 月 6 日至 11 日。
第十七次 2000 年 9 月 18 日至 28 日。
第十八次 2001 年 10 月 22 日至 26 日。
第十九次 2003 年 10 月 10 日至 10 月 17 日。
第二十次 2004 年 05 月 07 日至 09 日。
第二十一次 2008 年 08 月 11 日至 23 日。
第二十二次 2009 年 06 月 6 日至 8 日。

捷克
第一次 1997 年 9 月 3 日至 9 日。
第二次 2000 年 10 月 17 日至 19 日。
第三次 2002 年 5 月 28 日至 6 月 3 日。
第四次 2003 年 10 月 18 日至 21 日。
第五次 2006 年 10 月 09 日至 12 日。
第六次 2008 年 11 月 29 日至 12 月 2 日。
第七次 2009 年 9 月 10 日至 12 日。

丹麦
第一次 1973 年 10 月 17 日至 20 日。
第二次 1988 年 10 月 1 日至 5 日。
第三次 1990 年 6 月 14 日至 16 日。
第四次 1996 年 5 月 12 日至 16 日。
第五次 2000 年 5 月 18 日至 21 日。
第六次 2003 年 6 月 4 日至 6 月 10 日。
第七次 2009 年 5 月 30 日至 31 日。

立陶宛
第一次 1991 年 9 月 29 日至 10 月 2 日。
第二次 2001 年 6 月 24 日至 26 日。

芬兰
第一次 1988 年 9 月 28 日至 10 月 1 日。

第二次 1998 年 6 月 19 日至 21 日。
第三次 2006 年 9 月 28 日至 10 月 3 日。

捷克斯洛伐克
第一次 1990 年 2 月 2 日至 2 月 6 日。
第二次 2000 年 10 月 14 日至 16 日。

加蓬
第一次 1993 年 9 月 22 至 24 日。

德国
第一次 1973 年 10 月 30 日至 11 月 5 日。
第二次 1982 年 10 月 25 日至 11 月 4 日。
第三次 1983 年 9 月 16 日至 18 日。
第四次 1986 年 5 月 5 日至 11 日。
第五次 1987 年 9 月 16 日至 18 日。
第六次 1988 年 6 月 16 日至 17 日。
第七次 1989 年 4 月 14 日至 17 日。
第八次 1989 年 12 月 5 日至 9 日。
第九次 1990 年 10 月 3 日至 7 日。
第十次 1991 年 9 月 4 日至 5 日。
第十一次 1991 年 10 月 5 日至 8 日。
第十二次 1993 年 6 月 10 日至 13 日。
第十三次 1993 年 10 月 23 日至 24 日。
第十四次 1994 年 4 月 25 日至 5 月 1 日。
第十五次 1995 年 5 月 3 日至 8 日。
第十六次 1995 年 6 月 18 日至 20 日。
第十七次 1995 年 8 月 31 日至 9 月 3 日。
第十八次 1996 年 6 月 13 日至 15 日。
第十九次 1996 年 10 月 25 日至 27 日。
第二十次 1998 年 6 月 5 日至 9 日。
第二十一次 1998 年 10 月 25 日至 11 月 4 日。
第二十二次 1999 年 6 月 15 日至 23 日。
第二十三次 2000 年 5 月 13 日至 15 日。
第二十四次 2002 年 10 月 9 日至 10 月 11 日。
第二十五次 2003 年 5 月 28 日至 6 月 2 日。
第二十六次 2003 年 10 月 17 日至 18 日。
第二十七次 2005 年 6 月 16 日至 18 日。
第二十八次 2005 年 7 月 26 日至 28 日。
第二十九次 2007 年 5 月 12 日至 13 日。
第三十次 2007 年 7 月 19 日至 30 日。
第三十一次 2007 年 9 月 21 日至 23 日。

第三十二次 2008 年 5 月 16 日至 20 日。
第三十三次 2009 年 2 月 10 日至 11 日。
第三十四次 2009 年 7 月 29 日至 8 月 3 日。
第三十五次 2010 年 2 月 26 日至 27 日。

希腊
第一次 1979 年 8 月 3 日至 8 月 6 日。

智利
第一次 1992 年 6 月 16 日至 20 日。
第二次 1999 年 4 月 11 日至 15 日。
第三次 2006 年 5 月 3 日至 6 日。

墨西哥
第一次 1989 年 6 月 30 日至 7 月 3 日。
第二次 2004 年 10 月 3 日至 10 月 7 日。

保加利亚
第一次 1991 年 10 月 4 日至 5 日。

印度
第一次 1956 年 11 月至 1957 年 4 月。
第二次 1959 年 3 月 31 日。

印度尼西亚
第一次 1982 年 8 月 1 日至 7 日。
第二次 1992 年 4 月 1 日。

拉脱维亚
第一次 1991 年 10 月 2 日至 3 日。
第二次 2001 年 6 月 20 日至 23 日。

尼泊尔
第一次 1981 年 1 月 20 日。

哈萨克斯坦
第一次 1992 年 10 月 16 日至 20 日。

列支敦士登
第一次 1991 年 8 月 16 日至 18 日。

马来西亚
第一次 1982 年 7 月 27 日至 29 日。

日本
第一次 1967 年 9 月 25 日至 10 月 19 日。
第二次 1978 年 10 月 4 日至 10 日。
第三次 1980 年 10 月 31 日至 11 月 13 日。
第四次 1984 年 5 月 1 日至 7 日。
第五次 1994 年 4 月 14 日。
第六次 1995 年 3 月 29 日至 4 月 6 日。
第七次 1998 年 4 月 3 日至 12 日。
第八次 1999 年 10 月 10 日。
第九次 2000 年 4 月 13 日至 20 日。
第十次 2002 年 11 月 8 日至 9 日。
第十一次 2003 年 10 月 31 日至 11 月 11 日。
第十二次 2005 年 4 月 8 日至 4 月 19 日。
第十三次 2007 年 11 月 15 日至 11 月 23 日。
第十四次 2008 年 10 月 30 日至 11 月 7 日。
第十五次 2009 年 4 月 21 日至 22 日。
第十六次 2009 年 11 月 1 日至 7 日。
第十七次 2010 年 6 月 18 日至 28 日。

蒙古人民共和国
第一次 1979 年 6 月 15 日至 17 日。
第二次 1982 年 9 月 14 日至 23 日。
第三次 1991 年 9 月 26 日至 29 日。
第四次 1994 年 8 月 10 日至 16 日。
第五次 1994 年 9 月 6 日至 11 日。
第六次 1995 年 7 月 31 日至 8 月 13 日。
第七次 2002 年 11 月 4 日至 11 月 8 日。
第八次 2006 年 8 月 21 日至 8 月 28 日。

荷兰
第一次 1973 年 10 月 7 日至 9 日。
第二次 1986 年 5 月 14 日至 21 日。
第三次 1989 年 7 月 31 日至 8 月 1 日。
第四次 1990 年 9 月 7 日至 11 日。
第五次 1994 年 6 月 4 日至 7 日。
第六次 1999 年 10 月 15 日至 19 日。
第七次 2001 年 6 月 18 日。
第八次 2009 年 6 月 3 日至 5 日。

新西兰
第一次 1992 年 5 月 13 日至 19 日。
第二次 1996 年 9 月 10 日至 14 日。

第三次 2001 年 5 月 27 日至 5 月 31 日。
第四次 2007 年 6 月 16 日至 6 月 19 日。
第五次 2009 年 12 月 5 日至 12 月 7 日。

尼加拉瓜
第一次 1994 年 7 月 3 日至 5 日。

前苏联
第一次 1979 年 6 月 13 日至 18 日。
第二次 1982 年 9 月 11 日至 27 日。
第三次 1986 年 8 月 30 日至 9 月 8 日。

挪威
第一次 1973 年 10 月 10 日至 13 日。
第二次 1988 年 10 月 5 日至 9 日。
第三次 1989 年 12 月 9 日至 16 日。
第四次 1990 年 6 月 14 日至 15 日。
第五次 1991 年 12 月 6 日至 9 日。
第六次 1994 年 10 月 6 日至 9 日。
第七次 1996 年 5 月 27 日至 29 日。
第八次 2000 年 5 月 21 日至 24 日。
第九次 2001 年 12 月 4 日至 9 日。
第十次 2005 年 6 月 14 日至 15 日。

波兰
第一次 1993 年 5 月 16 日至 20 日。
第二次 2000 年 5 月 10 日至 3 日。
第三次 2008 年 12 月 5 日至 12 日。
第四次 2009 年 7 月 27 日至 29 日。

俄罗斯
第一次 1991 年 7 月 10 日至 30 日。
第二次 1991 年 9 月 25 日至 26 日。
第三次 1992 年 9 月 13 日至 26 日。
第四次 1994 年 5 月 18 日至 21 日。
第五次 1994 年 8 月 16 日至 29 日。
第六次 1995 年 7 月 29 日至 30 日。

伯亚特(BurialRepublic)
第一次 1979 年 6 月 14 日至 15 日。
第二次 1982 年 9 月 23 日至 26 日。
第三次 1986 年 8 月 31 日至 9 月 7 日。
第四次 1991 年 7 月 14 日至 19 日。

第五次 1992 年 9 月 22 日至 25 日。
第六次 1994 年 8 月 19 日至 26 日。

卡尔梅克(Kalymkia Republic)
第一次 1991 年 7 月 25 日至 30 日。
第二次 1992 年 9 月 14 日至 19 日。
第三次 1994 年 8 月 26 日至 29 日。
第四次 2004 年 11 月 29 日至 12 月 01 日。

图瓦(Tuva Republic)
第一次 1992 年 9 月 19 日至 22 日。
第二次 1994 年 8 月 18 日至 19 日。

新加坡
第一次 1972 年 7 月 29 日至 8 月 1 日。

斯洛伐克
第一次 2000 年 10 月 14 日至 16 日。
第二次 2009 年 9 月 8 日至 9 日。

南非
第一次 1996 年 8 月 18 日至 25 日。
第二次 1999 年 12 月 4 日至 10 日。
第三次 2000 年 12 月 5 日至 9 日。
第四次 2004 年 11 月 3 日至 9 日。

西班牙
第一次 1982 年 9 月 28 日至 10 月 4 日。
第二次 1990 年 6 月 3 日至 7 日。
第三次 1990 年 9 月 5 日至 7 日。
第四次 1994 年 12 月 7 日至 19 日。
第五次 1997 年 4 月 13 日至 17 日。
第六次 2003 年 10 月 7 日至 10 月 10 日。
第七次 2007 年 9 月 9 日至 9 月 12 日。
瑞典
第一次 1973 年 10 月 13 日至 17 日。
第二次 1988 年 10 月 9 日至 13 日。
第三次 1990 年 6 月 11 日至 14 日。
第四次 1991 年 12 月 3 日至 6 日。
第五次 1996 年 5 月 21 日至 27 日。
第六次 1997 年 6 月 13 日至 15 日。
第七次 2000 年 5 月 15 日至 18 日。
第八次 2003 年 6 月 2 日至 6 月 4 日。

第九次 2005 年 6 月 12 日至 6 月 13 日。

瑞士
第一次 1973 年 10 月 1 日至 7 日。
第二次 1974 年 9 月 7 日至 24 日。
第三次 1979 年 7 月 11 日至 30 日。
第四次 1983 年 8 月 28 日至 9 月 3 日。
第五次 1983 年 9 月 6 日至 16 日。
第六次 1987 年 9 月 14 日至 16 日。
第七次 1988 年 6 月 17 日至 27 日。
第八次 1990 年 6 月 7 日至 11 日。
第九次 1991 年 8 月 18 日至 20 日。
第十次 1991 年 9 月 5 日至 11 日。
第十一次 1993 年 8 月 31 日至 9 月 2 日。
第十二次 1994 年 6 月 10 日至 11 日。
第十三次 1995 年 6 月 20 日至 25 日。
第十四次 1996 年 7 月 13 日至 5 日。
第十五次 1998 年 6 月 12 日至 15 日。
第十六次 1999 年 8 月 7 日至 11 日。
第十七次 2001 年 5 月 5 日至 7 日。
第十八次 2003 年 10 月 20 日。
第十九次 2005 年 8 月 2 日至 14 日。
第二十次 2009 年 8 月 3 日至 7 日。
第二十一次 2010 年 4 月 7 日至 12 日。

台湾
第一次 1997 年 3 月 22 日至 27 日。
第二次 2001 年 3 月 31 日至 4 月 9 日。
第三次 2009 年 8 月 31 日至 9 月 4 日。

葡萄牙
第一次 2001 年 11 月 24 日至 29 日。
第二次 2007 年 9 月 12 日至 9 月 16 日。

泰国
第一次 1967 年 11 月 11 日至 17 日。
第二次 1982 年 10 月 16 日至 25 日。
第三次 1993 年 5 月 16 日至 19 日。

千里达----托贝哥
第一次 1995 年 9 月 14 日至 17 日。

英国
第一次 1973 年 10 月 20 日至 30 日。
第二次 1981 年 6 月 29 日至 7 月 4 日。
第三次 1984 年 6 月 25 日至 7 月 11 日。
第四次 1988 年 4 月 5 日至 15 日。
第五次 1989 年 9 月 21 日至 22 日。
第六次 1991 年 3 月 17 日至 22 日。
第七次 1991 年 11 月 29 日至 12 月 3 日。
第八次 1993 年 5 月 2 日至 16 日。
第九次 1993 年 11 月 1 日。
第十次 1994 年 9 月 11 日至 18 日。
第十一次 1996 年 7 月 15 日至 21 日。
第十二次 1999 年 5 月 7 日至 13 日。
第十三次 2000 年 10 月 19 日至 21 日。
第十四次 2004 年 5 月 26 日至 31 日。
第十五次 2005 年 11 月 18 日至 23 日。
第十六次 2008 年 5 月 20 日至 31 日。
第十七次 2009 年 5 月 6 日至 7 日。

美国
第一次 1979 年 9 月 3 日至 10 月 20 日。
第二次 1980 年 10 月 27 日至 30 日。
第三次 1981 年 7 月 4 日至 8 月 13 日。
第四次 1984 年 9 月 17 日至 10 月 30 日。
第五次 1987 年 9 月 18 日至 29 日。
第六次 1989 年 6 月 23 日至 25 日。
第七次 1989 年 7 月 3 日至 30 日。
第八次 1989 年 9 月 22 日至 10 月 15 日。
第九次 1990 年 9 月 11 日至 26 日。
第十次 1991 年 3 月 23 日至 4 月 19 日。
第十一次 1991 年 10 月 8 日至 10 日。
第十二次 1993 年 4 月 25 日至 5 月 2 日。
第十三次 1993 年 6 月 27 日至 29 日。
第十四次 1993 年 9 月 2 日至 20 日。
第十五次 1994 年 4 月 14 日至 28 日。
第十六次 1995 年 9 月 3 日至 14 日。
第十七次 1996 年 7 月 21 日至 8 月 2 日。
第十八次 1997 年 4 月 21 日至 25 日。
第十九次 1997 年 5 月 23 日至 6 月 12 日。
第二十次 1998 年 4 月 29 日至 5 月 16 日。
第二十一次 1998 年 11 月 4 日至 13 日。
第二十二次 1999 年 4 月 16 日至 17 日。
第二十三次 1999 年 8 月 11 日至 28 日。

第二十四次 1999 年 10 月 10 日至 14 日。
第二十五次 2000 年 6 月 19 日至 7 月 5 日。
第二十六次 2001 年 5 月 7 日至 26 日。
第二十七次 2003 年 9 月 4 日至 9 月 25 日。
第二十八次 2004 年 4 月 13 日至 4 月 17 日。
第二十九次 2004 年 9 月 19 日至 9 月 23 日。
第三十次 2005 年 9 月 9 日至 9 月 29 日。
第三十一次 2005 年 11 月 2 日至 11 月 17 日。
第三十二次 2006 年 4 月 13 日至 4 月 26 日。
第三十三次 2006 年 9 月 12 日至 9 月 28 日。
第三十四次 2007 年 4 月 23 日至 5 月 11 日。
第三十五次 2007 年 10 月 8 日至 10 月 28 日。
第三十六次 2008 年 4 月 12 日至 25 日。
第三十七次 2008 年 7 月 10 日至 26 日。
第三十八次 2009 年 4 月 23 日至 5 月 6 日。
第三十九次 2009 年 9 月 22 日至 26 日。
第四十次 2009 年 10 月 4 日至 11 日。
第四十一次 2010 年 2 月 16 日至 26 日。
第四十二次 2010 年 5 月 11 日至 25 日。

委内瑞拉
第一次 1992 年 6 月 20 日至 24 日。

土耳其
第一次 1983 年 9 月 18 日至 19 日。

斯洛文尼亚
第一次 2002 年 6 月 4 日至 6 月 6 日。
第二次 2010 年 4 月 5 日至 4 月 7 日。

克罗地亚
第一次 2002 年 6 月 6 日至 6 月 10 日。

波多黎各
第一次 2004 年 9 月 24 日至 9 月 26 日。

萨尔瓦多
第一次 2004 年 9 月 29 日至 10 月 1 日。

危地马拉
第一次 2004 年 10 月 1 日至 10 月 2 日。

约旦
第一次 2005 年 5 月 17 日至 5 月 20 日。

第二次 2006 年 6 月 19 日至 23 日。
第三次 2008 年 6 月 17 日至 19 日。

卢森堡
第一次 2005 年 6 月 11 日。

巴勒斯坦
第一次 1999 年 11 月 24 日至 25 日。

秘鲁
第一次 2006 年 5 月 7 日至 9 日。

哥伦比亚
第一次 2006 年 5 月 10 日至 13 日。

尼日利亚
第一次 2008 年 11 月 27 日至 28 日。

冰岛
第一次 2009 年 6 月 1 日至 2 日。